国家社科基金一般项目"《长沙走马楼三国吴简》(1—4卷)语词汇释补正"(12BZS023)成果

《长沙走马楼三国吴简》
语词汇释

A Compiling of the Word Explanations in
*Wu State's Wooden and Bamboo Slip Documents
Unearthed in Zoumalou Changsha City*

沈刚 编著

中国社会科学出版社

图书在版编目（CIP）数据

《长沙走马楼三国吴简》语词汇释/沈刚编著．—北京：中国社会科学出版社，2017.7

ISBN 978-7-5203-0684-3

Ⅰ.①长… Ⅱ.①沈… Ⅲ.①竹简文—注释—长沙—三国时代 Ⅳ.①K877.5

中国版本图书馆 CIP 数据核字（2017）第 163496 号

出 版 人	赵剑英
责任编辑	宋燕鹏
责任校对	冯英爽
责任印制	李寡寡
出　　版	中国社会科学出版社
社　　址	北京鼓楼西大街甲 158 号
邮　　编	100720
网　　址	http：//www.csspw.cn
发 行 部	010-84083685
门 市 部	010-84029450
经　　销	新华书店及其他书店
印　　刷	北京君升印刷有限公司
装　　订	廊坊市广阳区广增装订厂
版　　次	2017 年 7 月第 1 版
印　　次	2017 年 7 月第 1 次印刷
开　　本	710×1000　1/16
印　　张	22
插　　页	2
字　　数	395 千字
定　　价	89.00 元

凡购买中国社会科学出版社图书，如有质量问题请与本社营销中心联系调换
电话：010-84083683
版权所有　侵权必究

目　录

前言	1
说明	1
词条目次	1
二画	1
三画	5
四画	25
五画	46
六画	74
七画	107
八画	147
九画	174
十画	206
十一画	239

十二画 …………………………………………………… 251

十三画 …………………………………………………… 261

十四画 …………………………………………………… 275

十五画 …………………………………………………… 282

十七画 …………………………………………………… 286

十八画 …………………………………………………… 288

十九画 …………………………………………………… 291

二十三画 ………………………………………………… 292

引用文献 ………………………………………………… 294

附录：拼音索引 ………………………………………… 317

前　言

　　从 1996 年长沙走马楼三国吴简发现至今，已经过去整整二十年了。这二十年中，伴随着材料的陆续刊布，中外学界发表了六百余篇论文，出版了二十余部著作、集刊、论文集，以及资料集等（李鄂权：《走马楼吴简发现二十周年回顾与展望》，《纪念走马楼三国吴简发现二十周年长沙简帛研究国际学术研讨会论文集》，2016 年 8 月）。同其他批次的简牍一样，吴简研究也是从解决字词训诂、疏通文义起步的，如果将吴简研究论著按照时间顺序排列，这一现象表现得很明显。不过和其他文书简牍类材料相比，吴简识文断字的工作时间不长，很快转入以册书格式复原、簿籍复原等路径为主的整体研究。论题也从简牍语词解释转向对历史问题的追索。相类简牍研究方法的借鉴，揭剥图等附属考古学信息和图版、释文同时刊布固然是推进这种变化的主要原因，但这也意味着语词解释工作进入瓶颈期而不是语词问题的最终被解决。

　　吴简语词研究踟蹰不前的困境应该和这样一些原因有关：现有知识所提供的支持已经达到一定限度。对新史料解读通常先是到传世文献中去寻求答案，然而对于吴简材料来说，得到的信息却十分有限，一是因为一些新词在文献中找不到任何蛛丝马迹，现有的历史认识也无法给出合理的解释，导致揣摩空间大，无法取得共识；二是同一语词随着时间的推移，其内涵也发生了转变，形同而实异，如"调""私学"等，导致言人人殊。另外，吴简已出版部分的内容相对集中、单一，如果依靠简牍内证来解读语词，其空间也不够大。不过，这并不意味着吴简语词研究没有突破的可能。至少从尚未公布的吴简木牍部分和五一广场相关简牍就看到了些许希望。目前零星公布的走马楼木牍中，有部分内容虽然和竹简部分相同，但出现的语境大不一样。比如，嘉禾吏民田家莂和竹简中均有"州吏"的记录，但格式单一，很难分析出更多的信息，而已公布的木牍里面有几方"隐核州、军吏父兄子弟簿"，就能提供更多的新知识。吴简中的"丘"是讨论热烈而又莫衷一是的问题，目前已经公布的《长沙五一广场东汉简牍选释》中就有多条关于丘的记载，两批材料时代相接、地域相近，可以想见，待这批材料系统公布时一定会推进对这一问题的认识。

  本书将近二十年间对吴简语词解释的成果汇集到一起，是集成吴简语词的一部工具书，其基本功能是为研读吴简提供帮助。对于吴简中很大一部分语词的解释，学界尚未取得一致意见，因而在每一词条下备列众说，供后来研究者择取，可以成为进一步研究的新起点。不过，这项工作的意义不限于此。从内容看，吴简记载的主要是孙吴早期地方行政制度，包括税收、人口管理、赋役等，以往学者对吴简中出现语词的解释多是从历史研究角度入手，集中在关键词语的理解上。在书中我们不仅以语义为中心列制词条，而且把依体例无法融进词条中的部分放到按语中，这些工作在一定程度上就成为了解孙吴地方行政制度的窗口之一。如果再放宽一点视野看，吴简所处的时代是秦汉魏晋南北朝时期的一个转折节点，所见部分语词反映出过渡时期的特点，比如其中的"调"，在秦汉魏晋文献中皆出现过，有不同的内涵，吴简中的"调"同样也呈现出了复杂性。但反过来看，这类语词又是思考中国中古早期相关问题的切入点。

  本书的完成首先要向筚路蓝缕的吴简整理和研究者致敬。吴简数量大，性质特殊，前所未见，对这批材料的考索犹如秉烛前行于未知出口与路径的溶洞中，可能会有迷途与曲径，但他们的努力是后来者继续寻找出口的基石，值得敬重。本书为国家社会科学基金项目成果，如果没有合同约束，能否完成这一枯燥的工作，我是没有信心的。项目结项时，诸位匿名评审专家给出了中肯的反馈意见，多已遵照修改。本书最后由连先用学棣帮助校对一遍，吴孟灏、李天一学棣帮助编制词条目录，老友宋燕鹏兄作为责任编辑为本书出版费心费力，在此一并致谢。

  1996年，吴简发现的那一年，我在行李中夹了一本《辞源》和一套《春秋经传集解》，来到我现在工作的单位读先秦史硕士；十年后，2006年，那一年年底我博士后即将出站，用剩余的经费买了一套《嘉禾吏民田家莂》和《竹简（壹）》，但也未确定吴简是否会是此后一段时间的工作重心；二十年后，2016年，没想到我编成了这样一本小书，作为学习吴简的阶段性总结。这就像一生中择业、择偶一样，似乎有着机缘，却又捉摸不定。不知道下个十年，2026年，我还会在做什么？

沈　刚

说　明

　　一、本书材料收录范围以中国大陆地区出版或发表的与长沙走马楼三国吴简研究相关的中文论文（含学位论文）、著作等为主，兼及港台地区出版物。已发表论文收入论文集中，原则上不再另行标注出处，若收录论文集中有所增补，则论文集中文章亦收入。收录时间截至2015年底。我们将其中对吴简语词的解释辑录、归类成词条。词条除了普通词语以外，部分固定用语也酌情收录。个别语词因为简文断句原因，有不同形式，亦一并收录。人名、地名等不收录。

　　二、词条索引按照笔画数顺序排列。同一单字起首的词列于该单字后，按第二字的笔画排列。

　　三、每一词条后标出该词条所在简牍的编号。主要依据论著作者所引用简牍的编号；若无给定编号，则由编者给出；若数量过多，则选择其中一部分。编号壹·……、贰·……、叁·……、肆·……、柒·……、捌·……，分别表示《长沙走马楼三国吴简·竹简》【壹】、【贰】、【叁】、【肆】、【柒】、【捌】；荪4·……、荪5·……，分别表示《长沙走马楼三国吴简·嘉禾吏民田家莂》中的四年田家莂、五年田家莂。散见吴简的详细信息则见于引用文献，或随文标注。一个词条包含一组词，则其中每个词的编号都分别标示出。词条来源编号有误，则在按语中予以修正。同一语词有不同含义，其所对应不同编号用括号分组，并在按语中指明对应义项。

　　四、本项目收录词条均在《长沙走马楼三国吴简·嘉禾吏民田家莂》，《长沙走马楼三国吴简·竹简》【壹】、【贰】、【叁】、【肆】、【柒】、【捌】及其他零星公布的吴简中出现过。若词条为所收论著作者简省说法，或有义项在上述材料中没有对应语词，则在按语中予以说明。意义相近或相同的一组词，或被成组解释的一组词，放在一个词条里，中间用"/"隔开。词条中经作者改释过的字，亦在按语里说明。

　　五、每一词条下各义项按来源论著刊布的时间顺序排列，尽量照录原文，包括格式、编号形式、标点等不作强行统一。有的词条在不损害文意的前提下，对有的义项有所剪辑。

六、词条每一义项（包括按语）后均标注出处：论文标注作者姓名、年份；著作和学位论文标注者姓名、年份、页码。

七、词条后所附按语，包括与该词条紧密相关的论说，但以词条义项形式无法容纳的内容；指出义项解释明显有误之处；义项来源编号错误；其他需要说明的问题。

八、引用文献为正文词条各义项出处的详细信息，按照作者姓名音序排列，同一作者按照论著发表或出版年份先后顺序排列，同一年份下以英文字母顺序区分。

词条目次

二　画

二年常限 …………………… 1
人工 ………………………… 2
入……受 …………………… 2
八亿钱 ……………………… 3
力田 ………………………… 4

三　画

三州仓 ……………………… 5
三品布/四品布 ……………… 5
上尌下尌 …………………… 6
士 …………………………… 7
士伍 ………………………… 8
下品之下 …………………… 8
大口 ………………………… 9
大女 ………………………… 9
大屯 ………………………… 10
大仓 ………………………… 10
大杝 ………………………… 10
大男 ………………………… 10
大男/大女 …………………… 10
大妻 ………………………… 11
大继 ………………………… 11
大栀 ………………………… 12
大櫖 ………………………… 13

小口 ………………………… 13
小女 ………………………… 14
小父 ………………………… 14
小母 ………………………… 15
小妻 ………………………… 15
口若干事若干、算若干
　事若干 …………………… 15
口食 ………………………… 17
口筭（算）皮 ……………… 18
口筭（算）钱 ……………… 18
口筭（算）麂皮 …………… 19
口算 ………………………… 19
凡 …………………………… 19
凡为 ………………………… 20
已入毕 ……………………… 20
已送人 ……………………… 20
卫士 ………………………… 20
卫士田 ……………………… 21
子女 ………………………… 21
子男 ………………………… 21
子弟 ………………………… 21
子弟佃客 …………………… 22
子弟限米 …………………… 22
女户 ………………………… 23
习射 ………………………… 23
马曹 ………………………… 23

乡长 ………………………… 24
乡吏 ………………………… 24

四　画

夫 …………………………… 25
五毒 ………………………… 25
不任调 ……………………… 26
不注役 ……………………… 26
太常佃客 …………………… 27
太常客 ……………………… 27
区 …………………………… 27
屯田帅 ……………………… 27
屯田司马 …………………… 28
屯田民 ……………………… 28
屯田民限米 ………………… 28
屯田限米 …………………… 28
屯田贷米 …………………… 28
屯将行 ……………………… 29
比伍 ………………………… 29
少有 ………………………… 29
中 …………………………… 30
中田 ………………………… 31
中外 ………………………… 31
中外估具钱 ………………… 31
中外做具钱 ………………… 32
中妻 ………………………… 32
中部 ………………………… 33
中訾 ………………………… 33
见 …………………………… 34
见今送 ……………………… 34
牛价米 ……………………… 34
牛角 ………………………… 35
从史位 ……………………… 35

今见送 ……………………… 35
今余 ………………………… 35
分别 ………………………… 36
公掾 ………………………… 36
仓父 ………………………… 36
仓史 ………………………… 37
月旦簿 ……………………… 37
月伍 ………………………… 37
风矢病 ……………………… 38
风病 ………………………… 39
文入 ………………………… 39
方远 ………………………… 39
方远客人 …………………… 40
火库米 ……………………… 40
火种 ………………………… 40
火种田 ……………………… 41
户人 ………………………… 42
户下奴/户下婢 …………… 42
户品 ………………………… 42
夬鼻 ………………………… 43
尺口 ………………………… 43
劝农掾 ……………………… 43
书史 ………………………… 45

五　画

正户民 ……………………… 46
世父 ………………………… 46
可用〇夫作 ………………… 46
左尉 ………………………… 47
右……入/右　　合 ……… 47
右节度府 …………………… 47
右别 ………………………… 47
右郎中 ……………………… 48

布准米 …… 48	处 …… 62
平钱 …… 48	外侄子 …… 63
占上户籍 …… 49	冬肠布 …… 63
占著 …… 49	冬赐布 …… 63
旧米 …… 49	主 …… 64
帅子弟 …… 49	主记 …… 64
帅客 …… 50	主者 …… 65
旦 …… 50	主者史 …… 65
田户（经用）曹史 …… 50	主簿 …… 65
田户经用曹 …… 51	市士 …… 65
田户曹 …… 51	市会 …… 66
田亩布 …… 51	市具钱 …… 67
田亩布米 …… 51	市租 …… 67
田亩布贾准入米 …… 52	市租米 …… 67
田亩布贾准米 …… 52	市租钱 …… 68
田亩钱 …… 52	市掾 …… 69
田亩钱准入米 …… 53	记书 …… 70
田亩钱准米 …… 53	民田 …… 70
田家 …… 53	民税田 …… 70
田曹 …… 53	出 …… 71
四六（佃吏） …… 54	出入付授要簿 …… 71
生口 …… 54	出付 …… 71
禾 …… 55	司盐曹 …… 72
禾准米 …… 55	加臧米 …… 72
丘 …… 56	皮师 …… 72
丘魁 …… 60	皮贾米 …… 73
付受 …… 60	皮贾钱 …… 73
白衣 …… 60	发遣 …… 73
白衣卫士 …… 61	
白米 …… 61	六　画
白草 …… 61	刑 …… 74
白解 …… 62	考实 …… 77
乐 …… 62	老 …… 77

老女	77	杂皮	95
老父	78	杂米	95
老男/老女	78	杂钱	96
老钝	78	负者	96
地僦钱	79	衣食客	97
过湎米	81	并间民	98
吏士	82	关父	98
吏帅客	83	关邸阁	98
吏民	83	关言	101
吏民田	84	州中仓	101
在本县	84	州吏	101
在宫	84	州吏田	103
列	84	州卒	103
夷生口	85	池贾米	103
夷民	85	军吏	104
邪	86	收责	105
师士	86	收领	105
师佐	87	如掾	106
岁伍	88	丞掾	106
岁自垦食	89		
刚师/刚佐	89	七 画	
廷	89	麦租	107
传卒	90	麦准米	107
任吏	90	运者	107
任耕	90	运诣	108
价人	90	折咸米	108
伙处	92	机	108
自垦食	93	求哀	109
行钱	93	更	109
会	94	更人收钱	110
会吏	94	医师	110
合	95	还民	110
杂禾	95	还宫	111

尪（厓）羸	111	私学	129
尪（厓）羸民限米	112	私学田	132
尪(厓)羸老顿贫穷女户	112	兵田	132
		兵师士	132
连年杂米	113	估具钱	133
步侯	113	估钱	133
步侯还民	113	何黑钱	133
步侯还民限米	114	佃	134
旱不收	115	佃帅	134
旱田	115	佃田	134
旱败不收	117	佃吏	135
旱败（田）	117	佃师	135
旱限米	118	佃卒田	135
吴平斛	118	作部	136
县市	119	作部工师	136
县吏	119	余力火种田	136
县卒	120	余力田	137
县卒/郡卒/州卒	120	余力米	139
里魁	121	余力租米	139
町	121	余通	139
邮卒	122	邸阁	139
邮卒田	123	狂病	140
男子	123	条列	141
邑下	124	言府	141
别	125	状	141
别列出	125	状俗	142
别使	125	亩布	142
别蒳	125	亩钱准米	143
别部司马	126	库吏	143
别领	127	应役民	143
别簿	127	弟寡妇	144
财用钱	127	沃田	144
钉（矴）石	128	没入米	145

没溺 …………………… 145
穷核 …………………… 145
君教 …………………… 145
即米 …………………… 146

八　画

奉 ……………………… 147
奉鲑钱 ………………… 147
拘计 …………………… 147
拘校 …………………… 148
其月 …………………… 148
取禾 …………………… 148
苦 ……………………… 149
若 ……………………… 149
直 ……………………… 150
直事 …………………… 150
欧背 …………………… 151
欧病 …………………… 151
尚书郎 ………………… 152
具钱 …………………… 152
典田掾 ………………… 153
典军曹史 ……………… 154
典运吏 ………………… 154
典掾 …………………… 154
罗列 …………………… 154
知觉 …………………… 154
物故 …………………… 155
侄 ……………………… 155
依 ……………………… 155
依……书 ……………… 155
帛米 …………………… 156
所备 …………………… 156
金田曹 ………………… 157

金民 …………………… 157
金民限米 ……………… 157
金曹 …………………… 157
肿（踵）两足 ………… 158
变○色 ………………… 160
夜（腋）病 …………… 160
盲 ……………………… 160
单身 …………………… 160
单独 …………………… 161
单蜀 …………………… 161
注役 …………………… 161
波田 …………………… 162
波唐（溏） …………… 162
治师 …………………… 163
定 ……………………… 163
定收 …………………… 163
定余钱 ………………… 164
审实 …………………… 164
官佃客 ………………… 165
实核 …………………… 165
郎吏 …………………… 165
诡责 …………………… 166
诡课 …………………… 166
诣（金曹） …………… 167
诣屯 …………………… 167
录事掾 ………………… 167
承余 …………………… 168
承余新入簿 …………… 168
限田 …………………… 168
限会 …………………… 169
限米 …………………… 169
限佃客 ………………… 170
限亩 …………………… 171

驽闇	171	炭民	183
细小	171	罚估	183
织作	172	牯	184
织作布	172	牯牛	184
驿兵	172	种贾米	185
贯连师/贯连佐	172	种领斛数簿	185
		种粻	185

九 画

持还	174	种粻米	186
赿伪壅非	174	科核	186
草	174	复	186
草言	174	复民	187
草刺	175	复民租钱	189
茯粻	175	复客	189
荒田	176	贷食	189
故户	176	修行	189
故帅	176	保质	190
故帅子弟	177	保质曹	190
故帅客	177	待事史	190
故生田	177	亭杂人	190
故吏	177	亭复人	191
故邸阁	178	度	191
故税米	178	度卒	191
苴钱	178	差	191
枯兼	179	养者	192
柚租钱	180	叛士	192
要簿	180	叛士限米	192
临居米	181	叛吏	193
眇	181	叛走	193
胄毕	181	送	193
品布	182	娄	194
品市布	183	前部	194
品臧米	183	洝	194
		举（私学）	195

宫	196	都莂	210
客	196	莂	210
郡士	197	莂簿	211
郡屯田掾	197	真吏	211
郡吏	197	真身	213
郡园父	198	桓王庙	213
郡卒	199	校	213
垦食	199	校士	214
除未讫	199	核事吏	214
姪	199	逋钱	214
盈湎米	200	贾	215
给子弟	201	贾具钱	215
给民自垦食	202	贾钱	215
给（某）吏	202	破莂保据	215
给限佃客	203	原除	216
给客	204	赀准米	216
给冢种客	204	监池司马	217
给禀	204	监运	217
绞促	205	监运兵曹	217
		监运掾	217

十　画

		钱师/钱佐	218
耗咸米	206	钱贾钱	218
起书	206	造作	218
盐米	206	牸	218
盐兵	207	牸牛	219
盐贾米	207	牸犊	219
捐除	208	租田	219
捐除名簿	208	租米	220
都乡	208	租具钱	222
都市	209	租苕钱	222
都市掾	209	租钱	222
都吏	209	租税杂限田	223
都师	209	息	223

息米	223
剐	223
留	224
凌人	224
准	224
准入米	225
准米	225
疾足	225
痈	225
部吏	226
部曲	226
部曲田曹	226
部伍	227
旁科律令	227
耗咸米	227
料校	227
料校不见	228
料核	228
酒租	229
酒租具钱	229
酒租钱	230
家数	231
案	231
案（文书）	231
诸将	231
冢种客	232
被……书	232
被病物故	233
被曹敕	233
课问	233
调	234
调布	236
陶租钱	237

烝口仓	237
通	237
通合	237
绡（捎）白	238

十一画

推求	239
授居	239
黄簿	239
菫	240
乾锻师/乾锻佐	240
梗	241
梳米	241
敕	241
聋病	242
雀（手足）	242
常限（田）	243
悬连	244
铢租具钱	244
偷入	245
船曹	245
领	245
领簿	246
斛	246
斛加五升	247
孰米	247
渍米	248
随桓	248
隆病	248
隐核	249
绚租钱	250

十二画

期会……………………… 251
悥………………………… 251
蒌米……………………… 252
遗脱……………………… 252
喑口……………………… 253
犊………………………… 253
税中白米………………… 253
税田……………………… 254
税白米…………………… 254
税米……………………… 254
税帛米…………………… 256
税粢米…………………… 256
傅前解…………………… 256
集凡……………………… 256
集所……………………… 257
傍人……………………… 257
觚慰师/觚慰佐 ………… 257
粢限米…………………… 258
粢租米…………………… 258
粢准米…………………… 258
粢税米…………………… 258
雇………………………… 259
雇……布贾……………… 259
雇……所市布贾………… 260
雇擿……………………… 260

十三画

鼓………………………… 261
鼓史……………………… 262
蒭钱……………………… 262
颐病……………………… 263

碓病……………………… 263
督军司马………………… 264
督军粮都尉……………… 264
督军粮御史……………… 265
督邮……………………… 265
督责……………………… 265
督都尉屯田……………… 266
訾………………………… 266
虞曹史…………………… 266
跰踵……………………… 267
锦………………………… 267
辞………………………… 267
筭（算）………………… 268
牒………………………… 268
腹心病…………………… 269
腹心疾…………………… 269
酱贾米…………………… 270
禀（廩）………………… 270
禀米……………………… 270
禀斛……………………… 271
禀斛米…………………… 271
新入……………………… 272
新户……………………… 272
新占民…………………… 272
新占民户………………… 272
新吏……………………… 273
新米……………………… 273
新还民…………………… 273
数钱……………………… 273
溏（唐）儿民…………… 274
綀师……………………… 274

十四画

模师 ……………………… 275
榜 ………………………… 275
䎱 ………………………… 275
僦毕 ……………………… 276
僦米 ……………………… 277
僦米毕 …………………… 277
僦钱 ……………………… 277
僮客 ……………………… 279
僮客限米 ………………… 280
廖直 ……………………… 280
適客限米 ………………… 280
漯病 ……………………… 281

十五画

撮 ………………………… 282
鋘 ………………………… 282
鋘钱/鋘贾钱/官鋘钱 …… 283

熟田 ……………………… 284

十七画

擿米 ……………………… 286
闇 ………………………… 286
襍（杂）僦米 …………… 286
襍（杂）擿米 …………… 287

十八画

镰师/镰佐 ……………… 288
鎗佐 ……………………… 289
鎌師/鎌佐 ……………… 289

十九画

簿领 ……………………… 291
羸 ………………………… 291

二十三画

鑢师/鑢佐 ……………… 292

二　画

二年常限

（蒴4·5；蒴4·179；蒴4·189；蒴5·261）

1. 所谓"常限"田，不是指租佃土地的年限，而是指"定收"田的固定收取租米、税米和布、钱的定额而言，"二年常限"是说固定的亩收定额在二年内不变。超过二年，定额就可能改变。（高敏：2000B；2000E）

2. 所谓二年常限田，其含义有二。第一，吏民佃种二年常限田后，其亩租额二年不变，二年期限一过，封建政府有权调整亩租额。第二，吏民对其佃种的土地只有二年的佃种权，时间一到，必须另行办理佃种的手续，确定其佃种权。（蒋福亚：2002A；2012B，P23）

3. 所谓"二年常限"，指的是租佃者对其佃种的土地只有两年佃种权，封建政府规定的亩租额也只在两年中有效的熟地。期限一到，租佃者需另行佃种，封建政府也有权变更亩租额。（蒋福亚：2002B）

4. 二年常限，指的是租佃时间。（臧知非：2002）

5. "常限"应作"一定标准"解，"年"应作"熟稔"解。根据六朝及唐后期的"二稔职田"所涉及的水稻耕作方式特点，所谓"二年常限"，实为官府根据当时普遍实行的各种形式的轮休耕作制而制定的一种关于官租的规定——按照二年一垦的标准收取官租。（张荣强：2003）

6. 二年常限是指以二年为周期，进行轮耕或休耕的田地，可从。但"常限"何解仍未说明。把"常限"与"余力"联系起来考虑，似可认为，募民屯田，田家受田有固定配额，故曰"常限"……"常限田"是封建国家按劳动力平均所能负担的耕地亩数分配的，是民屯必须保证的基本收入，所以租（税）米亩纳一斛二斗。（林甘泉：2004）

7. 二年常限田是指以二年为周期，进行轮耕或休耕的田地。汉简中已有"二年田"的说法，吴简中也有"二年田"的说法……而江南稻田的耕作方式，也需要这样的休耕……对常限田之所以要标出"二年常限"，可能就意味着，在休耕期间，官府要减免其租税。（孟彦弘：2004）

8. "二年"疑指嘉禾二年规定的，每人每户限制租佃的最高数量的农田，或为按照嘉禾二年规定的农田每亩纳税标准征收的田亩。或说是按亩固定收取税米、布和钱，地租率限额在二年内不变动之田；或说指耕种二年后要休闲的田亩；或说指国家规定的佃田期限为二年的强制性定额田亩，目前尚无定论。（中国简牍集成编辑委员会：2005，P496）

9. "二年常限"田属于佃田，佃田和"二年常限"田是上下位关系；"二年常限"田和余力田是同位关系。（陈荣杰：2012，P61）

人　工

（叁·7194）

即民工、人力。《宋书·何尚之传》："时又造华林园，并盛暑役人工，尚之又谏，宜加休息，上不许。"（何立民：2012，P59）

入……受

（壹·3061；壹·3111；壹·3817）

1. 入，纳入，收入。《说文》："入，内也。"《广雅·释诂》："入，得也。"《礼记·王制》："制国用，量入以为出。"孔颖达疏："量其今年入之多少，以为来年出用之数。""入"与"受"相配合之格式亦多见于汉简，《合校》16·2："入粟大石二十五石，车一两，输甲沟候官。始建国五年六月，令史□受訾家当遂里王护。"《敦》284："入郡仓居摄三年正月癸卯转一两，麦小石卅石五斗。居摄三年三月戊辰，大煎都土吏牛党、候史尹钦受就人效谷益寿里邓尊。"《合校》10·12："入小畜鸡一、鸡子五枚。元康四年二月己未朔己巳，佐建受左后部如意隧长奉亲。卒外人输，子元受。"（李均明：2005）

2. "入"，收入的意思。《广雅·释诂》："入，得也。""入"是走马楼吴简入布文书中最为常见也是最为重要的记账符号……"受"一般用于收入账的结尾。《说文》："受，相付也。"在入布文书中表示接受的意思。"受"前一般记录纳布吏民、其所在丘、纳布的日期及经办的库吏。"入……受"作为固定搭配时，在入布文书中表示收入明细账。（魏龙环：2011）

八亿钱

（贰·3664；贰·8333；贰·8341；贰·8342；贰·8357；贰·8363；贰·8423；贰·8439；贰·8447；贰·8454；贰·8495；贰·8515；贰·8517；贰·8553；贰·8560；贰·8564；贰·8570；贰·8615；贰·8624；贰·8632；贰·8661；叁·15；叁·16）

1. 八亿钱和通行钱基本等值，那"八亿钱"实际就是"通行钱"，只是因为某种原因，被赋予了特殊的名目……"亿"可能指"意钱"，即赌博，因此"八亿钱"可能和赌博有关，是违反禁赌法令之吏民缴纳的罚金。（杨小亮：2011）

2. 是一种货币的名称，而不是赋税的名称……八亿钱进入流通领域极可能是嘉禾五年。它并非通行于临湘的主要货币，或者说它并不是经常出现于市场的货币，因而它和流通于临湘的主要货币如何比价，还得经过一道验算的手续。随着社会经济生活走向正常，加之吴国许多征收钱的赋税名目对货币经济的出现也有一定的刺激作用，大体在嘉禾年间，货币交换媒介和价值尺度的功能终于恢复，社会对货币的需求量激增，估计临湘货币流通量应该过亿，甚至更多。新的货币——八亿钱也出现了，但它并非临湘流通领域中的主要货币。（蒋福亚：2011B；2012B，P295；2014）

按：王素认为八亿钱和米之间有固定的比值，并将其和孙吴铸行"大钱"背景联系起来考察：我们根据有关材料，对八亿钱至少有两点认识：（1）"八亿钱"与米有固定比值。前引《竹简》[叁]有一条材料记"八亿钱三千九百准米三斛"，一斛米值八亿钱一千三百；第二条材料记"八亿钱九千一百准米七斛"，一斛米亦值八亿钱一千三百。"八亿钱"比值固定，应该具有一定的稳定性。（2）"八亿钱"与孙吴铸行"大钱"有关。如《吴志·吴主传》云："（嘉禾）五年（236）春，铸大钱，一当五百。"而前引《竹简》[叁]两条材料均为嘉禾六年（237）正月缴纳嘉禾五年八亿钱所准米。又前引木牍首句云:"州中仓吏郭勋、马钦、张曼、周栋起正月廿三日迄六日受。"末句云:"正月廿六日仓吏番虑白。"据《嘉禾吏民田家莂》,知郭勋、马钦、张曼、周栋等任仓吏,也主要在嘉禾五年下半年至嘉禾六年上半年,木牍中的"正月"亦均指嘉禾六年正月。"八亿钱"的出现,在孙吴铸行大钱之后,与孙吴"大钱"的关系值得研究。此外,我们还知道:孙吴在嘉禾五年春铸当五百大钱之后不久,又曾铸当千大钱。如《吴志·吴主传》云:"赤乌元年(238)春,铸当千大钱。"由于通货膨胀,当时的钱确实常以"亿"计。如同书《吕蒙传》云:"以蒙为南郡太守,封孱陵侯,赐钱一亿,黄金五百斤。"又《蜀志·李严传》注引《诸葛亮集》亮答严书亦云:"吾本东方下士,误用于先帝,位极人臣,禄赐百亿。"说明通货膨胀十分普遍。这些情况,对于我们进一步探讨"八亿钱"的性质,无疑是有帮助的。(王素:2006)

力　田

(贰·7197)

当是一种身份。(何立民:2012,P43)

三　画

三州仓

（壹·21；壹·44）

1. 三州仓、州中仓及库均为县仓及县库……三州仓为州中仓的一个分支机构，州中仓有管理三州仓的权力……综合以上两仓的性质、关系和降及秦汉仓的设置位置分析：州中仓处于正仓位置，应置于湘水东岸县治所在地或其附近，而三州仓作为州中仓的从属仓，相应则位于湘水西岸。（何佳：2004）

2. 三州仓不是转运仓，三州仓、州中仓就简牍部分的关联内容可以认为具有县仓的机能。比起三州仓，州中仓的规模要大，因位于最终消费地附近，在州中仓不足的情况下，要从三州仓进行转运。（伊藤敏雄：2005）

3. 州中仓很可能是郡一级的仓，相应的三州仓则为县级的仓。（侯旭东：2006B）

三品布/四品布

三品布（叁·7058）/四品布（叁·277）

1. 吴简户品出钱簿记录着由新、故户按"上、中、下"三品出钱，"下品之下"无须出钱，相应地，此"三品布"（叁·7058）顾名思义也应是按上、中、下户品征收布匹。吴简中这类明确记录"品布"的库布入受莂也很少，与市布入受莂有明确记录了"市布"的统计简不同，品布入受莂却未见明确记录"品布"的统计简，除市布入受莂的统计简外，其他统计简一般都笼统地记作"布"。笔者推测，未明确记录"市布"的库布入受

蒭及其统计简，都应是"品布"入受的记录。（凌文超：2012A）

2. "四品布"又该如何解释呢？在笔者看来，既然"品市布"连称，"品布"又独立成词，"品布"就应与"市布"并列，而不能理解为布的等级，即使吴简中出现布匹的不同价格。"三品"与"四品"的差别可能仅在于是否包含"下品之下"，因下品之下通常"不应调"，所谓"四品布"实际上很可能也只是上、中、下品缴纳调布。从吴简的记录看，"三品布"与"四品布"还无本质的区别。不过，"三品布""四品布"这类指代同一事物的不同说法，体现了在割据纷争的乱世，孙吴为了增加军国经用的需要，对社会结构进行相应的调整。（凌文超：2012C）

3. 孙吴嘉禾年间……依然沿用户分三品的旧制，"下品之下"并非"下品"内的分等，而是品外等级……因为"下品之下"这个不应调役的品外等级的存在，旧制户三品成为实际上的户四品。据此，"三品布""四品布"的差别应该仅在于后者涵括了"下品之下"。因"下品之下"一般"不应调"，所谓"四品布"实际上很可能只有上、中、下品缴纳调布。从这个角度而言，"三品布"与"四品布"在本质上并无不同。只不过，"三品布"是户分三品制度上通行的称谓，而"四品布"反映了实际上的户分四品。（谭翠：2013B）

上尌下尌

（壹·1384）。

"尌"，《字汇·寸部》以为"俗刚字"。走马楼简整理组释文作"刚"，是有根据的。唐《段沙弥造像》又写作"尌"，推想应即樯桅上加固布质或席质风帆的上下横杠。对于汉魏帆船，我们仅看到《释名·释船》"随风张幔曰帆"以及马融《广成赋》"张云帆"等片断文字，以及《太平御览》卷七七一引康泰《吴时外国传》所说及"张七帆"的远洋航船。走马楼简所见"大樯"与"上尌""下尌"，当有助于我们增进对当时水上航行利用风力以为动力的具体形式的理解。由造船史资料可以知道，"最具有中国特色的船帆是棉布或席子制成，上加横竿压条，作为横向的加强材料。这种帆升降自如，可以根据风力的大小调节面积。一旦大风袭来，无须用人上桅收帆。只要放松升降绳，帆和竹条藉自重就会自动使帆降落，很快就可作好防风准备。因为我国的船帆有横向的加强材料，所以对帆幕的强度要求不高，可用廉价的材料制成。在航行中，即使帆幕有破洞，仍然有很好的受风效果"。如果有多道所谓"竹条"或"横竿压条"的话，简文所谓"上尌""下尌"，应当即相当于这种"横向的加强材料"中最重要的最上的"横竿"和最下的"横竿"。（王子今：2005A）

按：原简释文"尌"作"刚"。

士

（莿4·490；莿4·491；莿4·492；莿4·493；莿4·945；莿4·496）

1. 是指当时读书人之从北方南徙者而言……结合孙吴政权的特殊情况而言，这种被优待的"士"，有可能就是北方的南徙之士及其后代，只有这样的"士"才有可能引起孙吴政权的重视，有专为之制定"依书不收钱布"的优惠政策的必要。（高敏：2000F）

2. "士"大概是指具有某种特定身份的读书人。（于振波：2003；2004B）

3. 是在学问或道德方面取得一定的名望，尚未入仕或拒绝入仕的人。由于士的名望得到官方承认，因而在赋税徭役方面受到官方的优待。（于振波：2004D，P4）

4. 这里的"士"（《嘉禾吏民田家莿》），即《续汉志》所载之"学士"。汉代基层，每"乡置有秩、三老、游徼。本注曰：……三老掌教化。凡有孝子顺孙，贞女义妇，让财救患，及学士为民法式者，皆扁表其门，以兴善行"。这个记载说明了两个问题，一是乡里之中存在"学士"这样一个群体；二是他们是受到政府重视的一个群体。（黎虎：2005B）

5. 士是读书人，国家对士有优待政策。（胡平生：2005B）

6. 是现役士兵，都缴纳限米。（蒋福亚：2007A；2008B；2014）

士 伍

（壹·2525；壹·2585）

1. 汉代"士伍"，是指无爵或失去爵位的人；三国的"士伍"称谓，则是世袭兵。这里的"士伍"，书写在本来是爵位的地方，与"真吏"标注位置不同，未必就是三国时期的兵户。（张荣强：2006）

2. 吴简中将士的妻子称作"士妻"，子称士伍。（蒋福亚：2007A）

3. "士伍"籍具有世袭性，但只限于家庭中的男性成员，且可通过赐爵或立功等途径改变身份。（黎石生：2008）

4. 吴简嘉禾六年广成乡户籍簿中的士伍已无爵制等级身份的意义，与户主身份亦无关，并不具有身份特征，仅仅是残留了"士伍"这一称号而已……我推测吴简户籍中的士伍在10—12岁有两个流向，一是仍为国家的编户民，以吏民身份承担国家租税和郡县力役，这部分吏民约占五分之二。二是在外服役，这部分士伍比重约占五分之三。（凌文超：2011A）

5. "士伍"或作"仕伍""士五"，指无官、无爵的底层百姓，其与普通庶人、平民等似仍有不同；吴简中的"士伍"多指称十岁以下的未成年人，这似与先辈从军及夺爵的经历有密切关系；只是到了后来，士伍"从军皆夺爵、变为普通士卒"的意义逐渐减弱，引申出"无官、无爵的底层百姓"的义项。（何立民：2012，P117）

下品之下

（壹·5319；壹·5445）

1. 所谓"下品之下"是说财产最少，或者说最贫穷的那种人，并不是说下品之中又分为三等。从吴简看，"下品之下"大抵是指那些"新户""女户"，或许也包括"尪羸老钝"之类。（张荣强：2004A；2006；2014）

2. 下品之下，应当就是两汉以来的"下贫""尤贫""贫不能自存者"，他们被列在三品之外，而非九品之内，类似于我们现在所说的"贫困线以下"人口。（于振波：2004C）

3. 下品之下乃指"下品"中尤穷者，史籍称之为"尤贫""下贫"等。

（李均明：2008B）

4. 户品有上、中、下三种品级，"下品之下"则不入品，仅为财产最少、更加贫穷的家庭之义。（何立民：2012，P59）

按：张旭华认为孙吴时期户调分九品收物，开创了后代户调"九品相通"征收方式的新模式，这可能借鉴并综合曹魏的户调制度与九品中正制度而来。（张旭华：2002）

大　口

（壹·4464）

1. 指15岁至59岁的成年人。（于振波：2007B，P137）
2. 系政府为征收赋税特意制定的概念，具有法律效力，与吴简中作为民间称谓使用的"大""小"性质迥乎不同。但是，"大口""小口"可能并非孙吴征收赋税的基本标准。（韩树峰：2011A）

按：高敏将大小口看成口钱算赋征收的标准。他说："孙吴时期按小口与大口分别征收口钱与算赋的做法以及算赋为每人每年一算，每算为一百廿钱等规定，都同汉制是一致的。惟有小口的口钱征收量，已由汉代的每一小口七钱降低到了五钱……大约嘉禾二年的时候，每算增加到一百三十钱……民户与吏户分别立籍，分别征收口钱、算赋的做法也为汉制……最值得注意的是在孙权嘉禾年间出现了以实物折纳口钱、算赋的变化。"（高敏：2006A）

大　女

（壹·2844）

1. 孙吴划分大女、小女完全以婚姻而不以年龄为标准，即：已婚称大，未婚称小……吴简中的大、小与政府无关，只是民间行用的概念。（韩树峰：2011B，P224）
2. 在吴简中一般是指年满15岁已婚女性。（蒋福亚：2011A）
3. 即女性户主、家主。（何立民：2012，P176）

大　屯

（壹·1622）
应指某屯田处所。（王素、汪力工：2009）

大　仓

（壹·4298；肆·4713）
此处的"大仓"应是都城建业的太仓。（戴卫红：2014）

大　柂

（壹·1384）
大柂，应读为"大柂"，"柂"通"舵"。《集韵·哿韵》："柂，正船木。或作柂舵。"在汉简与魏晋简中，"驼"字就常常写作从马从也的"驰"形。（胡平生：2005A）

大　男

（壹·2724）
家中担任户主、承担租税劳役的男性。（何立民：2012，P175）

大男/大女

大男（壹·2876；壹·3023）/大女（壹·3810；壹·3982）
1. 大男、大女指十五岁以上的人，与社会地位没有必然联系。但是奴婢是没有资格立户的，因此，这里的大男、大女，当指在当地官府有正常户

籍的"正户民"或编户齐民，即普通农民。（于振波：2004B）

2. 年龄在十五岁以上的男人、女人，多称为"大男""大女"。十五岁为成丁。（高敏：2006B）

3. 当是表示男性、女性户主身份的专有名词（结婚成家当属题中应有之意）。（何立民：2012，P118）

4. 走马楼吴简中，十五岁以上的男女也称为大男、大女。（李恒全：2013）

按：秦汉以来的大、小、未使等和性别连用的语词，通常表示赋役年龄界限，吴简中未出现"未使"等字样，则大、小是否还是赋役的年龄标准未可知。

大　妻

（壹·8216；壹·8925；叁·2185；叁·2423；叁·2446；叁·2447）

1. "大妻""中妻""小妻"的出现，应为当时社会中多妻现象的一种反映。其产生过程大约应是这样的：一名男子结婚时，第一次结婚娶的妻子，一般称为"妻"。然后第二次婚配，所娶女子则被称为"小妻"，相应的原来的"妻"可称为"大妻"，但一般还简称或习惯地称为"妻"，"大妻"（"妻"）表明了其正妻的身份和地位。若是该男子的第三次婚姻，则第二位妻子由"小妻"上升为"中妻"，第三位妻子则称为"小妻"。而第一位妻子的地位则不变。但无论"中妻"还是"小妻"，她们均属于相对于正妻以外的配偶"妾"。（赵宠亮：2011）

2. 大妻、中妻、小妻，排列有序，年龄由大到小排列，间接反映了几个妻先来后到的一面，可能也体现了地位的尊卑。（贾利青：2014）

大　绁

（壹·1384）

1. 绁字，编者迻写为"緤"。按，《说文·糸部》："绁，系也。从糸，世声。《春秋传》曰：'臣负羁绁。'緤，绁或从枼。"緤，为"绁"之后起字,《集韵·薛部》:"绁,或从曳。"桂馥《说文解字义证》:"《一切经音义》七:'绁,马缰也,所以絷系牲畜者,皆曰绁。绁,系也。'《玉篇》:'绁,马缰也。凡系缧牛马者皆曰绁。'……《汉书·贾谊传》:'若夫束缚之,系绁之。'颜注:'绁,谓长绳系之也。'……或作絏。《五经文字》:'絏本从世,缘庙讳偏旁,今经典共准时例变。'"可见,"绁"为古字,"絏"为后起字,依张参说是为避李世民名讳而改,则三国东吴时并无"絏"字。大绁,即大绳索。(胡平生:2005A)

2. 大绁,绳索。又写作"絏"。《说文·糸部》:"绁,系也。从系,世声。《春秋传》曰:'臣负羁绁。'"《释名·释车》:"绁,制也,牵制之也。"三国吴地称舟船专用缆绳为"绁"。《三国志》卷五五《吴书·董袭传》说建安十三年孙权讨黄祖事,(黄祖)"以栟间大绁系石为碇",以致军不得前,"(董)袭与凌统俱为前部,各将敢死百人,人披两铠,乘大舸船,突入蒙冲里。袭身以刀断两绁,蒙冲乃横流,大兵遂进。祖便开门走,兵追斩之。明日大会,权举觞属袭曰:'今日之会,断绁之功也。'"又《三国志》卷五七《吴书·吾粲传》:"黄武元年,与吕范、贺齐等俱以舟师拒魏将曹休于洞口。值天大风,诸船绠绁断绝,漂没著岸,为魏军所获,或覆没沉溺。其大船尚存者,水中生人,皆攀缘号呼。他吏士恐船倾没,皆以戈矛撞击,不受。粲与黄渊,独令船人以承取之。左右以为,船重必败,粲曰:'船败,当俱死耳。人穷,奈何弃之?'粲、渊所活者,百余人。"由"绠绁断绝"的危害,体现出"绁"的重要作用。(王子今:2005A)

3. 绁,船用绳索,《三国志·吴书·吾粲传》:"值天大风,诸船绠绁断绝。"(李均明、王昕:2007)

按:原文作"大絏",胡平生、李均明改释。

大　柂

(壹·1384)

柂,即舵。或写作"杝""柁"。《释名·释船》:"其尾曰柁。柁,拕也,在后见拕曳也。且弼正船使顺流不使他戾也。"其尾曰柂",《太平御览》卷七七一引作"舡尾曰柂"。《汉书》卷六《武帝纪》:"舳舻千里",颜师古注:"李斐曰'舳,船后持柂处也。'"据《北堂书钞》卷一三八引

《孙放别传》，汉魏之际人孙放曾说："不见船柂乎，在后所以正舡也。"晋人郭璞《江赋》："凌波纵柂，电往杳冥。"《集韵·哿韵》："柂，正船木。或作柂、舵。""柂""杝"相通。有《集韵·支韵》为证："柂，木名，或作杝。"更为明确的例证，有《后汉书》卷八〇下《文苑列传下·赵壹》："安危亡于旦夕，肆嗜欲于目前。奚异涉海之失柂，积薪而待燃。"李贤注："杝可以正船也，音徒我反。"《太平御览》卷七七一则引作"柂"。（王子今：2005A）

按：原释文作"大杝"。

大　樯

（壹·1384）
樯，船桅。在帆船时代指悬挂帆的立柱。《文选》卷一二郭璞《江赋》："舳舻相属，万里连樯。"李善注引《埤苍》："樯，帆柱也。"张铣注："樯，挂帆木也。"（王子今：2005A）

小　口

（壹·4436；贰·4408）
1. "小口"一语见于《魏志》管辂故事，可知"小口"是当时通行称谓……由于资料所限，目前尚无法确知走马楼竹简"小口"与"大口"的年龄界定……当时"小女"与"大女"的年龄界点应当在十五岁左右，如果我们推想"小口"与"大口"的界定也是如此，或许不会有大的差误。这一情形，当是继承了汉代社会关于不同年龄段人群有不同社会责任和社会权利的观念。（王子今：2008A）

2. 系政府为征收赋税特意制定的概念，具有法律效力，与吴简中作为民间称谓使用的"大""小"性质迥乎不同。但是，"大口""小口"可能并非孙吴征收赋税的基本标准。（韩树峰：2011A）

3. 当指缴纳口钱的小男小女。（李恒全：2013）

小　女

（壹·3962；贰·2909；贰·7330；叁·5702）

1. 根据现有竹简可以认定，孙吴划分大女、小女完全以婚姻而不以年龄为标准，即：已婚称"大"，未婚称"小"……当然，与秦汉、南朝更不同的是，吴简中的"大""小"与政府无关，只是民间行用的概念……我们必须承认，"大""小""老"等称谓既非政府制定，也非政府指令写入簿籍之中，它们只是民间或社会惯用已久的称谓，而簿籍记录者下意识地将其登入了簿籍。它们的存在并不代表政府意志，而只是民间习惯的反映。（韩树峰：2011A）

2. 除有未成年、不用承担算赋的女孩义项外，尚有"（尚未成婚的）女儿"之义。（何立民：2012，P178）

小　父

（壹·7663；壹·8410；贰·2386；贰·2684）

1. 具体含义不明，似与"叔父"属于同一性质，属于户主的长辈。（于振波：2007A）

2. 目前所见几例，年龄范围从30岁到72岁不等……"小父"简有"小父"单书一简，也有不少与妻合写于一支简上。此外，竹简上又出现有："皂（？）小父秃年七十二……秃子男□年□□"（贰·2684），即明确记录"小父"之子。则"小父"的家庭应是在户主为中心的核心、主干家庭之外的。"小父"与"父"相对而属从父范畴是可能的。（孙闻博：2010B）

3. 季父是最小的叔父，《竹简》中出现了"小父"，也可能就是指"叔父"或者"季父"。（贾利青：2014）

小　母

（壹·9344；叁·6214）

大父、大母，叔父、叔母及季父、季母等都呈对应关系，"小母"从字义上与"小父"对应而指"小父"之妻是可能的。"小父"简书写格式有多为，"A 小父 B，B 妻 C"，或因这种表述形式使"小父"称谓数量多于"小母"。（孙闻博：2010B）

小　妻

（壹·2567；壹·2942；壹·3059；壹·3073）

1. 走马楼简所见"小妻"，即"大妻"或"正妻"之外的配偶，张家山汉简中称作"偏妻""下妻"。然而文献记录中，多见"小妻"称谓。（王子今：2004E）

2. "大妻""中妻""小妻"的出现，应为当时社会中多妻现象的一种反映。其产生过程大约应是这样的：一名男子结婚时，第一次结婚娶的妻子，一般称为"妻"。然后第二次婚配，所娶女子则被称为"小妻"，相应的原来的"妻"可称为"大妻"，但一般还简称或习惯地称为"妻"，"大妻"（"妻"）表明了其正妻的身份和地位。若是该男子的第三次婚姻，则第二位妻子由"小妻"上升为"中妻"，第三位妻子则称为"小妻"。而第一位妻子的地位则不变。但无论"中妻"还是"小妻"，她们均属于相对于正妻以外的配偶"妾"。（赵宠亮：2011）

3. 大妻、中妻、小妻，排列有序，年龄由大到小排列，间接反映了几个妻先来后到的一面，可能也体现了地位的尊卑。（贾利青：2014）

口若干事若干、算若干事若干

（壹·2907；壹·2944；壹·3005；壹·3401；壹·4950；壹·10464）

1. 此"事"应指简。（王素、宋少华、罗新：1999）

2、这里的"算"指每户纳算赋的人数，前后两个"事"分别指课役口数和服徭役的人数。（张荣强：2004C）

3. 后一个事作"徭役"解。按"事"、"使"同义，"事"本义就是"役使"……秦汉赋役史料中，"事"通常就是指力役。《汉书·宣帝纪》"且勿算事"，颜注："不出算赋及给徭役。"同卷"且毋收事"，颜注："收，谓租赋也。事，谓役使也。"此"役使"具体说就是徭役。孙吴户籍简中的"算●事●"的"事"为徭役。这里的"事●"，就是指承担课役的总人数。"凡口●事●算●事●"的表述分为两部分，前一个"事●"与家口总数结合，后一"事●"则与交纳算赋的人数结合。而课役人口是在该户家口总数内划定，徭役则是从纳算赋者中征发，"凡口●事●算●事●"表述的内涵或许正在于此。而在户籍之下的各户赋役集计中，标明了承担课役的总人数和纳算的人数，也就无须再标明纳口钱的人数了。（张荣强：2004B）

4. 这种簿籍文字前面所记口若干，事若干，"口"指"口食"，即吃饭人口；"事"指"作事"，指干活的人口，在江陵凤凰山10号汉墓出土的简牍称为"能田"。而簿籍此条后面的文字"筭若干，事若干"，"筭"指口算钱份额，"事"指可服劳役的人数。（胡平生：2005A）

5. 所谓"口若干事若干"，即指该户有多少口，其中有多少口服力役；至于这个口是指全家的总人数，还是其中符合某些条件的人数，我们不得而知，但我认为属后者，这也正是吴简中"口食"与"口"的区别，即"口食"是指户内所有人口，而"口"则指其中的某一部分人数。所谓"算若干事若干"，是指应缴纳多少算而实际要缴纳多少算。服役人数多于纳算人数，因为这是吏户。（孟彦弘：2006）

6. 前一"事"当指有劳动能力的人，包括成年男女及有一定劳动能力的未成年男女（或次丁），而后一"事"则表示应当服役的人口。（于振波：2007B，P148）

7. "口●事●"是关于家口与劳力的统计。这里"事●"除青壮年的大男、大女外，还包括居延汉简廪簿所说的"使男""使女"（即类似于后世的"中男、女""次男、女"），按现代的说法，就是包括全劳力与半劳力。"算●事●"则是指应承担的算赋和劳役。通常情况下，家口数要大于劳力数。（杨际平：2007）

8. "口"指"口食"，即家庭的总人数。前"事"当指缴纳口算钱人数，亦即"小口"、"大口"和"算人"收钱的总人数……"算"数指制度上规定的纳算人数。而后"事"数则指实际缴纳算赋人数。值得注意的是，在这类户籍简中，"事"后之数有时省略，当是"事"之数与"口"、"算"之数相同时，一般可以略而不书。（凌文超：2011B；2015D，P143）

9."口若干事若干"之"事"不仅表示有劳动能力的人口，包括成年男女及有一定劳动能力的未成年男女（或次丁），还表明有一定劳动能力的老年男女可能也被列入了此"事"的范围。"算若干事若干"之"事"不仅表示应服役的人口，还意味着孙吴在孙权统治时期，已经不再采用汉代的"傅籍"制度了，而是将某个年龄段的成年男女都列为"事"，作为官府征发徭役的根据，并且确认应役人口时，可能仍然参照了"傅籍"制度的年龄规定。（于振波：2012）

10."凡口*事*算*事*"中，前一"事"释"口"，指应缴纳口钱的人数；后一"事"释"算"，指应缴纳算赋的人数。（张荣强：2012）

11、走马楼吴简算事简中的后一个"事"，与"算"连在一起，其含义也为徭役。前一个"事"与该户的总人口连在一起，比后一个"事"数大，也比"算"数大，其当指该户缴纳算赋、口钱，以及服徭役的人数，即该户能够"服事于上"的人数，因此，前一个"事"当释为服事。（李恒全：2013）

口　食

（壹·9；壹·8411；壹·8491；壹·8513；壹·9503；壹·9511）

1.口食一词，屡见史籍。《后汉书·安帝纪》永初五年"二月丁卯，诏省减郡国贡献太官口食"。《三国志·吴书·朱然传》，然病，"中使医药口食之物，相望于道"。（罗新：2000）

2."口食"应来自"食口"，两词中"食"均为动词，意即"抚养、养育"，而前者的"口"作宾语前置，两词意思相同。《墨子》卷十五号令第十："某县某里某子家食口二人，积粟六百石。某里某子家食口十人，积粟百石。"苏云："此即自占其石升之数也。"出粟米有期日，过期不出者出王公有之……这大概是居民申报粮食的记载，与第二类格式很像，可证"口食"即"食口"……"口食"就是指户主养育多少人而言，至于作何用途，不得而知。（汪小烜：2004）

3."口食"是指户内所有人口。（孟彦弘：2006）

4. 口食几人，即共有几人之谓。（杨际平：2007）

5. 家庭的总人数。（凌文超：2011B）

6. 肆·三八〇文曰："集凡五唐里魁周□领吏民五十户，口食二百八十九人。"据此，"口食"似即"户内（或家庭内）人口数量"之意。"贰·一七九八文曰："广成乡谨列嘉禾六年吏民人名、年纪、口食簿。"则"户内人口数"与"人名""年龄"在户籍文书中的地位相同，都是重要的记录要素。引而伸之，户内人口的确切数量，似为便于口算钱等人头税征收而记录在册。（何立民：2012，P38）

7. 口食即吃饭的人口，就是指该户所拥有的人口数。（李恒全：2013）

8. 口食，指家庭人数，即家口。（谭翠：2013A）

口筭（算）皮

（叁·988）

自秦汉以来，户口和田地是赋役征派的基本依据，针对编户齐民依照年龄等征收"口算钱"形成了一套严格的制度，至孙吴仍沿用。孙吴很可能借助长期以来征派口算钱的标准来分配调皮任务，于是这些调皮又被称作"口算皮"。（凌文超：2015D，P420）

口筭（算）钱

（壹·39；壹·101）

1. "口筭钱"是指将汉代的口钱、算赋合并而成的说法。（中村威也：2006）

2. 当为口钱、算赋的合称。汉代有口赋、算赋之分，七岁至十四岁，每人每年出二十以供天子，为口赋。自十五岁至五十六岁，每人每年出百二十钱，为算赋。"口算钱"即为通常所说的人口税……吴简"口算钱"可以折纳为其他物品进行缴纳。（陈荣杰：2012，P167—168）

按：韩树峰认为，口算钱简分为两类，一类为正常情况，系当年即缴者，只注明上缴时间即可；另一类为以前拖欠补缴者，政府登记此类口算钱

时，不但要注明上缴时间，而且还要注明口算钱系何年拖欠，以免发生混乱。（韩树峰：2001）

口筭（算）麂皮

（壹·8249；壹·8264）

"口筭麂皮"是指用缴纳麂皮代替吴简里处处可见的"口筭钱"。"口筭钱"是指将汉代的口钱、算赋合并而成的说法。"口筭麂皮"一词我们可理解为本应该以货币交纳的"口筭钱"，可以用麂皮这样的兽皮代替缴纳。（中村威也：2006）

口　算

（壹·1498；壹·1590）

口和算是西汉时期开始征收的人头税。《汉书·高帝纪》如淳引《汉仪注》云："民年七岁至十四岁，出口赋钱，人二十三。"《汉制考》引《道理要诀》："汉高帝每岁人常赋百二十钱，至孝文时，省俭减至四十，武帝事边费广，人产子三岁则出口钱，孝宣减人三十，孝成减四十，光武有产子复以三年之算。"到吴简中"口""算"已经凝固成一体，作为词素存在于"口算钱"中，又作为词存在于"口算麂皮"中。（李明龙：2006，P39）

凡

（壹·3163；壹·3343；壹·6365；壹·8231）

总共，合计，《说文》："凡，最括也。"《史记·陈涉世家》："陈胜王凡六月。"（李均明：2005）

凡 为

（莿5·160）

即总共、合计、总计义。《汉书·公孙弘传》："凡为丞相御史六岁，年八十，终丞相位。"《后汉书·应劭传》："劭凡为驳议三十篇，皆此类也。"《三国志·蜀志·诸葛亮传》："辄删除复重，随类相从，凡为二十四篇，篇名如右。"（何立民：2012，P60）

已入毕

（壹·5601）

意即实物或货币已缴纳或归还完毕。（何立民：2012，P59）

已送人

是将官匠的儿女送给他人领养了。（贺双非、罗威：2003）

按：已公布简文中无此语词，不知出处。

卫 士

（叁·943；叁·1247；叁·1851）

1. 当属常备兵种，他们与州卒、郡卒和县卒等地方兵的区别，在于他们平时也处在战备状态，他们的户籍与普通的民籍不同，不归地方行政部门掌管。这些士卒被免除其他徭役乃至部分赋税，只服兵役，并在平时屯田积谷，这是符合三国时期的实际情况的。（于振波：2004B）

2. 应是现役士兵，缴纳限米。（蒋福亚：2007A）

3. 普通士兵的称谓。（蒋福亚：2012B，P167）

卫 士 田

（壹·1669）

1. 当是指政府配给"卫士"耕种的田地。吴简"佃卒田""卫士田"均缴纳限米，亩收限米二斛。"限田"为缴纳限米之田，则"佃卒田""卫士田"均应属于限田。（陈荣杰：2012，P76）

2. 《竹简》中往往将耕种者的身份作为土地的名称。如卫士耕种的土地叫作卫士田。（蒋福亚：2012B，P90）

子 女

（壹·4874）

从三岁到十四岁的男性，都称"子男"；从三岁到十四岁的女性，都叫"子女"。可见，"子男""子女"是吴国对未成年男女的称呼，这与十五成丁之制恰好符合。（高敏：2006B）

子 男

（贰·2908；叁·1675）

1. 从三岁到十四岁的男性，都称"子男"；从三岁到十四岁的女性，都叫"子女"。可见，"子男""子女"是吴国对未成年男女的称呼，这与十五成丁之制恰好符合。（高敏：2006B）

2. 子男，"（未成家的）儿子"，而不是未成年男性。（何立民：2012，P178）

子 弟

（贰·2034；贰·2106；肆·298；肆·766）

1. 吴简中的"子弟"，似乎不是泛称的子弟，而是一种专称，是专门指

"吏之子弟"……"子弟"已具有身份性。"子弟"由家庭成员的泛指变成具有身份性的人，可进一步证明"吏户"制的成立——为区别于作为户主的吏，需服吏役的其他家庭成员即被定为"子弟"。当"子弟"变成一种身份之后，就不再是与父兄相对的一个泛称了。（孟彦弘：2008）

2. 简文所云"子弟"当与亲属关系之"子弟"有别，或指门徒，今言徒弟之类，亦称"弟子"，如前文所见"私学弟子"，《虞翻传》称为"门徒"。（李均明：2008C）

按：于振波认为"某吏子弟"未必是依附人口。（于振波：2004B）

子弟佃客

（贰·1981）

"子弟"是一种身份……"子弟佃客"如果不是子弟的佃客，就应指子弟充当佃客。（王素：2011A）

子弟限米

（贰·1636）

1. 吏子弟带有一定的世系性与身份性，吏子弟成年后，到离家赴官府给吏前，主要任务是耕种子弟限田，向官府缴纳子弟限米。吏子弟充当给吏后与汉代一样也有成为正式员吏的可能。一旦吏子弟不足，则从本乡下户民中征发补充，并负责交纳泛称的子弟限米。（侯旭东：2011）

2. 吴简"子弟"是指吏之子弟。"子弟限米"当是政府分配给"子弟"耕种限田，缴纳子弟限米……"子弟限米"的分布广泛而又相对集中……"子弟限米"的具体缴纳者有"子弟"本人，亦有不少为男子，甚至有大女，这说明"子弟限米"的耕种者未必是成年、未承担给吏任务的"子弟"。（陈荣杰：2012，P75）

女　户

（壹·4233；贰·557；贰·634；贰·1705；贰·2036；贰·2307；叁·4301；叁·6327；叁·6375）

1. "女户"泛指以女性为户主者。（李均明：2008C）
2. 是指户内没有男性成员，由女性充任户主的民户。（韩树峰：2011B，P150）
3. 与唐代一样，就是指户内全部为女子的家庭。（张荣强：2012）
4. 即使不像唐代那样指户内全无男子者，也至少是户内没有成年男子的民户。（张荣强：2014）

习　射

（贰·1592；贰·1961；贰·1979；肆·2043；肆·2053）

1. 应是现役士兵，缴纳限米。（蒋福亚：2007A）
2. 习射本意是射击训练，《汉书·王莽传》："大司马董忠养士习射中军北垒，大司空王邑兼三公之职。"《晋书·礼下》："秋，金之节，讲武习射，象立秋之礼也。"吴简所见或当引申为弩兵之类，犹东汉之"积射士"。《后汉书·马防传》："将北军五校兵及诸郡积射士十三万人击之。"（李均明：2008B；2008C）
3. 极可能是乡游徼和亭长为维持地方治安，征发丁壮练习射箭也即习射转化而来……当吴国全军皆农时，地方武装也难幸免，这种转化把游徼和亭长为治安而从辖区征发的丁壮也捎带了进去，并使用了习射的称谓。（蒋福亚：2012B，P214）

马　曹

（柒·679）

不见于两汉三国文献记载，从曹名推测，所掌事务似与重要军事物资之

马匹相关。(徐畅：2011)

乡　长

(叁·541)

即"一乡之长"，主管一乡狱讼、赋税等行政事务的底层吏员，似与"啬夫"同义。(何立民：2012，P37、118)

乡　吏

(壹·1151；壹·1366；壹·1373；壹·1403；壹·1433；壹·1434；壹·1613；壹·1672；壹·1679；壹·1708；壹·2965；壹·4828；壹·5120；壹·6837；壹·7412；壹·8083；壹·8392；叁·3563；叁·3828；叁·4745；叁·7195；肆·4316)

1. "乡吏"似乎是专称，而不是泛指乡内的诸吏。它应是不同于乡劝农掾的吏……一乡内乡吏不止一人。乡吏负责的工作似乎多为若干名目的钱的收集与缴纳……乡吏本身属于县吏而被分配到各乡工作，任职也有期限，到期则可改任其他工作。当时这些小吏工作繁重，前途并不暗淡，仍可通过多种途径升至高位。(侯旭东：2004C)

2. 乡吏为诸乡执行官，《后汉书·安帝纪》："其武吏以威暴下，文吏妄行苛刻，乡吏因公生奸，为百姓所患苦者，有司显明其罚。"(李均明：2008C)

3. 乡吏并非一种专称，而是泛指诸乡吏。因为他们作为县吏派驻于各乡，所以也被视作县吏。(孙闻博：2009)

4. 乡吏除泛指外，尚有在乡服役或承担乡内劳役等身份的专指意，即作为吏役制的具体体现，乡吏等人需要经办租税入库等事务，经办事务未妥善完成，需要接受诸如鞭杖的惩罚，由此亦可见其地位之低下；另外，因生活所迫，他们除服沉重的徭役外，尚需租佃官田，并且缴纳实物与货币租税，这也说明了乡吏生活的艰难与困苦。(何立民：2012，P114)

四　画

夫

（叁·6320；叁·7212；叁·7240）

1. "夫"的本意是成年男子，同时也具有劳动力的含义。所以其含义只能是"夫日"或"工日"。这类工程若由官府举办，其劳动力来源无非三条途径：其一，从民间征发徭役；其二，督迫官奴婢或政府控制的"吏帅客""屯田客""限田客""僮客""私学"之类官府依附民承担，前者肯定是无偿的，后者是否有报酬目前不甚清楚；其三，雇佣民间的劳动力，这肯定是要给报酬的。若由民间举办，其劳动力来源基本上只有一个途径，就是雇佣。（蒋福亚：2011A；2012B，P193）

2. 取禾之夫为政府服劳役之劳动力。（沈刚：2012A；2013，P54）

五毒

（长沙市文物工作队、长沙市文物考古研究所：1999，J22—2540）

1. "五毒"一语常见于涉及秦汉狱讼的文字，但早期意义不很明确。此牍既说对许迪"前后穷核考问"、"榜（搒）押"百余日，又说"不加五毒"，似乎"五毒"与拷打还是不同的。"五毒"，较早见于《周礼·天官·疡医》："凡疗疡，以五毒攻之。"郑注："五毒，五药之有毒者。今医方有五毒之药，作之，合黄䗪，置石胆、丹沙、雄黄、石、慈石，烧之三日三夜，其烟上著，以鸡羽取之。以注创，恶肉破，骨则尽出。"又，《汉书·翟方进传》："发父方进及先祖冢在汝南者，烧其棺柩，夷灭三族，诛及种嗣，至皆同坑，以棘五毒并葬之。"颜注引如淳曰："野葛、狼毒之属也。"亦指五种毒物。又特指五种酷刑。《后汉书·隗嚣传》："行炮烙之刑，除顺时之法，灌以醇醯，裂以五毒。""裂"指肉体破裂，故"五毒"皆指肉刑。又《独行传·陆续》："续诸吏不堪痛楚，死者大半，唯续、宏、勋掠考五毒，肌肉消烂，终无异辞。"《陈禅传》："时刺史为人所上受纳臧赂，禅当传考，无它所赍，但持丧敛之具而已。及至，笞掠无算，五毒毕加，禅神意自若，辞对无变，事遂散释。""五毒毕加"正与牍文之"不加五毒"对言。《酷吏传》："（阳）球自临考甫等，五考备集。""五毒"当又可称为"五考"。王先谦《集解》曰："《通鉴》胡注：五毒，四肢及身，被受楚毒也。或云，鞭、箠及灼，及徽、纆为五毒。"而《明史·刑法志三》："金刑者，曰械，曰镣，曰棍，曰拶，曰夹棍，五毒备具。"与胡说不合，则"五毒"究竟指哪五种酷刑，仍不能确知。（胡平生：1999）

2. 五毒，籾山明解释作除笞掠之外的拷问。（王彬：2014）

不任调

（叁·4301；肆·533）

这里的"调"或"役"侧重指徭役。但根据"有身则有役"的原则，是否服徭役与该户成年男子的数量及其身体条件有关，民户的贫富或者说户等影响的仅是派遣徭役的先后顺序……考虑到贫户免交赋税的事实，"右某家口食"类里结计简中的"不任调"或是指免于交纳口算赋的民户。（张荣强：2012）

不注役

（壹·959）

免除徭役。（张荣强：2004C）

太常佃客

（叁·2329）
太常指时任太常的刘阳侯潘浚，"太常佃客"应指太常潘浚私人的佃客。（王素：2011A）

太常客

（叁·8399）
太常客就是潘浚私家的客。（沈刚：2011C；2013，P210）

区

（壹·8054）
是古代容器，故可用为容量单位量词。《左传·昭公二年》："齐旧四量：豆、区、釜、钟。"杜预注："四豆为区。区，斗六升。"但区出现在简文中仅有一次，且有残断导致的语义不明，因而不能确定它一定是量词。（何丽敏：2006。）

按：从所举简文看，作者断句有误，当为"十六人，岁伍区将主"，岁伍为专有名词，区将是人名。

屯田帅

（壹·8842）
户品缴钱简牍中的"帅"、其他简牍中的"故帅"和"帅子弟"中的帅，以及"佃帅"中的"帅"实际上是一回事。他们的全称应该是"屯田帅"（蒋福亚：2012B，P172）

屯田司马

（壹·3159）
当为屯田管理系统中的低级职官，是专门负责屯田事务（包括军屯、民屯）、管理屯田民、经办实物租税之纳入、发放粮食（解决口粮及种粮困难）的官吏。（何立民：2012，P110、161）

屯田民

（贰·8961）
是屯田土地上劳动者的称谓。（蒋福亚：2012B，P153）

屯田民限米

（贰·8961）
是屯田劳动者向封建政府缴纳的劳动产品。（蒋福亚：2012B，P153）

屯田限米

（壹·1949；壹·2091；壹·2157；壹·2385；贰·869；贰·4317；贰·7489）
是屯田劳动者向封建政府缴纳的劳动产品。（蒋福亚：2012B，P153）

屯田贷米

（壹·1719）
估计是屯田者生活十分困苦，在青黄不接或灾荒年景时向封建政府的借

贷。(蒋福亚：2012B，P153)

屯将行

(壹·5924；壹·6705；壹·6715；壹·6735；壹·6766；壹·8958)

1. 意谓离开民屯地准备与官匠一起转徙。我们知道，汉以来，以五十人为一屯，用奚官奴婢代屯田的田兵，成为民屯。当官匠转徙它处时，家属只能离开民屯地随同迁往。(贺双非、罗威：2003)

2. 可以推断的是，政府征调他们另有事情可做，因此就不必随师、佐到军区从事手工业生产了。(韩树峰：2004)

3. 屯将行指已集中到屯驻地点，将出发执行任务。(李均明：2008B)

4. "屯将行"似是屯田区域的转移而导致师佐家属迁徙。(凌文超：2011C；2015D，P273)

5. 屯将行的完整意思是，当身为其夫、其父被征召到军队驻屯地或作战前线服役时，政府强制送师佐的妻儿至其家长服役处，师佐一家都处于监管之下，以防师佐逃叛。(蒋非非：2013)

比 伍

(贰·601；贰·888；贰·6908；叁·313；叁·5268)
与"伍人"的含义应当是相同的。(孙闻博：2011)

少 有

(叁·906)
即稀少、缺乏之义。(何立民：2012，P54)

中

（壹·2944；壹·3401）（壹·1116；壹·1173；壹·1636）

1. 据同出"中仓"签牌，州中仓简称"中仓"。又同出缴纳赋税简的中部或下部，常见用朱笔或墨笔单写一"中"字，亦指中仓。（王素、宋少华、罗新：1999）

2. 吴简所见仓有"三州仓""州中仓"之名，而吴简所见库只有泛称（库），没有专名。可以推测：当时长沙的库也附属于仓。如果据此认为钱、布等作为赋税入库，户口簿籍简和其他特殊简作为档案入库，而此库附属州中仓，在这些简上注记"州中仓"的"中"字，就容易理解了。附带解释一下：在库藏器物上注记仓库简称在中国是有传统的。（汪力工：2004）

3. 这个"中"字与睡虎地秦简《秦律杂抄·中劳律》的"中"意义相近……"中"有"中程""中式"之"中"，是"合""适"的意思。（胡平生：2005A）

4. 吴简中常见朱笔写的"中"字，就是核校的记录。（侯旭东：2006B）

5. 訾钱五十、一百、二百者，有一部分"訾"字前有朱笔"中"字，而訾钱三百、一千、五千前没有此类标记，可能是标明中等訾产之意。（随成伟：2009，P13）

6. "中"字又可以做符合的意思讲。尹知章注："中犹合也。不合三政者则死。"据此我们认为"中"字标注在入布文书的结计简后表示：其前面的明细账和结计账相符合的意思，应当是县廷对仓库账簿的核查。（魏龙环：2011）

7. "中"字注记是检校簿书的重要符号……吴简检校符号"中"表示"符合、标准"。从目前公布的库布简来看，注记"中"主要标记在品市布入受莂统计简和新入简的底端，库钱、库皮账簿中也是如此。在库账簿体系中，入受簿是承余新入簿的底账，新入简并非是对众多入受莂的统计，而是直接转记入受莂统计简……由此实现账簿之间账目的流转。入受莂统计简账目是否正确，新入简又是否准确转抄其数目，这势必会作为检校的重点（数值是检校的重点，但并非检校的全部，简文其他信息应也需检

校)。当核对无误后，则在这些简底端标记一"中"字。(凌文超：2012C；2015B)

按：第一组编号对应义项1、2、4、6、7；第二组编号对应义项3、5。

中　田

(叁·3108；叁·3109)

传世文献"中田"意为中等田地。《汉书·食货志上》："民受田，上田夫百亩，中田夫二百亩，下田夫三百亩。"贾思勰《齐民要术》卷一引氾胜之曰："验美田至十九石，中田十三石，薄田一十石。"《金史·魏子平传》："上问子平曰：'古者税什一而民足，今百一而民不足，何也？'子平对曰：'什一取其公田之入，今无公田而税其私田，为法不同，古有一易再易之田，中田一年荒而不种，下田二年荒而不种。今乃一切与上田均税之，此民所以困也。'"吴简此二简相连，且格式均为"大男+姓名+中田"，若"中田"意亦为中等田地的话，则吴简中出现了从土质肥沃与贫瘠角度分配给租佃者土地的情况。(陈荣杰：2012，P71)

中　外

(肆·1763-1)
中央和地方。(凌文超：2014B)

中外估具钱

(肆·1763)
应是指多方评估确定的交易税。(熊曲：2013)

按：熊曲将"做"改释为"估"。

中外做具钱

（肆·1763）

"中外做具钱""做"字未见于早期字书，当通"估"，"估"即"估税"，《龙龛手镜·人部》："估，音古，市税也。"《晋书·甘卓传》："（甘）卓外柔内刚，为政简惠，善于绥抚，估税悉除，市无二价。"……"中外"犹言"内外"，如《三国志·吴书·吴主传》："中外群僚，其更平议，令得中，详为节度。"简文所谓"中外做"乃指经多方评估确定（交易税金额）。（李均明、宋少华：2007）

中 妻

（贰·1848；贰·1888；贰·1952；贰·2405）

1. 在传世文献中，"中"的含义极为繁杂，与"中"相关或相近的语义有正、仲（次）等，故可对"中妻"作两种理解，即正妻和次妻。若是后者，"中妻"的身份为妾。古代文献虽无"中妻"，却有"中妇"。《乐府诗集》卷三十四汉乐府诗《相逢行》云："大妇织绮罗，中妇织流黄，小妇无所为，挟瑟上高堂。"这里的"中妇"显然是指次媳。但唐人却以"中妇"指妻，如《全唐诗》卷二十五骆宾王《从军中行路难》之二"但使封侯龙额贵，讵随中妇凤楼寒"、卷六一三皮日休《西塞山泊渔家》"中妇桑村挑叶去，小儿沙市买蓑归"、卷一八卢照邻《关山月》"寄书谢中妇，时看鸿雁天"等皆是。看来在不同语境中，"中妇"含义并不相同。走马楼吴简"中妻"凡单出，均与丈夫相应。与"小妻"相对则排列在前，显示其地位高于小妻。简贰·2405 中的男性家长猗有"中妻"和"小妻"，并无其他女性配偶，"中妻"弼应当就是男子猗的正妻，小妻琐（？）则是猗的妾。简言之，考虑到"中"有正、合格之义，后世"中妇"的一个含义是妻子，以及走马楼简中"中妻"与丈夫和"小妻"的对应关系，我倾向"中妻"即正妻而非妾，"中妻"可能是三国时期长沙地区对正妻的称谓。（彭卫：2009）

2. 依排行长幼之序来命名的意味，居于"大妻"与"小妻"的中间而

称中妻。(赵国华：2009)

3. 中妻之"中"是"相对'大'、'小'而言的。"(孙闻博：2010B)

4. "大妻""中妻""小妻"的出现，应为当时社会中多妻现象的一种反映。其产生过程大约应是这样的：一名男子结婚时，第一次结婚娶的妻子，一般称为"妻"。然后第二次婚配，所娶女子则被称为"小妻"，相应的原来的"妻"可称为"大妻"，但一般还简称或习惯地称为"妻"，"大妻"（"妻"）表明了其正妻的身份和地位。若是该男子的第三次婚姻，则第二位妻子由"小妻"上升为"中妻"，第三位妻子则称为"小妻"。而第一位妻子的地位则不变。但无论"中妻"还是"小妻"，她们均属于相对于正妻以外的配偶"妾"。(赵宠亮：2011)

5. 大妻、中妻、小妻，排列有序，年龄由大到小排列，间接反映了几个妻先来后到的一面，可能也体现了地位的尊卑。(贾利青：2014)

中　部

（壹·9641；壹·9646；叁·3886）

孙权占有长沙后，曾有长沙东部都尉和长沙西部都尉的建置。《三国志·吴书·妃嫔·吴主权谢夫人传》载："弟承拜五官郎中，稍迁长沙东部都尉，武陵太守。"同书《张昭附子承传》载："权为骠骑将军，辟西曹掾，出为长沙西部都尉。讨平山寇，得精兵万五千人。"鉴此，简文中的"中部"，应是和长沙东部都尉、长沙西部都尉相对应的简称，其全称为长沙中部都尉。(蒋福亚：2012B，P154)

中　訾

（壹·4908；壹·5356；壹·10161）

中訾有一部分"訾"字前有"中"字，可能是中等訾产之意。(高敏：2006C)

见

（壹·5912；壹·5913）

1. 师、佐从事手工业生产，其产品在商品经济并不发达的乡里很难有较好的销路，而县城作为当地商品集散地的中心，显然更适合手工业者生存。因此，脱离农业生产的手工业者及其家属集中在县城是十分自然的事情。政府这次统计师佐及其家属，是为了征调他们到官府服役，但并非全部征发，其家属成员有的仍可以留在本县……不被征发者要在简末写一"留"字，而"见"正是相对于"留"而言的。他们被征发至郡后，郡政府自然会见到这些手工业者，因此统计者对这些人特别标一"见"字。（韩树峰：2004）

2. 为随师佐而流动者。（李均明：2008B）

3. 意味着调徙到军府兵曹。（凌文超：2011C；2015D，P273）

4. 师佐名籍注记"见"是"见食"略写，表示该人被征调服役离开本县，政府将提供廪食，家属名籍注记"见"含义是随户主师佐一起出现到指定地点，政府将为他们提供廪食。（蒋非非：2011）

见今送

（壹·5907；壹·5974；壹·7507）

即"发送至郡"的意思。就已发现的师佐籍而言，所有的师、佐均被征发。（韩树峰：2004）

牛价米

（贰·3866）

是指卖牛所得的米。（熊曲：2012）

牛　角

（壹·4154；壹·4195）

指牛的角。亦指牛角号。（陈荣杰：2012，P31）

从史位

（肆·4850-1；捌·4046）

1. 吴简中"从史位"一词，文献中还有"从掾位"之称，二者都联袂出现且性质相同。从"编任资格"角度来看，"从史位"作为"正编"员吏之一、为郡县自辟的"散吏"，享有掾、史的地位，参照掾、史"比秩"，但无掾、史的名分和职权；与"职吏"不同，作为"备吏"（备用之吏）或助手，他们目前可以承担部分事务性工作，将来有转换身份、充任正式职吏甚至升职为官的可能。（何立民：2012，P110、162）

2. 在汉晋石刻中常见……从史位似低于书佐、修行、从掾位，而高于史、小史。又《汉书·儿宽传》云"宽以儒生在其间，见谓不习事，不署曹，除为从史"，颜师古曰："从史者，但只随官僚，不主文书。""从史位"当与"从史"相类，为随从散吏。（凌文超：2014A）

3. 郡县官员之散职，无固定职掌。（徐畅：2015）

今见送

（壹·5899；壹·7878）

今见送，应该是已送走，不在县内。（贺双非、罗威：2003）

今　余

（壹·5254；壹·5450）

1. "今余"之"余"特指本期结余，是本期承余、新入与支出相抵的

结果。（李均明：2005）

2. 旦簿对单项结算对象若收支相抵无余，则用"今余＊无"的格式加以记录。若收支相抵有余，则用"今余＊＊"的格式加以记录。（陈明光：2009）

分　别

（肆·4523－1）
以示区别。（凌文超：2014C）

公　掾

（李恒全：2012 转引自胡平生《读长沙走马楼简牍札记［二］》，光明日报2000年4月7日第3版）　即为公府之掾属。《续汉书·百官一》"太尉"条本注曰："《汉旧注》东西曹掾比四百石，余掾比二百石，属比二百石，故曰公府掾，比古元士三命者也。"所谓"公府"，当为三公府。《后汉书·灵帝纪》载光和三年二月，"公府驻驾庑自坏"注曰："公府，三公府也。"但作为一种敬语，"公"的外延似更为宽泛，"公府"当指掌握一定政治权力长吏的府邸，其属下大概亦可称为"公府掾"。《晋书·刘卞传》载，刘卞"以他事补亭子。有祖秀才者，于亭中与刺史笺，久不成，卞教之数言，卓荦有大致。秀才谓县令曰：'卞，公府掾之精者，卿云何以为亭子？'"（李恒全：2012）

仓　父

（壹·5435）
服役于粮仓者。（李均明：2008C）

仓　史

(叁·2213)

作为仓掾佐贰的仓史，即经办物资收支、存储业务的次要管理者；仓史地位略高于普通"仓吏"，必定低于"仓曹史"这种级别较高的职吏，虽不能确定其是否属底层吏役人员，但其地位较低，则毋庸置疑。（何立民：2012，P113）

月旦簿

(壹·2359；壹·5242)

1. 这种"月旦簿"每月初一制成，记录一月的出入结余情况。《后汉书》志26《百官志三》记"大司农"职掌："郡国四时上月旦见钱谷簿，其逋未毕，各具别之。"这种月初编制的"某月旦簿"，应当就是一种"月要簿"……它的编制基础，应当就是逐日累积而成的原始会计记录。（魏斌：2006）

2. 走马楼吴简所见某月一日至三十日的库存月结账簿通称为"旦簿"。"旦簿"系仓吏或库吏须于每月初一即旦日提交而得名，反映的是上一个月的收支结算，所以前面要冠以所结算的月份，表示为"×月旦簿"，有时也省称为"×月簿"。旦簿有当月收入和当月支出两大部分。（陈明光：2009）

3. 首先，"某月旦簿"实际统计的是"某月"前一月的情况，在前月的月底写毕，于"某月"月旦提交。其次，"月旦簿"采用了先转写上月余额，再记录本月变化情况，最后进行总计的"其""入""其"的记账方法。（邓玮光：2014B）

月　伍

(壹·8368；贰·525；贰·580；贰·701；贰·703；贰·6414；叁·2017)

1. "岁伍""月伍"之"伍"当指役伍，服役时的一种组织形式。《三国志·吴书·顾雍传》："初，钱唐丁谞出于役伍，阳羡张秉生于庶民，乌程吴粲、云阳殷礼起乎微贱，邵皆拔而友之，为立声誉。""岁""月"指服役期限为一年及一个月，当源自汉代更赋，《后汉书·明帝纪》："又所发天水三千人，亦复是岁更赋。"注："更，谓戍卒更相代也。赋，谓雇更之钱也。《前书音义》曰：'更有三品：有卒更，有践更，有过更。古正卒无常，人皆当迭为之。有一月一更，是为卒更。贫者欲得雇更钱，次直者出钱雇之，月二千，是为践更。古者天下人皆当戍边三日，亦名为更。不可人人自行三日戍，当行者不可往即还，因住一岁，次直者出钱三百雇之，谓之过更。'"吴简所云"岁、月伍"之具体制度尚待进一步考证，但"岁伍"为一年一轮换或可定论。（李均明：2008B；2008C）

2. 至于"月伍"，因其"给郡县一月而更"，可"休十一月"以勤农事，与简中所见之普通吏民并无多少差异，故所尽义务亦与之类同。"岁伍"和"月伍"可能与文献之"更"有关……"月伍"指"给郡县一月而更者"。（黎石生：2008）

3. 鉴于岁伍、月伍（不是伍本身）只是身份名称，以丘为单位设置，并由上级"领"，与池田说的"什伍之长"很相近。"岁""月"附加在"伍"前，是因为岁伍以年为单位，月伍以月为单位负责管理吏民。具有这种时限性，或许是与其本身并非常设有关。（阿部幸信：2011）

4. 吴简中出现的"岁伍""月伍"是新出现的丘的管理者，二者分工不同，"岁伍"主要管理丘中的民户，"月伍"则负责土地管理，并且有时还要负责代缴本丘居民的赋税。（沈刚：2011B；2013，P177）

5. 关于岁伍、月伍等称谓词的解读，仍应从徭役制度——特别是吏役制的角度加以考虑为妥。其中"岁""月"等语素，当如阿部先生所述与时间有关，或者说与岁伍、月伍身份的人所服徭役的时限有关。是否如黎氏所说与汉代的"更"役有关，仍缺乏关键证据。（何立民：2012，P174）

风矢病

（壹·9365）

"风矢病"之"矢"，似通假"湿"；以长沙"卑湿"之地，难免有感染风寒、骨骼染病之嫌，故此"风矢病"或为今天的风湿病。（高凯：2005；2012）

风　病

（壹·9387）

1. 吴简中所反映的"风病"从疾病名称看，孙吴初期长沙郡临湘国的许多疾病应与同样肆虐已久的麻风病有着密切关系。（高凯：2005；2012）

2. 风病病理性症候的一个类型，其特点是病势急骤、多变。临床常见的有中风（脑血管意外）、肠风、痛风等。《素问·至真要大论》："诸暴强直皆属于风。"《正字通·风部》："风，今俗狂疾曰风，别作疯。"简中之风病患者可能多属此类，而中风则属最易识别者。考虑到简中已有"狂病"记录，"风病"即"疯病"之义似可剔除。（黎石生：2009）

3. 吴竹简中的风病就是指麻风病。（周祖亮：2011）

文　入

（壹·3113；壹·3387；壹·6227；壹·6688；壹·7864；壹·8125；壹·9586；壹·9587；肆·1222；肆·1259；肆·1265；肆·4686）

"文"指"文簿"。"文入"，指虚文入仓。虽然文簿上有登记、记录，实际并不在仓，没有实际钱米对应，所以才会出现料校不见的情况。这与传世文献中"文降"之"文"义同。"文降"即指以虚文归降，表面投降。《后汉书·皇甫规传》："于是中外并怨，遂共诬规货赂群羌，令其文降。"李贤注："以文簿虚降，非真心也。"将"文入"理解为虚文入仓，似乎更接近事实。（杨芬：2012）

方　远

（肆·4435；肆·4492；肆·4523–1）

1. 即远方，两者为同素异序词。（凌文超：2014C）

2. 即远方，吴简中提到的"方远吏民""方远客人"，当系外来人口。这类人当属于自发的流动人口，即流民。（于振波：2015）

方远客人

（肆·4483；肆·4490）

1. 当即外来的流民。此"方远客人"并非我们通常所理解的魏晋时期日益卑微化的"客"，其地位可能并不低于编户民，相反还有所优待。（凌文超：2014C）

2. 同"方远"条义项2。

火库米

（壹·7300）

1. "火库米"可能就是"火稻米"，也就是"火米"。《授时通考·谷种·稻》："孟铣曰：'淮泗之间最多，襄洛土粳米亦坚实而香，南方多收火稻，最补益人。诸处虽多粳米，但充饥耳。"《本草纲目·谷之一·粳》："粳米赤者，粒大而香，水渍之有味，益人。大抵新熟者动气，经年者亦发病。惟江南人多收火稻，贮仓烧去毛。至春，舂米食之，即不发病。宜人、温中、益气、补下元也。"可见，火米是粳米的一种，仓储之时要烧去其毛芒，因而称为火库米。（李明龙：2006，P68）

2. "火库米"之"库"字据图版应为"种"字。"火库米"并不是一个新的、罕见的米类名词，而实为"火种租米"。（陈荣杰：2012，P100）

火 种

（莂4·463）

或许表示其开垦的初始状态，与其性质无关。（王明前：2011）

火种田

（萰4·201；萰4·202；萰4·208；萰4·300；壹·1671；贰·7915；贰·7984）

1. 可以认定"火种田"，基本上是旱田的代名词，其所以用"火种田"命名，可能同这种旱田宜于采用火耕的方法进行耕作有关。（高敏：2000E）

2. 当即"畭田"，也就是火耕水耨之田。（张荣强：2003）

3. 基本上为旱田，名称的由来可能与采用火耕方法进行耕作有关。税率应似旱田。（罗威：2004）

4. 《说文·田部》："畭，烧种也。"段注："《篇》、《韵》皆云田不耕火种也。谓焚其草而下种；盖治山田之法谓然。"《史记》记载江南火耕而水耨，火种田可能是一种自然轮休的田。（李明龙：2006，P68）

5. 放火焚烧，除去杂树荒草开发出来的农田。（黄晓菲：2009，P81）

6. 吴简中出现的"火种田"很可能与此类的"菑田""新田"与"畲田"有关联。吴简中大量出现"火种田"，笔者认为不仅和当地的地理条件有关，而且和官府的政策有关。"火种田"为新垦田，抑或抛荒后重新开垦的田，新垦田优惠的赋税政策促进人口增加，增加了政府的收入。（雷长巍：2010）

7. 《吏民田家萰》中经常出现的"火种田""余力田"等土地类型的名称，即应属于由私人开辟土地形式。（高凯：2012）

8. 《田家萰》"火种田"收米定额与余力田同，均为亩收米四斗五升六合。"火种田"缴米没有斛加五升，其米和二年常限田税米一起缴纳给仓吏，而不是像余力田那样分开缴纳，"火种田"应不同于余力火种田。"火种田"同二年常限田、余力田和余力火种田一样分为旱田、熟田。其旱田、熟田缴布、缴钱定额亦与二年常限田、余力田和余力火种田相同。火种田多为旱田……它一方面和佃田处于一个层级，是同位关系，另一方面它又处于佃田的下位，和佃田是上下位关系，故吴简"火种田"可能有泛指和特指两个方面。（陈荣杰：2012，P69）

户 人

（壹·7；壹·14；壹·28）

1. "户人"在吴简中的含义并不仅仅是户主，而是还带有一些行政意味，代替政府行使部分权力。户人中有的既是户主，也是族长。"户人"大多有"公乘"爵位，很多家中还有奴婢，这说明他们有一定的经济条件和社会地位。私学、还民、叛士以及吏、卒等都是依附在他们门下的流民，而且政府也承认这种依附关系。私学、还民、叛士以及吏、卒等耕种的土地由政府统一分给"户人"，他们缴纳的地租限米也登记在"户人"的名下。政府为了安抚"户人"，甚至可能返还一部分限米给"户人"。（刘家军：2005）

2. 所谓"户人"，就是户籍中所登记的户主。（于振波：2007A）

户下奴/户下婢

"户下奴"（壹·7637）/"户下婢"（壹·499；壹·2868；壹·4148）

1. 吴简中"户下"的含义，当与此（王褒《僮约》中的"户下髯奴"）相近，意为奴婢附于良人户口之下。看来，"户下奴"和"户下婢"应当是两汉至孙吴时期私奴婢在官方或正式文书中的称谓，而简牍中那些未出现"户下"字样的"奴"，当是简牍不完整或有所省略。（陈爽：2004）

2. 吴简中的户下奴婢是依附人口。（文霞：2008）

3. "户下奴""户下婢"称谓或许可以与"灶下养"对照分析。（王子今：2011）

户 品

（柒·2579）

1. 所谓"户品"，也就是"户等"。（王素、汪力工：2007；王素：2011）

2. 户品，文献罕见……据有关论述，户品也就是"家庭品级"，或即谷霁光先生提到的表示资产等第的"差品"之义。具体言之，户品有上、中、下三种品级，"下品之下"则不入品，仅为财产最少、更加贫穷的家庭之义；孙吴早期，户分三品的"户品"制度是非常重要的改革措施之一，从制度设计来看，与曹魏的九品中正制可能有些关联；孙吴户品制度，主要出于特殊时期便于征收赋税、征发徭役目的而设；是秦汉魏晋时期赋税征收依据地、资、户、丁中，"户"标准的重要体现。（何立民：2012，P59）

夬 鼻

（肆·1529）

"夬"通"决"，指损伤、伤害。《睡虎地秦墓竹简·秦律杂抄》："伤乘舆马，夬革一寸，赀一盾。"该词在汉简中也有出现："鸿嘉四年十月丁亥临泉亭长褒敢言之谨案亭官牛一黑犗齿八岁夬鼻车一两（辆）。"胡平生、张德芳在注释解释说："牛鼻子上穿孔以拴缰绳，夬鼻指穿孔之处断裂。"（《敦煌悬泉汉简释粹》）其说可从。（熊曲：2012）

尺 口

（捌·292）

指婴儿。（王素：2015）

劝农掾

（长沙市文物工作队、长沙市文物考古研究所：1999，J22—2499；肆·4645；肆·5356；肆·5520）

1. "东乡劝农掾番琬"，本官应为长沙郡属某县廷掾。当时，县纲纪廷掾，相当郡纲纪五官掾。《续汉书·百官五》本注云："五官为廷掾，监乡五部，春夏为劝农掾，秋冬为制度掾。"联系最后所署月日，其时番琬应为制度掾。此处番琬仍为劝农掾，有可能是因为农事提前的缘故。（王素：

1999）

2. 汉时为郡县属吏，其职与农事、社稷相关。（徐世虹：2001）

3. 劝农掾，官名，为县属吏，牍中之劝农掾殷连、区光，本官应为长沙郡属某县廷掾。《后汉书·百官五》本注云："（县）诸曹略如郡员，五官为廷掾，监乡五部，春夏为劝农掾，秋冬为制度掾。"据两牍所记"破莿保据"的时间，此"劝农掾"当为制度掾。（黎石生：2002）

4. 按所谓"劝农掾"，正史载："诸曹略如郡员，五官为廷掾，监乡五部，春夏为劝农掾，秋冬为制度掾。"可见汉代此职本属"诸曹掾史"，即县衙正式文吏，但其主要职责在于"监乡五部"。正如我国历史上上级巡行之官不久就会演变成下面常设职（如刺史、行省、巡抚原来都是中央派下的巡查官，后来都变成常设的政区首长一样），"劝农掾"也由县里下派的驻村干部演变为常设的乡官了。（秦晖：2004）

5. 乡劝农掾的一项重要工作是掌管本乡所有居民的户籍，并负责核对居民的变动情况……西汉初年规定乡啬夫掌户籍的职责到了三国初年仍在执行，只是啬夫改称劝农掾了，也与东汉乡有秩"掌一乡人"相若。（侯旭东：2004C）

6. 乡劝农掾有时又被称为"部乡吏"或"部吏"。《续汉书·百官志》注提到"五官为廷掾，监乡五部"，似以县治为中心，分东南西北中五部。但从实际操作看，较为灵活。相对县廷，派驻各乡之吏属县下分部之"部吏"；然若明确其职责，具体则为某乡劝农掾。（孙闻博：2009）

7. 乡劝农掾应是每乡都有的，为两汉的啬夫所改，掌管本乡所有居民的户籍，并负责核对居民的变动情况，可能还需编制本乡之名籍。（周能俊：2010，P43）

8. 劝农掾为县属廷掾。（李恒全：2012）

9. 劝农掾并非常设官……劝农掾很可能是由县廷因事派驻各乡的县吏，劝农掾的主要职责是农月劝农，往往也被派遣隐核（料核）军吏、州吏、陂塘田亩，以及协助审查私学等。由于在农月县廷往往将大量县吏派驻各乡劝农，以至于史籍的编撰者会认为劝农掾是因时而设的。（凌文超：2012B）

10. 乡劝农掾是由县廷临时因事派驻各乡的县吏，其主要职责是农月劝农，有时也被派遣隐核州吏、军吏、陂塘田亩，以及协助审实私学等。（凌文超：2014C；2015D，P443）

按：劝农掾并非完全是以"劝农"为主的职官，它的职能较多，除了

管理辖境户口外，代缴赋税、传递邮书等与其都有关系，并不能以纯粹的乡吏视之。（沈刚：2011D；2013，P161）

书 史

（壹·1157；贰·7543；叁·2310；叁·2752；肆·5257）
当为吏役制下成员的一种，其具体经办业务包括文书起草、誊抄以及经办租税纳入、物资转运等多个方面。（何立民：2012，P122）

五　画

正户民

（肆·3943）
1. 编入正籍之民。《韩非子·亡征》："公家虚而大臣实，正户贫而寄寓富。"陈奇猷《集释》引太田方曰："谓有正籍而不移徙之民也。"（胡平生：1999）
2. 指国家控制的正式户口。（王素、汪力工：2009）

世父

（壹·7868）
就是继承宗嗣的伯父。《尔雅·释亲》："父之晜弟，先生为世父。"郭璞注："世有为嫡者，嗣世统故也。"《释名·释亲属》："父之兄曰世父，言为嫡统继世也。"清赵翼《陔余丛考》卷三十六《世父母》："郑康成曰：'世父'，伯父也。"（贾利青：2014）

可用〇夫作

（叁·7225）
令所规定的登记官府主持修复破败陂塘，预算所需的"用人工多少"。（凌文超：2015D，P449）

左　尉

（肆·3617）

应劭《汉官》："大县丞左右尉，所谓命卿三人。""左尉"应是临湘县的县尉，"尉主盗贼。凡有贼发，主名不立，则推案索行寻，案察奸宄，以起端绪。"（《续汉书·百官志》）（熊曲：2012）

右……入／右……合

"右……入"（贰·5499）／"右……合"（叁·5837）

"右……入""右……合"在吴简入布文书中多用于表示一段时间内（多为一天）收入明细账的结计。采用以"右"为起首的这种记账符号，是由当时账簿的载体（简册）的书写格式所决定的。古代的简册一般自右向左逐一排列，再以编绳系之。简文的阅读亦由右至左，故"右"者指右面所见，"右"字后所写是对右字前内容的归纳小结。（魏龙环：2011）

右节度府

（壹·1832；壹·2008；壹·2030）

"节度"是孙吴政权特有的掌管军粮的官，是中央官。"节度"和"督军粮都尉"，对州中仓等地方谷仓指示搬出粮谷，统制、监察诸将的财政。（谷口建速：2010）

右　别

（肆·4523-1）

当即在右别列之意。（凌文超：2014C）

右郎中

（壹·1900；壹·2095；贰·3856）

1. 郎中不是中央官，品位不低，为将军府的官号。（王素：1999）

2. "邸阁（左、右）郎中"头衔，实际也是一组复合官衔，"邸阁"是职，"郎中"是阶，标示其位阶。（孙正军：2011）

3. 具体言之，"郎中"是泛称，根据职权、地位来看，有"左""右"之别，其职权皆与钱粮物资的收支、管理有关。根据所属机构的差异，又有"邸阁左郎中""邸阁右郎中""三州仓运郎中"之别，前两者受督军粮都尉节制。（何立民：2012，P110、159）

布准米

（贰·8272；贰·8628）

把布匹折算成等价的米。（于振波：2009）

按：从于振波所举例证看，是将"布贾准米""布贾准入米"简称为"布准米"

平　钱

（壹·8708）

平钱，其实就是常平钱的缩略。是指旧时官方预储供借贷的银钱。《宣和遗事》前集："又诏云：民贷常平钱，悉与蠲赦。"《旧唐书·宇文融传》："其客户所税钱，宜均充所在常平仓用，仍许预付价值，任粟麦兼贮。并旧常平钱，粟并委本道。"（李明龙：2006，P22）

占上户籍

（肆·4523-1）

按《汉书·宣帝纪》"流民自占八万余口"，颜师古注"占者，谓自隐度其户口而著名籍也"，《后汉书·明帝纪》"流民无名数欲自占者人（爵）一级"，李贤注"占，谓自归首也"，即上报户口登记于户籍，落户定居。（凌文超：2014C）

占 著

（肆·4492）

"占"字，其义即自报户口数（而申报户籍）。如《汉书·宣帝纪》："今胶东相成劳来不怠，流民自占八万余口，治有异等。"颜师古注："占者，谓自隐度其户口而著名籍也。""占著"一词，文献亦常见。如《后汉书·显宗孝明帝纪》曰："……妻子自随，便占著边县。"李贤注曰："占著，谓附名籍。"则占著义即自报户口数、申请登记并报送户籍。（何立民：2012，P61）

旧 米

（壹·2222；壹·2383；贰·120）

旧米当指"陈米"，与"故米"同义，均指隔年之米。（陈荣杰：2012，P132）

帅子弟

（壹·5997）

吏帅客指的是封建政府授命于郡县吏们统率或管理的客，在简中有时简

称为"吏客"……吏帅客死亡后被称为"故帅"或"故帅客",其子弟则被称为"帅子弟"或"故帅子弟"等。(蒋福亚:2006)

帅　客

(壹·4458)

所谓吏帅客,指的是封建政府授命于郡县吏们统率或管理的客,在简中有时简称为"吏客"。这个理解尚可接受的话,那么其他简牍中的有些名称,如"帅客"或"帅"同样是吏帅客的简称……吏帅客是封建政府控制的官府依附民的一种,分布于临湘县的各丘,人数不会太多,由封建政府授命郡吏或诸吏管理统率,最晚也应出现在黄武七年。他们父死子继,耕种封建政府亩征限米二斛的土地,承受极其残酷的剥削。(蒋福亚:2006)

旦

(壹·2128;壹·2183)

本指早晨。如《左传·成公十六年》:"旦而战,见星未已。"杨伯峻注:"从晨战至黄昏后尚未停止。"吴简中也有此例。但后来又用来指每月第一日,由"一天之最早"扩大到"一月之最早"。(李明龙:2006,P39)

田户(经用)曹史

(莂4·266)

专门负责吏民佃田纳税莂簿的检校工作,可能是从职能相近诸曹如仓曹(赵野曾为仓曹史)、虞曹(陈通曾为虞曹史)、户曹中抽调吏员另立一曹,专主莂簿核查,与户曹为二。(徐畅:2011)

田户经用曹

（菏4·5）
1. 县府或侯国主管农田、户口、租税与经济事务的官署，主管官员是"掾"，"史"是负责文书的小吏。在简文中负责"吏民田家莂"的汇总、制作、校核工作。"田户经用曹"，简文也省略为"田户曹"、"田曹"或"户曹"等。（中国简牍集成编辑委员会：2005，P496）
2. 主管农田、户口与经济事务的官署。（黄晓菲：2009）

田户曹

（菏4·5）
1. 县府或侯国主管农田、户口、租税与经济事务的官署，主管官员是"掾"，"史"是负责文书的小吏。在简文中负责"吏民田家莂"的汇总、制作、校核工作。"田户经用曹"，简文也省略为"田户曹"、"田曹"或"户曹"等。（中国简牍集成编辑委员会：2005，P496）
2. 古时掌管农事的机构。"田户经用曹"，简中也省略为"田户曹"。（黄晓菲：2009）

田亩布

（壹·427；壹·529；壹·666）
是按耕地亩积征收的布。（蒋福亚：2007B）

田亩布米

（长沙市文物工作队、长沙市文物考古研究所：1999，J22—2499）
"田亩布米"和"田亩钱米"，是本应按田亩缴纳的布和钱，折算成米，纳入于仓,这种情况,在田家莂中写作"凡为布若干,准入米若干""凡为钱若干,准入米若干"。上述租税都是现按田亩征收的。(于振波：2004B)

田亩布贾准入米

(壹·666；贰·8628；贰·8630)
同田亩布贾准米(陈荣杰：2012,P135)

田亩布贾准米

(贰·8212；贰·8272；贰·8859)
当是本应按田亩缴纳布,却折合为米进行缴纳。又称田亩布贾米。(陈荣杰：2012,P135)

田亩钱

(壹·372)
1. "田亩钱"是按耕地亩积征收的钱。(蒋福亚：2007B)
2. 这与《嘉禾吏民田家莂》中常见的"旱田亩钱""熟田亩钱"性质相同,稍有差异的地方在于："田亩钱"为泛指,"旱田亩钱""熟田亩钱"为特指。"田亩钱"属于田租的范畴,是实物田租(包括米、麦等)外非常重要的税目。根据《嘉禾吏民田家莂》的有关记载,我们了解到"田亩钱"的重要信息：其纳税主体即租佃国家土地的佃农(与租佃地主土地的私人佃户多有不同),课税依据即所佃土地之收益。其税率为定额税；其中,嘉禾四年时,定收每亩70钱,旱败无收成的田土则是37钱；嘉禾五年时候,熟田每亩征收80钱,无收成的田土不收钱。纳税时间当为每年的十一月至第二年正月。(何媛：2011)

田亩钱准入米

（壹·372；贰·3687；贰·8289）
同"田亩钱准米"

田亩钱准米

（贰·8250；贰·8255；贰·8285；贰·8346）
是指本应按田亩缴纳钱，却折合为米进行缴纳。又称田亩钱米（J22 - 2499）。（陈荣杰：2012，P135）

田　家

（莂4·1）
1. 至于"田家"，本为务农者之意，因"田"与"佃"字通用，结合到券书中所列诸人都是"佃田"者的事实，故"田家"实为"佃家"的同义语。（高敏：2000E）
2. 农家。在简中指租佃官府田地，并向官府缴纳赋税的佃田者。（中国简牍集成编辑委员会：2005，P496）
3. 佃田者。（黄晓菲：2009，P188）

田　曹

（柒·574）
1. 县府或侯国主管农田、户口、租税与经济事务的官署，主管官员是"掾"，"史"是负责文书的小吏。在简文中负责"吏民田家莂"的汇总、制作、校核工作。"田户经用曹"，简文也省略为"田户曹"、"田曹"或"户曹"等。（中国简牍集成编辑委员会：2005，P496）

2. 掌管农事的机构。（黄晓菲：2009，P188）

四六（佃吏）

（贰·445；叁·1887；叁·1896；叁·1925）
1. 四六或指佃田者与国家分成比例。（沈刚：2006A；2013，P156）
2. 此处"四""六"非确切数字，二者连用形容数量少。（何立民：2012，P34）

生　口

（壹·1002；壹·2844；肆·1213；肆·1216；肆·1759；肆·1761；肆·1763）
1. 生口，犹今言"活口""活人"，史籍所见常为战争虏获的人口，有些或为家中奴婢。《后汉书·邓寇传》："复追逐奔北，会尚等夜为羌所攻，于是义从羌胡并力破之，斩首前后一千八百余级，获生口二千人，马牛羊三万余头，一种殆尽。"《晋书·武帝纪》："赐王公以下吴生口各有差。"所云"生口"当指战争所获人口。《三国志·魏书·东夷传》："制诏亲魏倭王卑弥呼、带方太守刘夏遣使送汝大夫难升米、次使都市牛利奉汝所献男生口四人，女生口六人，班布二匹二丈，以到。"又："政等以檄告喻壹与，壹与遣倭大夫率善中郎将掖邪狗等二十人送政等还，因诣壹，献上男女生口三十人，贡白珠五千，孔青大句珠二枚，异文杂锦二十匹。"所见为外方奉献"生口"事。此类生口在外方原所处的地位应该相当于奴婢之类。吴简所见"生口"的来源则两种可能都存在。吴简所见"生口"有男、有女，通常为成年人，亦有未成年者。（李均明、宋少华：2007）
2. 生口是奴婢的别称。（蒋福亚：2008B）
3. "生口"是通过战争俘掠到的人口没为官奴婢后的专有名称。（蒋福亚：2011A）
4. "生口"是战俘被贬为奴隶后的称谓。（蒋福亚：2012B，P166、285）
5. 关于"生口"，我们认为还应包括官奴婢，他们的社会身份均为奴隶……生口在入户登记前，或在入户后，因买卖，入籍登记将改变，这时口可以称为生口。如果理解不误的话，生口也并非官奴婢的统称。（熊曲：2013）

6. 即活口，通常贬称地位卑贱、丧失人身自由的俘虏、奴婢等。简中的"生口"实为一种可供买卖的特殊之物。（黎石生：2015）

按，罗新认为这些生口来源于部伍夷民的官方行动：尽管这些生口的族群属性是不清楚的，但孙吴时期生口买卖市场上的这种失去自由身份的依附人口中，有相当一部分来自"部伍夷民"的官方行动，应该是没有什么疑问的。（罗新：2009B）

禾

（壹·941；壹·942）

1. 江南地区气温偏高，降水丰富，农业以种植水稻为主，而我们在《三国志》卷四十七《吴书》二《吴主传》中可以看到这样的记载：黄龙三年由拳野稻自生，改为禾兴县，由此我们认为吴简中的"禾"应指水稻而言。（李进：2004）
2. 禾指稻谷。（蒋福亚：2011A）

禾准米

（壹·5275；壹·6063）

"准"即折算之意，吐鲁番文书中有几件唐咸庆年间的麻子等粮食"准"小麦时价牒，可为例证。"禾准米"从字面来说，有两种可能。一种是以稻种"准"米，即吏民从当年收获的米中选出一部分，作为稻种缴纳给官府。这些稻种算在所需缴纳的米数中，但需要单独缴纳，所以名之为"禾准米"。（魏斌：2006）

丘

（莿 5·591；莿 5·705；莿 5·963）

1. "丘"之本义为小土丘，后引申为划分区域的单位。《周礼·地官·小司徒》："九夫为井，四井为邑，四邑为丘，"《庄子·则阳》："丘里者，合十姓百名，而以风俗也，"又《释文》："李（颐）云：四井为邑，四邑为丘，五家为邻，五邻为里。"可知"丘"与"里"为古代最基层的社会组织，但两者又有区别。"里"为秦汉以来国家行政区划的最末端单位，所有的编户民都属于某个"里"……"里"更具备政治性的行政区划的性质。而"丘"作为区划单位，史无明确记载。走马楼简中，凡涉及租佃经济关系者，均以"丘"为单位，而有关名籍、户籍者，则均以"里"为单位，因此，"丘"可能系当时官府为有效地劝课农业、征收租税而划分的征管区域。（邱东联：1998）

2. 吴国的基层行政单位。与周秦以来的基层行政单位"里"共存，或当时长沙郡一带称"里"为"丘"，规模、性质与里相同。（高敏：2000C）

3. 丘只是乡村的行政区划，类似于小自然村，即居民点……"丘"作为居民点、小自然村也只是用以标示地名，不必为基层行政实体。（李卿：2001）

4. 其一，乡、丘作为基层组织有隶属关系，丘是乡之下的基层组织；其二，丘是最基层的赋税征收单位，应当和"里"同义，如把它看作没有行政意义的自然聚落显然不合适，它实际上是具备行政职能的基层行政组织。所以，笔者同意高敏"丘应当为里"的看法，并且认为，"丘"有可能没有完全"从行政系统中消失"，至少至三国时期还在某些地方存在，至于它的规模，又显然和先秦时期相当，其中自然有其沿革关系。（吴海燕：2003）

5. 百姓的居住地一般称为"某某丘"……简中大量出现的"丘"是居民点……"丘"较之"里"更受重视。这大概与"丘"为居民点，官府可循"丘"直接找到百姓分不开。（侯旭东：2004C）

6. 《田家莿》也许是利用先秦时期已有之名称，沿用"丘"作为国家"营田"的编制单位，并计口授田，因田制"丘"。（丘名）也不是原有的，它们应是随空、荒地的垦殖及"新地的开发"而产生的……"×丘"可视

为屯田的"编区"。（曹砚农：2005）

7. 秦汉时地方上并无丘这种名称，但在春秋战国时则颇为常见。丘本为井田制中的一种组织名称，按《周礼》的说法是"四邑为丘"，也即《左传》中"作丘赋"之丘。《孙子·作战》中有"丘役"。孙吴在乡下设丘，颇有些复古的意味。尽管丘和里都居于乡之下，但乡对丘行使的权力也很有限。（吴荣曾：2005）

8. 走马楼吴简中"丘"与"里"完全是两种不同的系统。简言之：登录户籍（包括名籍）时按"里"进行；交纳各类赋税时按"丘"计算。（宋超：2005）

9. 此时的里仍是基本的乡村管理单位，是户籍与人口管理的基本单位；丘作为自然聚落，其数量已大大超出了里，而且也开始被作为重要的地域记录单位。（马新、齐涛：2006）

10. 丘并不是在乡里内整齐的被规划管理……丘也指居住地的事例的存在。所以到目前为止，我认为它是一个含有耕农地可能性的居住地，这个看法最佳妥当。（伊藤敏雄：2006）

11. 吴简中的丘是由孙吴官府专门设置的、与里同级的基层行政组织……由于这种乡里、乡丘兼称的记载在已公布吴简中出现过多次，故可以认为，孙吴的基层行政组织是里丘并举，乡里、乡丘并行的……丘的设立和流民有着重要的关系，孙吴统治者正是为了安置南渡的北方流民，当然也包括国内的流民，甚至可能包括被迁出山区的山越之众，才设立了有别于里的丘。（臧知非、沈华、高婷婷：2007，P230）

12. "某某丘"这一命名形式中，"某""某某"既可以是民间约定俗成的，也可以是官方确定，取名的含义与字数都无关紧要，关键在于，"丘"字绝对是通过行政手段加上去的……吴简中的"里"是居民区，是民户编制单位，"丘"是耕作区，是土地区划单位，二者分属不同的行政系统……吴简中同类性质的单位统一用"丘"来命名，带有明显的行政烙印，这些"丘"的含义应该相当于"区"，而不是丘陵。吴简中同姓名民户与多丘并多乡有对应关系的情况，与两汉及隋唐时期相比，并没有什么特别之处。（于振波：2008B）

13. 吴简"里"只是一个虚拟的户籍单位，而"丘"作为临湘地区的一种居住单位在东汉末年就已存在，到孙吴时演变成带有强烈屯田色彩的居住单位，但还不能视为一种"聚"与"村"之间的自然聚落方式。出现"同丘不同乡"反常现象的原因为某人从某乡迁移到另一乡某丘居住、耕种

时，其户籍单位未能及时变更，故在缴纳赋税时只能记在其原来所在乡的籍账上。（郭浩：2008）

14. 如果将丘视为由官府设置的基层管理机构，应该没有什么问题。从民众分别以里与丘为单位缴纳赋税来看，丘也似乎具备了基层行政组织的某些特征……这种基层建制中的丘、里并行现象，反映了战乱与动荡环境对乡里控制方式的影响。具体说来，丘为民众自发形成的居民点，更加符合当时的时代背景。（李斯：2009，P26）

15. 丘民不属于里，可能是由外来移民组成的，居住在丘是自发与政府强制行为相结合的产物，因此，政府对他们的管理也与正规里分开，相对于正规里民来说，他们在户籍简上表现为"黄簿"民。（邓玮光：2010）

16. 简文中的"丘"相当于村落。应该是居民聚居的所在，是否为此时吴国基层行政组织，目前难以断言。（蒋福亚：2012B，P7）

17. 丘是自然形成的一种土地占有单位，甚至就是一个地块，而非一种行政单位，它反映的是政府出于征税需要，依据传统形成的土地占有关系而划定的一种税收单位……丘本身并不能构成一级行政单位，丘只反映了里中人口在丘中的土地占有情况。（沈刚：2012C；2013，P46）

按：对于丘形成的原因，有这样几种说法。

臧知非认为：孙吴嘉禾年间，去汉未远，其各项制度基本上承汉而来，其基层组织虽然有改汉代的乡里为乡丘、以丘代里者，但其组织结构和汉代相同，如简牍反映的户籍登记制度以县、爵称、身份、年龄、姓名为序即承自汉制。其丘的规模、居民结构和汉代的里相当，以丘易里，大约是针对流民而设的专门的基层行政组织，可能是临时性的，也可能是区域性的。若简牍所载的丘自汉代而然，必然有聚族而居者，应以同姓为主。但《吏民田家莂》所记丘的居民构成，10户以下的丘我们略而不论，因为登记户数越少，同姓的概率越低；以11户以上丘而论，除了刘李丘57户12姓中有刘、李、殷三大姓占绝对多数之外，其余诸丘都没有哪一个姓占绝对多数。对这种现象的唯一合理的解释，是这些租种国家土地的丘民不是土著而是流民；四方迁移的流民，或聚而成邑，或加入当地的丘民之中，而成为国家佃农。不仅丘的规模有大有小，而且各丘租佃国家土地的人户数量也不相同。有的丘只有几户，少者一户，多者七八十户。这佃户数量的差别固然可能是简牍残缺所致，但更可能因为各丘无地人口户数不同的结果。（臧知非：2002）

宋超认为：至于吴简中为何大量出现丘名及数量相对少的里名，拙意以为可能与临湘侯国所在的长沙郡的形势有关。一方面，在东汉末年的大动荡中，由于刘表、孙坚、刘备等势力集团对包括长沙郡在内的荆州地区的争夺，其形势只是较战乱频仍的中原地区稍缓而已……荆州及长沙郡数度易手，对其社会基层乡里组织肯定会有所破坏，而且重新整合还需要一定的时间。但这种破坏更可能体现在乡里编制之上，作为自然聚落的"聚"，即吴简中所谓的"丘"一仍存在，只是不再为严格的乡里制度所涵盖；问题的另一方面，长沙郡地处江南，毕竟相对远离战乱频仍的中原地区，同时长沙郡又是沟通南北的交通要道，以此成为中原人士避乱的主要徙居地……鉴此，笔者似乎可以做出这样的推测：吴简中所录的单名之丘，其中绝大多数或是原有的，或是存在时间较长的自然聚落，随着人口的自然增殖，特别是东汉末年人口的迁徙，为了安置新增之人口，丘之数量也随之增多，由单字丘名向与之相关的二字丘名发展，同时亦有带有明显时代特点的新置之丘。反映在丘名之上，即出现了单字丘名、与之相关的二字丘名及带有明显时代特征的新丘名三类……至于吴简中所见的里……传统的乡里体制，是时已经式微，其职能更为单一化。然而，基层社会的运动却不能因此而停滞，于是以人为区划——乡，统辖若干自然聚落——丘的模式则应运而生，成为取代传统乡里制度的一个新的运行模式。（宋超：2006）

侯旭东认为：具体到临湘地区存在众多的丘，亦可由此得到解释。尽管孙吴初年临湘地区人口减少很多，一里所"领"的吏民户多数不过三—五十余户，一乡仅有170—220余户，还不断出现"叛走"的现象，但在东汉后期，这里则是人口聚集的地区。比较史书记载的西汉与东汉时期长沙郡（国）的人口数量，可知经历了飞跃式的增长。西汉时长沙国13县，43470户，口为235825，每县平均3344户。东汉顺帝永和五年（140年）时长沙郡依然为13县，户数为255854，口为1059372，每县平均19681户。户数增长了5.9倍，口数增长了4.5倍。这种情况下假定西汉时人口居住在封闭的聚落中，面对人口的持续增加，原有的空间显然难以容纳，出现新的聚落实属必然，至晚东汉后期出现"丘"是很正常的。而形成"里"与"丘"的复杂对应关系则是由于居民自由迁往新聚落，却又要保持旧有乡里名籍的结果。（侯旭东：2006D）

苏卫国、岳庆平讨论了乡丘对应关系：（1）简文中，乡丘的明确对应与非明确对应均为乡丘对应关系的体现。（2）统计结果表明，乡丘的对应不仅有一对多关系，更有多对一的关系，呈现为一种复杂的关系模式。数据规模显示，因书写错误等原因所致的简单关系被复杂化的可能性不大。

(3) 对乡丘多对一关系的疏解须跳出旧有乡丘隶属关系的思维模式，此方向的努力有助于吴简研究的深化，更有助于完善"丘"说的问世。（苏卫国、岳庆平：2005）

丘 魁

（贰·5458）
负责管理民的可能性是很大的。（阿部幸信：2011）

付 受

（叁·2676）
即付与、给予义。（何立民：2012，P29）

白 衣

（肆·3979；肆·3982；肆·3991；肆·4078；肆·5225）
1. 指素色服饰，百姓着装。官服通常非素衣，如《后汉书·光武帝纪》："及见光武绛衣大冠"，注引《东观记》曰："上时绛衣大冠，将军服也。"故史籍中常见以衣帽代人事，可证"白衣"之社会地位较低。（李均明、宋少华：2007；李均明：2008B）
2. 白衣为古平民服，常指贱役，也代指无功名，无官职之人。如《汉书》卷七二《龚胜传》："常又为胜道高陵有子杀母者。胜白之，尚书问：'谁受？'对曰：'受夏侯常。'尚书使胜问常，常连恨胜，即应曰：'闻之白衣，戒君勿言也。'"师古曰："白衣，给官府趋走贱人，若今诸司亭长掌固之属。"又《后汉书》卷七〇《孔融传》："曹操既积嫌忌，而郗虑复构成其罪，遂令丞相军谋祭酒路粹枉状奏融曰：'少府孔融，……又前与白衣祢衡跌荡放言……'"《三国志·魏书·夏侯尚附子玄传》注引《魏略》曰："丰字安国，故卫尉李义子也。黄初中，以父任召随军，始为白衣，时年十七八，在邺下名为清白，识别人物，海内翕然，莫不注意。"（王素、汪力

工：2009）

3. 白衣，指淡色服饰，乃普通平民衣服的颜色，代指庶民，如《史记·儒林列传》："及窦太后崩，武安侯田蚡为丞相，绌黄老、刑名百家之言，延文学儒者数百人，而公孙弘以《春秋》，白衣为天子三公，封以平津侯。"《后汉书·郑钧传》："明年，帝东巡过任城，乃幸均舍，敕赐尚书禄以终其身，故时人号为'白衣尚书'。"《后汉书·董宣传》载，湖阳公主奴白日杀人，洛阳令董宣捕杀之，光武帝令董宣叩头谢罪，不从，"主曰：'文叔为白衣时，臧亡匿死，吏不敢至门。今为天子，威不能行一令乎？'帝笑曰：'天子不与白衣同。'因敕强项令出"。这些记载中的"白衣"，均指庶民身份。（李恒全：2012）

白衣卫士

（叁·1853）
是普通士兵的称谓。（蒋福亚：2012B，P167）

白　米

（壹·1776）
碾净去糠的米。《宋书·孝义传·何子平》："扬州辟从事史，月俸得白米。"《南史·宋晋平刺王休祐传》："休祐素无才能，强梁自用……短钱一百赋人，田登，就求白米一斛，米粒皆令彻白，若碎折者悉不受。"（李明龙：2006，P7）

白　草

（肆·1231）
白草，为呈上文书草稿的意思，其前被编联之同册中本当有草稿本文。（李均明：2008A）

白　解

（柒·1971）

解应指解状，"白解"应指卒史所白之解状。（王振华：2015）

乐

（壹·8214）

1. 乐皮，可能是"犖皮"。《说文·牛部》："犖，驳牛也。"如果这一推测成立，则特别注明"犖"，或许反映征调皮革对于毛色有时也有一定要求。（王子今：2004B）

2. 树木"栎"的简化字，但是考虑到另外没有缴纳树皮事例，它也许是表示着"鹿"的意思。据我了解"鹿"字为"庐谷切"（《广韵》），"乐"字为"庐各切"（《广韵》），几乎作为同音而通用。（中村威也：2006）

处

（荊4·108；荊4·212；荊4·213）

1. 按《说文》训释，"町，田处也"，可见町和处是相通的。汉人也有将田一町写作一处者。（吴荣曾：2005）

2. 表示处所的量词。《说文·几部》："处，止也，得几而止，从几从攵。处，处或从虍声。"《广韵·御韵》："处，处所也。"故可以引申出量词意义表处所。（李丰娟：2006）

3. 《嘉禾吏民田家莂》中的佃田，以田地地形划分，可以分为记"町"的平地田和记"处"的山地田。（李研：2014）

外侄子

（壹·4979；壹·5177）

或为户人妻子之"侄"。（孙闻博：2010B）

冬肠布

（壹·1289）

冬肠布很明显，"肠"是"赐"的讹变，因为吴简的十个"冬赐布"例子中，只有一个写成了"肠"。（李明龙：2006，P62）

按：简壹·1289释文作"冬赐布"。

冬赐布

（壹·1202；壹·1289；壹·6294；壹·7890；壹·7942；壹·8196；壹·8280；壹·8282；壹·8304；壹·8545；贰·5367；贰·5945；贰·5998）

1. 《释名·释丧制》："锡，治也，使其麻易滑也。"毕沅疏证："《说文》有'緆'字，云'细布也'。或从麻作，盖经典之所谓锡也。"朱骏声《说文通训定声·解部·锡》："锡，假借为緆。"《史记·司马相如列传》："被阿锡。"《文选·司马相如〈子虚赋〉》作"緆"。《广韵》："緆，先击切，入声锡韵心母，上古锡部。锡，先系切，入声锡韵心母，上古锡部。两者声韵完全相同，又假借的可能……緆是一种细麻布。"《说文·糸部》："緆，细布也。"段注："布，一本作'麻'……古亦呼布为麻。"《淮南子·齐俗》："有诡文繁绣，弱緆罗纨。"高诱注："弱緆，细布。"可能因为细，用作冬天的衣服，因而称作"冬赐布"。（李明龙：2006，P57）

2. 所谓冬赐布，《蜀志》卷三六《赵云传》裴注云："《云别传》曰：亮曰：'街亭军退，兵将不复相录，箕谷军退，兵将初不相失，何故？'芝答曰：'云身自断后，军资什物，略无所弃，兵将无缘相失。'云有军资余绢，亮使分赐将士，云曰：'军事无利，何为有赐？其物请悉入赤岸府库，须十月为冬赐。'亮大善之。"据此可知指的是冬季开始颁发的布帛。（阿部幸信：2011）

3. 所谓冬赐布，即征之于民间、缴纳于府库，或用于每年定期举办之"腊赐"（"冬赐"），或作为俸禄之一种，赏赐群官之用的布匹类实物租税。其征收区域覆盖全境，纳税主体是大男、男子等底层百姓，税率为定额税，缴纳期限一般在当年三月至十一月。另外，为满足"冬赐"的需要，除通过征收"冬赐布"外，还通过（临时）征调、政府采购等方式加以解决。（何立民：2012，P18）

主

（肆·3991；肆·4146）

主指"本主"，即原主，原主人。（王素、汪力工：2009）

主 记

（壹·175；壹·432；壹·2688；壹·2770；贰·8265）

1. "关邸阁之主记"，是主管仓库记录的上记吏。（湛玉书：2006）

2. 为郡县掾属，为书记一类职任。（魏斌：2006）

3. "主记"有二义：即郡县负责主录记书、核查文书、催期会等事务的机构；一为郡县门下属吏之称，负责人即"主记室掾"，或简称"主记室""记事掾"等。属员有"主记室史""主记室书佐"等，而"主记室史"又省称为"主记史""记事史"等。另外，吴简中的"关主记"当为"主记"的特殊形式，即负责重要关隘记书、催期会之事的官吏。（何立民：2012，P125）

主　者

（荊4·31；荊4·252）
1. 主管。《史记·陈丞相世家》："上曰：'主者为谁？'平曰：'陛下即问决狱，责廷尉；问钱谷，则治粟内史。'上曰：'苟各有主者，而君所主者何事也？'"（中国简牍集成编辑委员会：2005，P504）
2. 主管。（黄晓菲：2009，P256）

主者史

（叁·1513；叁·2433甲）
当为担任或处理本职工作时，社会或官方给予的泛称或临时称呼。（何立民：2012，P163）

主　簿

（肆·4850—1）
在汉魏之际中央及郡县官署普遍设置，为门下吏之首，是极为亲重之官……其职掌，按《续汉书·百官一》太尉条"黄阁主簿录省众事"，《续汉书·百官四》司隶校尉条"主簿录阁下事，省文书"，县主簿的职责亦当相仿，主要负责记录、检阅文书簿籍。（凌文超：2014A）

市　士

（壹·1810）
1. 应是市场内低级服役人员，用以把守市门，维持市场秩序以及其他杂役之用。他们必须执勤，并按月领得"二斛五斗"或"二斛"的报酬，这个报酬和当时士兵按月领取的粮饷相差无几。（蒋福亚：2008C；2012B，

P235）

2. "市士"或即军市之士。（黎石生：2011）

市 会

（壹·1432）

1. 应是《史记》和《汉书》中所说的"节驵会"……便是后世的牙子，对商品进行估价，说和交易双方进行买卖，从中收取费用，干得好的，也能成为富比公侯的富豪……有市籍的商人，特别是市侩更受到社会和法令的歧视："侩卖者皆当著巾，白帖额题所侩卖者及姓名，一足着白履，一足着黑履。"（《太平御览》卷八二八《资产部·侩驵》）……如下几种交易，"市会"才会有用武之地：（1）贵重物品，如金银珠宝，古玩玉器等；（2）大件商品，如土地、奴婢、房舍、牛马之类；（3）外地商人运来的外地商品，非本地人熟知者，或在本地采购数量较大的土特产；（4）大宗交易。"市会"活跃于市场，是要和其他商人一样缴纳"租钱"的。这个租钱便是"市租"。（蒋福亚：2008C）

2. 即日后市场中的"牙子"，是大宗或特殊商品交易的中介人，他们缴纳的"租钱"当然不是地租，而是商业税。（蒋福亚：2008C；2012B，P91）

3. 《史记·货殖列传》："子贷金钱千贯，节驵会。"《集解》引《汉书音义》曰："会亦是侩也。"《汉书·货殖传》："子贷金钱千贯，节驵侩。"师古注曰："侩者，合会二家交易者也。"又《三国志·魏书·裴潜传》注引鱼豢曰："昔长安市侩有刘仲始者，一为市吏所辱，乃感激，蹋其尺折之，遂行学问，经明行修，流名海内。"可见，"市会"亦即"市侩"，"会（侩）"即"买卖的居间人"。"市会"的社会地位不及市吏，比较低下。（黎石生：2011）

4. 所谓"市会"，即"市侩"，与"会吏"身份稍有不同，当是从事民间居间事务（可能获得部分佣金）的一类人，其除了受"市吏"管理之外，还承担徭役，经办货币租税的纳入等事务。（何立民：2012，P113）

5. "会"通"侩"，为买卖的居间人……市会的主要职能是为买卖双方经纪价格，充当见证，促使交易成功。魏晋时期，市会受官府、市吏管束。（凌文超：2014B）

市具钱

（壹·6030）
1. 可能就是"市租具钱"的简称。也就是折合成具钱的市租钱。（李明龙：2006，P34）
2. "市具钱"是在"具钱"的基础上与其他词素合成的。"市具钱"可能是"市租具钱"的简称，即折合成具钱的市租钱。（黄敏、李明龙：2012）

市　租

（壹·1395；壹·3963；壹·4407；壹·5242；壹·5271；壹·5317；壹·5332；壹·5376；壹·5451；壹·5574；壹·9280）
1. "市租"是课之于市场的租税。（高敏：2006D）
2. "市会"活跃于市场，是要和其他商人一样缴纳"租钱"的。这个租钱便是"市租"……"市租"以前或叫"市赋"，魏晋南北朝时期的南方又将其叫作"市调"、"市税"或"关市之征"等。是打破工商食官格局，民间工商业逐步兴起后的产物，源于春秋战国时期，是早已有之的商税……这些简牍只有两点比较明确：其一，市租是按月缴纳，并按月建立簿籍以备稽查。其二，市租可以缴钱，也可以缴米。这种状况和封建政府征收地租时米布钱可以互相折纳一致。（蒋福亚：2008C；2012B，P245）

市租米

（贰·3773）
当指以米的形式而缴纳的市租。（陈荣杰：2012，P178）

市租钱

（壹·1395；壹·1422；壹·3963；壹·5242；壹·5271；壹·5317；壹·5332；壹·5376；壹·5451；壹·5574；壹·9280；贰·4518；贰·4521；贰·8422；贰·8638）

1. 应是在"市"从事经济活动向政府缴纳的商业经营税。即如《管子·治国》之"关市之租"，《商君书·垦令》之"市吏之租"，《史记·张释之冯唐列传》之"军市租"。黄今言讨论秦汉城区市场管理时称之为"市税"（市租），定义为"通常是在流通领域所征课的一种税收"，指出："当时规定，凡在市场上经商的人，皆须交纳市税。"《汉书·何武传》："武弟显家有市籍，租常不入，县数负其课。"所谓"租常不入"的"租"，也是这种"市税"或"市租钱"。古代文献明确称为"市租"的，又有《晏子春秋·内篇杂下·景公以晏子食不足致千金而晏子固不受第十八》："使吏致千金与市租，请以奉宾客。"《史记·廉颇蔺相如列传》："（李牧）以便宜置吏，市租皆输入莫府，为士卒费。日击数牛飨士。"《史记·齐悼襄王世家》："齐临菑十万户，市租千金，人众殷富，巨于长安。"司马贞《索隐》："市租，谓所卖之物出税。"《说苑·尊贤》："桓公赐之齐国市租一年而国不治。"《说苑·杂事》：晋平公曰："吾门下食客三千余人，朝食不足，暮收市租；暮食不足，朝收市租，吾尚可谓不好士乎？"《晋书·职官志》说"侍御史"官署："及江左初，省课第曹，置库曹，掌厩牧牛马市租，后分曹，置外左库、内左库云。"（王子今：2006A）

2. 是人们进入市场卖东西所交的临时摊位钱，相当于现在的工商管理费。（李明龙：2006，P52）

3. 对商贾征收的营业税。（随成伟：2009，P17）

4. "市租钱"亦按月征收，但征收标准之高低似是根据经营者所从事的商业行当而定。商业行当不同，则征收标准亦有不同。（黎石生：2011）

5. 市租钱的纳税主体即在市场中从事商业贸易往来的流动或固定商贩。其课税依据即商贩的收益或利润。采用比例税制还是定额税，则不明确。其纳税周期则是一月一纳。（何媛：2011）

6. 在市场上买卖商品而缴纳的租税，吴简"市租钱"当亦为此意。（陈荣杰：2012，P178）

7. 市场中征收于商家的货币税，其纳税主体即市场中从事商业贸易往来的商家或商户；税率为定额税率；纳税周期则为一月一纳；至于其征税依据是"市籍税"，还是"交易税"，是否属于帝室财政收入之一种，皆不很清楚。（何立民：2012，P104）

按：义项 7 帝室财政的说法可能有误，东汉时期已经消失。

市　掾

（壹·5157；叁·3475；叁·8396）

1. 在临湘，北乡市场的主管叫市掾，临湘城镇市场主管估计也叫市掾。其职责是颁布和维持市场的政令、禁令、度量衡等类，统领市场吏役……总体来看，他们负有整顿市场，保证市场正常运作，征收商税，建造有关商税、商人和摊贩的各类簿籍，奉政府的指令购买布、麻、水牛皮等各类物资的职责。（蒋福亚：2008C）

2. 这里的乡市掾当是县廷于集市较为繁荣乡分派的市吏。从一个层面反映孙吴时期一些"乡"经济繁荣。吴简所见市吏主要负责"市租钱""市租租钱""地僦钱""市租米""酒租钱""市具钱"等的督责与收缴。另外吴简所见"陶租钱"或作"绹租钱""柚租钱"等名目的租钱应也与市吏有关。（孙闻博：2009）

3. 两汉三国时期，市吏（掾）是官府负责管理市场商贸活动的职吏……（吴简中的市吏）既要履行市场管理之责，又要兼负购售商品之责，并非专事其中一项。（黎石生：2011）

4. 所谓市掾，即"市"之长，其主要职责包括"掌市之政令，平铨衡、正斗斛、理阿枉、禁斗变、收市租"及维持地方治安等；其职权，有时又与郡县的金曹掾、史互有交叉；下属还有市吏、会吏等；与郡、县、乡等各级机构相同，其身份分别为郡市之吏、县市之吏、乡市之吏，并统属于相应官府机构的长官。（何立民：2012，P121）

记 书

（肆·4470）

按《广雅·释言》："书，记"，记、书为同类文书名。不过，从西北汉简所见文书实物来看，"书"指较严谨的通行文书，而"记"的书写相对较为随意。（凌文超：2014C）

民 田

（壹·1637；壹·7274）

1. 实际上就是二年常限田的定收田，是"税田"的又一名称。不过，"民田"的含义似乎更泛一点，它不仅包涵"税田"，也包含征收"租米"的"租田"，确切的名称应该是简7274中的"吏民田"。（蒋福亚：2008A）

2. 六朝的"民田"是官方承认的或者说是受国家法律保护的私人占有的耕地或废田……田主对"民田"拥有所有权，六朝民田的所有权归属特定的田主个人。民田的收益归"田主"所有。在一定的条件下，六朝民间有将私有田地的经营权委托他人的。如同前代一样，六朝民田的产权可以世代继承。（陈明光：2010）

民税田

（叁·1933；叁·7632）

1. 实际上就是二年常限田的定收田，是"税田"的又一名称。（蒋福亚：2008A）

2. 一般百姓也即男子、大女们佃种的叫作"民税田"。（蒋福亚：2012B，P90）

出

（壹·4451）

与"入"相对的"出"是支出的意思。在吴简入布文书中"出"大多作为支出账的记账符号，用于支出账的起首。（魏龙环：2011）

出入付授要簿

（壹·9612）

举要总聚性质的账簿。（陈明光：2009）

出　付

（壹·2021；壹·7871）

1. 出，支出，其字大多冠于支出账之首。《周礼·天官·酒正》："酒正之出，日入其成，月入其要，小宰听之。"郑玄注："出，谓授酒材及用酒之多少也。"《集韵·至韵》："出，自内而外也。"宋代王与之《周礼订义》卷四十五："凡车之出入，岁终则会之。"贾氏曰："出谓出给官用，入谓用罢归官，于当时录为簿账，至岁终则总会计完败多少以入计会。""出"和"给"之配合，汉代简牍已多见。如《合校》104·35，326·12："出赋钱二千七百，给令史三人七月积三月奉。"又《合校》161·5："出赋钱八万一百，给佐史八十九人十月奉。"又《合校》303·5："出河内廿两帛八匹一丈三尺四寸大半寸，直二千九百七十八，给佐史一人元封三年正月尽九月积八月少半日奉。""出给"连用多见于史籍，如《后汉书·灵帝纪》："厩马非郊祭之用，悉出给军。"《隋书·王韶传》："乃至营造细小之事，出给轻微之物，一日之内，酬答百司，至乃日旰忘食，夜分未寝。"《旧唐书·职官志》"户部所辖仓部"："郎中员外郎之职，掌判天下仓储，收纳租税，出给禄廪之事。"又"凡出给，先勘木契，然后录其名数。""出"与"付"亦可单独配合……出付连用形式亦多见于史籍，如《隋书·礼仪志》：

"既受之后，出付玉人于外。"又《新唐书·百官志》："典宝、掌宝各二人，凡出付皆旬别案记，还则朱书注入。"（李均明：2005）

2. 支付、支出。（何立民：2012，P118）

司盐曹

（捌·4193）
或系孙吴盐铁业专卖政策下基层为管理盐务所设。（徐畅：2015）

加臧米

（壹·1741）
1. "加臧"即"加赃"。"加赃"就是"告盗加赃"的省称，可能受到经济处罚，"加赃米"就是"告盗加赃"而被罚没的米。（李明龙：2006，P58）

2. 《睡虎地秦简·法律答问》有驾（加）臧（赃），加即增加之意。也就是《说文》所谓"加，语相譜加也"。……臧，根据《高昌安乐等城负臧钱人入钱帐》，睡虎地秦简《仓律》，《张家山汉简·二年律令·贼律》等认为臧作"赃"解更为恰当。并且根据睡虎地秦简《效律》内容，吴简"考实吏许迪文书"等内容认为"所谓'加臧米'很可能就是这种挪用或中饱仓米被发现后，在刑事责任以外，还需要赔偿的米。从臧（赃）的本意来看，'臧米'也应该与犯罪有关"。（魏斌：2009）

皮 师

（壹·5889；壹·7466）
1. 皮师是从事皮革手工业的工匠。皮革手工业是一门十分精细的技术，《考工记》记有春秋时期皮革器的制造过程……孙吴时期，皮作为百姓向政府缴纳的调，十分普遍，其中有麂皮、羊皮、牛皮、水牛皮、鹿皮等，主要用来制作衣帽等。可能正是由于江南地区皮产品十分丰富，因此出现了专门

以制造皮革器为业的"皮师""治皮师"。(韩树峰：2004)

2. 所谓"治皮师"，应当是鞣制皮革的专职工匠。(王子今：2004B)

皮贾米

(叁·1865；叁·1899；叁·1906；叁·2020；叁·7516)

应是官府将收缴的多余杂皮卖出所得的米，与杂皮入受县库无直接关系。(凌文超：2015D，P420)

皮贾钱

(壹·1696；壹·2725)

1. "贾"，似当理解为"价"……看来"皮"的征收，可能可以用"钱"抵代。(王子今：2004B)

2. 是官方售皮所得的代价。(中村威也：2006)

3. 应是官府将收缴的多余杂皮卖出所得的钱，与杂皮入受县库无直接关系。(凌文超：2015D，P420)

发　遣

(长沙市文物工作队、长沙市文物考古研究所：1999，J22—2695；肆·4547)

1. 发遣，发送。《后汉书·蔡邕传》："闻邕善鼓琴，遂白天子，敕陈留太守督促发遣。"(胡平生：1999)

2. 派遣，差遣之意。《三国志·吴书·孙登传》云："使中使慰劳，听复本职，发遣还郡。"(凌文超：2014A)

3. 意为派遣、差遣。《后汉书·明帝纪》："是岁，发遣边人在内郡者，赐装钱人二万。"颜之推《颜氏家训·省事》："或有谊聒时人视听，求见发遣。"(陈荣杰：2014B)

六　画

刑

（壹·951；壹·961；壹·1335）

1. 刑，读作动词，受刑。《汉书·董仲舒传》："为善者不必免，而犯恶者未必刑也。"同书《刑法志》："杀人者死，伤人者刑，是百王之所同也，未有知其所由来者也。"……"刑右足""刑两足"，不排斥就是剕刑意义上的肉刑，"刑右手""刑左手"则是前所未见的新肉刑……总之吴简所见的刑种，姑且可解作肉刑。但此肉刑究竟如何行刑，是斩手断足，还是割裂手足的某个部位，尚不得而知……这里所见的肉刑是经制定法确定恢复的，还是属于法外酷刑，亦有待进一步考证。（徐世虹：2001）

2. 刑字应当读为"刱（创）"。从字形而言，"创"，《说文》本字作"刅"，"创"与"刱"皆后起的形声字。简文此字左旁从并，右旁从"刀"。按，从"并"乃从"井"之讹变；从"刀"与从"刃"同义，两种偏旁或互换。如"剑"，或从"刃"。《说文》"创"、"刱"，二字文义有别。井部："刱，造法刱业也。从'井'，刃声。读若创。"刃部："伤也，从刃，从一。创，或从刀，仓声。"《集韵·阳第十》"创"字异体有"荆、刱、刵、戗"等形。《篇海类编·器用类·刀部》：刱，初也。造法刱业也。本作刱，俗通作刱。"《论语·宪问》："裨谌草创之。"陆德明《经典释文》云："初向反，制也。依《说文》此是创痍字，创制之字当作刱。"在走马楼简牍中，应视"荆"为正写，"刑"为俗写。"刑"即《集韵》所列异体"荆"之变体。从文义而言，"创"训作"伤"，古文献中例子甚多，兹不赘举。《释名·释疾病》："创，戕也，戕毁体使伤也。"按照这一说法，"创"还不是一般的小伤，而是肢体有毁坏之伤。因此，简文之"创"似应理解为"有伤残"，"创右足"即右足有伤残，"创右手"即右手有伤残，"创两足"即两足有伤残。这样,简文所有的"剏(创)"字都能得到完满的解释,上下文义也能贯通。不过,应当说明的是,我们在史书中只看到有"伤"手足的记载,如《三国志·魏书·臧霸传》注引《孙观传》云:"攻权,为流矢所中,伤左足。"《三国志·吴书·诸葛恪传》:"张约从旁斫峻,裁伤左手。"但是,"创"手足的文例却一个也没有看到过。从声音而言,上古音"创"是山母阳部字,"伤"是书母阳部字,书母与山母,舌音与齿音准双声,二字的声音是很相近的。因此,我们很怀疑,简文中的"创",可能有东吴方言的特点。我们还对简文记载的"创"手足者的情形作了进一步的研究,注意到那些手足有"创"者许多都是有爵的,如"公乘鲁开"创左手,"公乘何著"创两足,"公乘黄硕"创右足,"公乘何钦"创两足,因而推想他们很可能是在对敌作战中受伤致残的兵士。正是由于有这样的背景,他们被免除徭役才能够得到更加合理的解释。要言之,他们可能是光荣的退伍军人,而非《新收获》所指认的受刑的罪徒。(胡平生:2002)

3. 走马楼简牍中,这个字通常写作"刑"。"刑"本义并非刑罚。《说文·刀部》:"刐,到也,从刀幵声。"刐是刑的本字,《篇海·刀部》"刐与刑同。"《太平御览》卷六四五引《慎子》遗文:"斩其肢体,凿其肌肤谓之刑。""刑"原意是断头,泛指截断肢体、损毁肌肤。《战国策·赵策二》载豫让"自刑以变其容";《后汉书·列女传》刘长卿卒,妻"豫刑其耳"誓不改嫁。汉以后尤其是唐代史籍中,这种"刑(割)耳"明志或诉冤的举动,也是屡见不鲜。按刑罚之"刑",本字作"荆"。《说文·井部》:"荆,罚也,从井,从刀。《易》曰'井,法也。'井亦声。"段玉裁《注》曰:"按荆者,五荆也。凡荆罚、典荆、仪荆皆用之。刐者,到颈也,横绝之也。此字本义少用,俗字乃用刑为荆罚、典荆、仪荆字。不知造字之旨既殊。""荆"俗写作"刑",作刑罚解,后世也就逐渐不了解"刑"的本义了。吴简中的"刑手足",我理解就是断手、断足的意思;上引"刑右眉",也合"凿其肌肤"之义。简文中"刑"有时写作"荆"。我同意胡平生的判断,"幵"为"井"的讹变,但这里的"荆"可能就是《说文》"罚辠"的"荆"字。魏张揖《广雅·训诂四》:"荆,到也。""荆"假借为"刑"。(张荣强:2004C)

4. 从汉唐到明清的历朝法律中可知,某些贫苦百姓往往自残肤体以"避事",大量史实告诉我们,自残者所避之"事"就是官府的横征暴敛、严刑逼供及其他种种苛政,每当这些苛政超出百姓所能承受的极限,自残事件就会一次又一次地发生。就吴国而言,由于赋税徭役沉重,百姓流亡、弃婴乃至叛逃事件时有发生，考虑到三国之前和三国之后各个时代都有由于苛政导致百姓自残的史实，我们有理由相信，吴简中的刑手、刑足是苛政所造成的恶果，是贫苦百姓为逃避苛政的自残行为。（于振波：2004A）

5. 创，本字作"刅"，《说文》："刅，伤也。从刃从一。创，刅或从仓。"段氏注："凡刀创及创痏字皆作此。俗变作刱，作疮。"《龙龛手鉴》："疮，正楚庄反，疮痍也。或作创、刑，刃伤也。古作戗，今作疮。"此亦可从字形上证明为"疮（创）"之俗体可写作"刑"。"创"与"疮"同源，皆后起的形声字，"疮"晚出，与"创"又为"古今字"，古籍中二者常替代互用，在表示"刀伤""创伤""疮疤"的时候，意义并无区别。那么吴简中"刑手足"即是"创手足"，当然，这并不是一般意义上的小伤，而是表示手足上具有"明显特征"的外伤性疾病甚至残疾病症。户籍简能将这些特征予以记录，说明它在某种程度上具有明显的"区别"意味。（伤残理由根据马王堆帛书《五十二病方》）分为下列几种：一、外伤性疾病，二、化脓性疾病，三、体表溃疡性疾病，四、动物咬蜇……如"创"作为一种可以记录在册的"病症"结果或表现形式，必然有一些具有"区别"意味的明显特征。它与"肿""雀"的发病部位极其相似，但仍能够加以区分。大体说来，不管其病理（成因）如何，"创"应是肢体完整，但有创伤或疮口；"肿"应是肢体完整，但无外伤；而"雀（截）"则肯定是肢体不完整。（杨小亮：2005）

6. 基本认同"残疾病症"说，并部分认同"作战致残"说。（曹旅宁：2006）

7. 赞同"刑"是肢体断伤的解读……国家编制户籍，是为了能够有效控制课役人口，因而户籍所记"残疾病症"，都必须与能否免役有关。这些"残疾病症"，虽然程度不同，但都应非常具体，都可以查验和界定。因此，吴简户籍简所见的"刑"应是一种特指的"残疾病症"。这种特指的"残疾病症"的"刑"，应类似唐《三疾令》中的"一目盲""二目盲"的"盲"，"一肢废""两肢废"的"废"，有着可以查验和界定的专门的含义。而像"创"这种词语，含义模糊，难以查验和界定，绝非国家编制户籍可能采用的语言。（王素：2008）

8. 《说文·刀部》："刑，刭也。"段玉裁注："刑者，刭头也，绝之也。"据此我们推测，刑手、刑足可能是手足遭受锋利金属器具伤害，使身体严重致残的外科疾病。如果手足伤残严重，失去劳动能力，就可能无法交赋税、服劳役。因此就有免役的情况。（周祖亮：2010；2011）

9. 刑，指受刑。在户籍残简和有关诸吏的簿籍中，基本上是指砍手砍足。（蒋福亚：2012B，P56）

按：有的简文释文释作"荆"。

考　实

（长沙市文物工作队、长沙市文物考古研究所：1999，J22—2543）
考实是考核、查证、证实的意思，"考"别有"拷打"之意。（胡平生：1999）

老

（叁·6327；叁·6375）
1. 吴简中"老"的起始年龄为六十岁，而缴纳算赋的最高年龄为五十九岁。（于振波：2007A）
2. "大""小""老"等称谓既非政府制定，也非政府指令写入簿籍之中，它们只是民间或社会惯用已久的称谓，而簿籍记录者下意识的将其登入了簿籍。它们的存在并不代表政府意志，而只是民间习惯的反映。（韩树峰：2011A；2011B，P235）
3. 与"穷"户、"女"户类似，"老"户也当指户内仅有老人的家庭。（张荣强：2012）
4. 指家中无劳动力、生计艰难，多数是需要政府救济的贫困户。（张荣强：2014）

老　女

（壹·10111）
两个义项，一是达到免役年龄老年女性的称呼。二是女性户主或家主（何立民：2012，P118）

老 父

(贰·1551)

"老父"后来也用于自称己父。吴简这里出现的"老父"可能是指"户人"之父。(孙闻博：2010B)

老男/老女

老男（壹·5162；壹·5175）/老女（壹·7593；壹·10111；叁·4323；叁·4332；）

1. 称六十一岁以上的男、女为"老男"、"老女"。可知六十一岁为老免的年龄标准。(高敏：2006B)

2. 可能延续了汉代"鳏寡"年六十以后受优待的做法，此"老男、老女"应即"鳏、寡"，并非"免老"，故不能以此来确定孙吴的免老年龄。不过，吴简户籍中，有少数几例户口简注明"老女"（叁·4323、叁·4332），此"老女"当与老免有关，与户籍身份"小""大"性质相同。但总体看来，吴简中年六十以上的女性，非"寡"者一般还是称作"大女"。可见，户籍身份"老"，此时尚处于形成阶段。(凌文超：2010)

3. 是年龄方面的一个概念，六十一岁是否就是分界线仍需要探讨。高（敏）先生等学者提出的，以"免役"（或达到免役年龄）为标准分别"大"与"老"，仍具有参考价值。(何立民：2012，P177)

老 钝

(叁·1819)

1. 为吏籍专用术语。(王素：2009A)

2. 年老迟钝。(陈顺成：2012A)

地僦钱

（壹·4345；壹·4350；壹·4351；壹·4352；壹4354；壹·4357；壹·4369；壹·4397；壹·4430；壹·4431；壹·4432；壹·4486；壹·4532；壹·8724；贰·7576；贰·7592；贰·7612；贰·7632）

1. "僦"的本义为租赁。"地僦"意为租赁土地……缴纳地僦钱的都是"临湘"的"邑下居民"，直接征收地僦钱的却是"市吏"。似可推测，所谓地僦钱，是临湘城内集市商贾租赁摊位钱。（王素、宋少华、罗新：1999）

2. 僦还有"租赁"的意义……吴简中的"僦钱"，应是"地僦钱"的简称；交纳"僦钱"者，可能都是居住于临湘"邑下"、即临湘侯国与临湘县治所的居民；以所谓"地僦钱"或"僦钱"租赁之"地"，应是用于某种商业经营活动之"地"，尽管从现有的吴简资料还难得出一个确切答案，但与用于耕作之"田"有本质区别则是无疑的；而每月可达二万三千五百的"地僦钱"，应是临湘侯步骘"衣食租税"的一个组成部分。（宋超：2004）

3. 僦，本义是租赁。地僦钱，是指城镇内集市商贾租赁的摊位钱。吴时临湘城内就收地僦钱，每人每月五百。（罗威：2004）

4. 这是向临湘城市居民征收的食粮的运输费……秦汉时，"僦"，本指雇佣、租赁，进而就有雇佣费、租赁费、运输费的意思。在古文献中"僦"字常见。《说文新附字·人部》："僦，赁也。"《史记·平准书》："天下赋输或不偿其僦费。"索隐："服虔谓：'雇载云僦，言所输物不足偿其雇载之费也。'"《汉书·郑当时传》："当时为大司农，任人宾客僦"。颜师古注云："僦，谓受顾赁而载运也。"《商君书·垦令》："令送粮无取僦，无得反庸，车牛与重设必当名。"《九章算术·均输》："一车载二十五斛，与僦一里一钱。"又，被人雇佣者，称为"僦人"。在出土简牍中，"僦"字也多见……走马楼吴简中的"僦钱""地僦钱"的"僦"，也正是雇佣费、租赁费、运输费的意思……可以看到，这类例简中的"胄"，都与"僦"同义，都是从关邸阁转运到三州仓的。"僦钱""地僦钱"应当就是这样一种运输粮食的费用。（胡平生：2005A）

5. "地僦钱"可能全称原本应为"食地僦钱"，那么，这一项目，应是以临湘侯步骘"食地"的"僦税"为名义征收的。这应当就是"食地僦钱"或"地僦钱"与"市租钱"的区别……"僦钱"或"地僦钱",是使用者向土地主人缴纳的地面的租价。(王子今:2006A)

6. 《说文新附字·人部》:"僦,赁也。"《汉书·王莽传》:"宝货皆重则小用不给,皆轻则僦载烦费。"师古注:"僦,送也,一曰赁也。"《后汉书·虞诩传》:"驴马负载,僦五致一。"注引《广雅》:"僦,赁也。"当然,租赁之对象范围广泛,既包括人力,车马,如《汉书·郑当时传》:"当时为大农,任人宾客僦。"师古注:"僦谓受雇赁而载运也。"又《汉书·田延年传》:"初,大司农取牛车三万两为僦。"师古注:"僦,谓赁之与雇直也。"也包括土地、房屋及其他物品,如《梁书·武帝纪》:"顷者豪家富室多占取公田,贵价僦税以与贫民,伤时害政,为蠹已甚。"是说把公田租赁给平民百姓,收征高额地租。又韩愈《送郑权尚书序》:"家属百人,无数亩之宅,僦屋以居。"僦屋,犹今言租房子。再如《宋史·度宗本纪》,咸淳元年正月诏有言曰:"免征临安官私房僦地钱。"此"僦地钱"与简文"地僦钱"义当同,皆指租赁土地而言,而且所租土地皆用于建屋盖房。地僦钱乃指租赁土地的款项,传世古籍多写作"僦地钱",义同。所租土地当作宅基地,所以一旦房屋毁坏、无人居住,征收的前提条件就不复存在,有关官员便须为之乞请免征"地僦钱"。今见征收"地僦钱"的对象皆为临湘邑下居民,户主身份包括大男、大女、郡士、部司马等,按户平均摊派,皆为每月每户五百钱。(李均明:2006)

7. 就是摊位钱,每月五百……缴纳地僦钱的肯定是坐商。而坐商的身份也各不相同,有大男、大女、郡士、司马等。这说明这些坐商又不同于史书中传统的世袭商贾。他们来源于不同行业,商业活动也日益频繁,这与传世文献也相吻合。(李明龙:2006,P52)

8. 地僦钱,是指城镇内集市商贾租赁的摊位钱。(王佩良:2008)

9. "地僦钱"与"僦钱"都是指转运税,而非二种不同之费。吴简中"地僦钱"账簿有如下特点:第一,地僦钱的数目很大,而非原来的"僦钱月五百"。第二,地僦钱一般和"簿"联系紧密。第三,它常和临湘这个地方相联系……因此,"地僦钱"账簿表示的就是一种记录临湘侯封地征收转运税的总账簿。(朱德贵:2008)

10. "僦钱"是指城镇贫民在市场上租借土地房舍摆摊贩卖时缴纳的租金,"地僦钱"则是官府收缴这类租金,并将此缴库或支用时的专用名称,有时也可将其叫做"僦钱"。两者性质一样,合而为一,并无实质性的区别。确切地说，似乎"地僦钱"的名称更符合实际一点……"僦钱"不只是指租赁市场中土地房舍之类的租金或摊位税，有时它可能是摊位税、市场中土地房舍的租金，以及市租和商品通关税的总称。这些含义组合在一起，构成了后世的"关市僦税"，或者说是"关市僦税"的由来。因此，笼统地把它诠释成商税似乎更合适一点，其含义比摊位税要广泛，可以涵盖上述一切状况。（蒋福亚：2008C）

11. "地僦钱"就是租赁土地的摊位钱，即对设有店铺或固定摊位的坐贾征收的钱。（随成伟：2009）

12. 地僦钱是临湘侯国面向全体封户征收的定额税收，是列侯常规收入的一部分。它由郡县政府委派市掾负责分片征收，然后再通过一定程序分流给侯国，和汉代食封制度有一定的渊源关系。（沈刚：2010A；2013，P121）

13. 由于邑下区域为临湘侯步骘"食地"，"邑下居民"所住房地等于是向其租赁的，故需缴纳"地僦（就）钱"。一旦"屋败坏，地上无人居止，无所收责"，则予以"捐除"。至于"僦地"之用，除主要用作住房外，其他用途则不可一概而论之。（黎石生：2011）

14. 僦钱是指城镇商贾们在市场上租借土地房舍，而且主要是房舍经商或摆摊贩卖时缴纳的租金，"地僦钱"则是官府收缴这类租金，并将此缴库或支付时的专有名称，有时也可将其叫作僦钱。两者性质一样，合而为一，并无实质性的区别。（蒋福亚：2012B，P248）

15. "地僦钱"就是临湘侯国与临湘县治所的居民租赁土地进行商业经营活动的租赁费。可能官府将用于商业经营活动的土地进行了规划，其面积基本相等，故所收取的"地僦钱"均为五百……吴简"僦钱"应确是按月征收，按季度统计的。（陈荣杰：2012，P162-163；2014A）

过湎米

（壹·6295；贰·7352）

1. "湎"的本意是沉迷于酒。《尚书·酒诰》："罔敢湎于酒。"孔传："无敢沉湎于酒。"《穀梁传·僖公十九年》："梁亡，自亡也。如加力役焉，湎不足道也。"引申为沉溺。《礼记·乐记》："慢易以犯节，流湎以亡本。"因此，湎有过度之义。后来，在汉语复音化的影响下，"湎"和"过"和"盈"同义并列，最终形成同音并列式的复合结构。盈湎米和过湎米可能是因为过度饮酒而被罚没的米。《史记·孝文本纪》："朕初即位,其赦天下,赐民爵一级,女子百户牛酒,酺五日。"裴因注引苏林曰:"男赐爵,女子赐牛酒。"文颖曰:"汉律,三人以上无故群饮,罚金四两。今诏横赐得令会聚饮食五日。"《东汉会要·民政中·赐酺》:"明帝永平十五年,令天下大酺五日,章帝元和二年,令天下大酺五日,赐洛阳当酺者布户一疋,城外三人共一疋。和帝永元三年正月甲子,帝加元服大酺五日。庚辰,赐京师酺。"徐天麟注:"盖汉律三人以上,无故群饮,罚金四两。今使得合聚饮食。酺之为言布也,言王者布德于天下。"因此,饮酒必须在特定的场合,否则就是违法。因此,过淊米就是因饮酒超过限度而被罚没的米。(李明龙:2006,P27)

2. 我们认为"淊"和"糑"均从面得声,二字可以通假。《龙龛手镜·米部》:"糑,糲的俗字。"《玉篇·米部》:"糲,屑米。"《集韵·霰韵》:"糲,米屑。"《齐民要术·煮糲》:"若作仓卒难造者,得停宿糲最胜。"吴简"淊米"可能即"糲米",屑米也。文献中"盈"有"过"之义,如《篇海类编·器用类·皿部》:"盈,过曰盈。"唐韩愈《合江亭》:"树兰盈九畹,栽竹逾万个。"故吴简"盈淊米"和"过淊米"当意义相同,可能都是指多余的屑米,这种屑米可以用作牲畜的饲料。(陈荣杰:2012,P144)

吏 士

(贰·7372)

吏即士兵等底层百姓承担的吏役,士即兵卒,"吏士"当即军队中服徭役或兵役的底层百姓,他们的地位,经历了由底层的编户齐民,逐渐过渡到更加卑微的依附民的过程。又或作"士吏",但义项似微有差距,当为底层兵卒或吏员之总称。(何立民:2012,P31)

吏帅客

（壹·1316；壹·1750；壹·1753；壹·1966；壹·2042；壹·2270；壹·3185；壹·3678；壹·3791；壹·5391；壹·6004；壹·6057；壹·9522；）

1. 吏帅客出入粮食是走马楼竹简中经常出现的科目内容，具体的含义还不很清楚。"帅"通"率"，从字面上讲是"带领""统辖"之意。"吏"可能是乡吏，"客"可能是"佃客"、田客……吏帅客乃是一种身份。他们可以从政府"贷食"，而"贷食"是要按照规定归还的。（胡平生：2005A）

2. 鉴于"帅"的基本含义之一是统率，所以我们认为，所谓吏帅客，指的是封建政府授命于郡县吏们统率或管理的客，在简中有时简称为"吏客"。（蒋福亚：2006）

3. 所谓"吏帅客"，即是管理屯田事务的低级官吏"屯吏"所统领的屯田之"客"，其主要成员应当是孙吴在征讨山越过程中所俘获的山越民。（陈爽：2006）

4. 所谓吏帅客，应是封建政府授命郡吏管理或统帅的官府依附民，他们被用于屯田，并交纳相应的限米。（蒋福亚：2008B）

吏　民

（肆·380）

1. 据二千多份券书所载，"吏民"都是国有土地的租佃者；按租佃者身份的不同，有"男子""大女""复民"，明显属于"民"；有"州吏""郡吏""县吏"及"军吏"，明显属于"吏"。则此处之"吏民"，实为"吏"和"民"的合称，亦即"吏户"与"民户"的综称。（高敏：2000E）

2. 所谓"吏民"并非单纯指普通农民和政府机构中的吏员，实际上包含了乡里基层编户中的各种各类人员，就目前所见吴简而论，除了普通农民和州郡县吏之外，还有军吏、州郡县卒、复民、士等不同身份的人。可以说，凡编制于乡里基层之中的编户均属"吏民"的范畴……吴简中的"吏"不仅与其他身份的"吏民"一起编户，而且其权利、义务与普通编户相同，

甚至还稍优于普通编户。（黎虎：2005B）

3. 吏民一词，吴简习见，为官文书特别是户籍文书常用词之一。根据分析"吏"类称谓词的基本总结，此处的"吏民"义项当为"州郡县所统领的、承担徭役的底层吏员和编户齐民"。（何立民：2012，P31）

吏民田

（荊4·1；荊4·2；荊4·3；荊4·4）

"吏民田"是由吏、民耕种的田地。它和"佃田"的所指实质上应是相同的，不同的是"吏民田"是从耕种者角度命名的，而"佃田"是从田地属性的角度命名的。（陈荣杰：2012，P88）

在本县

（壹·5651）

即不被征调而留在本县，这些在本县的师佐家属……他们可能要从事屯田。（凌文超：2011C；2015D，P273）

在 宫

（贰·7098；贰·8936）

1. "在宫"似应释作"在官"，即吏之子弟"随本主"在官服吏役。这些随本主在官服吏役的"子弟"，官府在进行户籍统计或差役统计时，就应在其名字后标注出"给子弟已送"。（孟彦弘：2008）

2. 指在武昌宫。（王素：2009A）

列

（荊4·1-3）

罗列。（黄晓菲：2009，P110）

夷生口

（肆・3990）
很可能就是俘获的武陵蛮夷。（凌文超：2014B）

按：原简释文作"庆生口"。

夷　民

（壹・984；壹・1648）
1. 吴简所见"夷民"应与兵有关，至少也应是官府控制的一种特殊依附人口。据《吴书・陆逊附子抗传》透露的信息：所谓"夷民""夷兵"，有可能是孙吴地方官府或私人控制的一种少数民族"民兵"。正因为是少数民族"民兵"，所以既可以称为"夷民"，又可以称为"夷兵"。（王素：2004）

2. "夷民"，与东牌楼简应有承续关系。从简中反映的情况看，这些"夷民"显然有别于官府编户，应当视作孙吴初期仍然存在的一种土著族群。其性质与西晋户调式提到的"远夷不课田者输义米"，或许比较接近。（魏斌：2008）

3. "部伍夷民"的结果与"部伍山越"一样，即"强者为兵，羸者补户"，为兵者就是吴简中的"夷兵"，补户者就是吴简中的"夷民"，二者同源异流，不应混淆……从吴简涉及的军政事务来看，这里提到的"夷民"和"新夷兵"更可能来自长沙郡郡界以内……孙权时张承"出为长沙西部都尉，讨平山寇，得精兵万五千人"。张承在长沙西部所讨平的"山寇"，无疑与东汉桓帝时起兵反叛的"长沙蛮"有密切的关系。他的"讨平山寇"之举，其实正是吴简中的"部伍夷民"；他所获得的"精兵万五千人"，可能即是吴简中的"夷新兵"的来历。（罗新：2009B）

4. 对长沙地区越人等少数民族居民的统称，其具体历史背景是：孙吴政权在讨伐山越等少数民族时，实行了强者为兵（弱者为民）的政策，这也就是《三国志・吴志・陆逊传》中"遂部伍东三郡，强者为兵，羸者补

户,得精卒数万人"的真实体现。(何立民:2012,P118)

按:罗新不同意王素的说法,王素在《说"夷民"——读长沙走马楼三国吴简札记》一文中,非常敏锐地注意到这两条简文可能透露了重要的历史信息,并根据《三国志》相关记载,指出吴简的"夷民"一定与充当军士有关,与夷民相对应的应是夷兵,而夷民是官府控制的一种特殊依附人口。他还进一步推论,所谓夷民、夷兵,可能是孙吴地方官府或私人控制的一种少数民族"民兵",正因为是民"民兵",所以既可以称为"夷民"也可以称为"夷兵"……并且断言这类民兵"不可能是孙吴的正规军,有可能是孙吴地方官府或私人控制的一种少数民族"。这一理解恐怕并不准确,兵、民的差别在法律意义上是相当明显的。《周鲂传》所谓"并使潘浚发夷民",应理解为发夷民为夷兵。而《陆抗传》含混地说"夷民""夷兵",不是在严格意义上使用这些概念。(罗新:2009B)

邪

(叁·3069)
字通"耶",即"父"……这或许可以看成"邪""耶"称谓社会实用的最早文物证明。(王子今:2010)

按:陈顺成认为,"邪"不能确定是通"耶"表示"父亲"义的亲属称谓词语。(陈顺成:2012B)

师 士

(壹·2107)
其中"师"可能就是船师,即驾船的技术人员;"士"可能是士兵,具有护航作用。(熊曲:2011)

师　佐

（壹·5842；壹·5899）

1. 《文物》1999年第5期彩版二有一枚签牌，上书"兵曹"，下书"徙作部工师及妻子本事"。说明作部的"师佐"，是属于兵士类，有专门户籍、进行单独管理的，与民籍有极大的区别……因为不属民籍，所以其成员来源比较复杂，有临湘本地人，也有外县外郡人。（罗新：2000）

2. 就是签牌中所标明的"作部工师"。工师是总称，师和佐则是作部工匠们具体的称谓，这种称谓，类似现代的所谓职称，既与其资历、身份相关，也当与其技艺水平相吻合……隶属于作部的这些师佐，固然身份早有确定，与正户百姓既不同籍，管理也异。但是他们未必集中到作部居住，而是随着需要转徙无定。签牌上书"兵曹"，除了显示作部工匠转徙由兵曹监督执行，也许更深刻地揭示这一时期作部的军事化管理以及工匠身份的变化……佐显然处于辅助地位，与师的关系大概类似近代学徒之与师傅，在生产流程中，不能居于独立、主导的位置，既无资格，也无必要在生产品上勒名。（罗新：2005）

3. 一般而言，师佐系指有较高技术水平的工匠。（于振波：2006C）

4. "师""佐"的确切含义，还有待于进一步的研究，有的可以确定为工匠，有的可能是高级工匠，有的是工匠管理人员。无论其具体职掌如何，从其户籍控制及送交军中的记载来看，这类"师""佐"和孙策袭破皖城获得的"百工"性质同出一源的可能性相当之大。（臧知非、沈华、高婷婷：2007，P221）

5. 师、佐为手工业者及特殊行业工作者，分工细密，户籍虽亦落于原驻地，却常常被政府调动集中在一起工作……"佐"为"师"之副手……为提高效率或完成某项综合工程，政府当局常常从各地抽调各类工匠集中劳作，此时便形成"师佐名籍"。（李均明：2008C）

岁 伍

（贰·519；贰·619；贰·1105；贰·4550；贰·5318；贰·5502；贰·8888；叁·3185；叁·7028）

1. "岁伍""月伍"之"伍"当指役伍，服役时的一种组织形式。《三国志·吴书·顾雍传》："初，钱唐丁諝出于役伍，阳羡张秉生于庶民，乌程吴粲、云阳殷礼起乎微贱，邵皆拔而友之，为立声誉。""岁""月"指服役期限为一年及一个月，当源自汉代更赋，《后汉书·明帝纪》："又所发天水三千人，亦复是岁更赋。"注："更，谓戍卒更相代也。赋，谓雇更之钱也。《前书音义》曰：'更有三品：有卒更，有践更，有过更。古正卒无常，人皆当迭为之。有一月一更，是为卒更。贫者欲得雇更钱，次直者出钱雇之，月二千，是为践更。古者天下人皆当戍边三日，亦名为更。不可人人自行三日戍，当行者不可往即还，因住一岁，次直者出钱三百雇之，谓之过更。'"吴简所云"岁、月伍"之具体制度尚待进一步考证，但"岁伍"为一年一轮换或可定论。（李均明：2008B；2008C）

2. "岁伍"和"月伍"可能与文献之"更"有关："岁伍"系指戍边"一岁一更"者，戍边完毕、返回原籍后，仍以"岁伍"著籍……这些"岁伍"当为戍边完毕、返回原籍者。依常理"岁伍"还乡后，其身份亦应更改。此之所以登录如故，可能是孙吴政权为户籍管理之便，使这些退伍者有案可查，以备非常之需。而享有"领吏民"数十户之权则可能是朝廷对其勤苦戍边、有功于国之褒奖。（黎石生：2008）

3. 鉴于岁伍、月伍（不是伍本身）只是身份名称，以丘为单位设置，并由上级"领"，与池田说的"什伍之长"很相近。"岁""月"附加在"伍"前，是因为岁伍以年为单位，月伍以月为单位负责管理吏民。具有这种时限性，或许是与其本身并非常设有关。（阿部幸信：2011）

4. 吴简中出现的"岁伍""月伍"是新出现的丘的管理者，二者分工不同，"岁伍"主要管理丘中的民户，"月伍"则负责土地管理，并且有时还要负责代缴本丘居民的赋税。（沈刚：2011B；2013，P177）

5. 关于岁伍、月伍等称谓词的解读，仍应从徭役制度——特别是吏役制的角度加以考虑为妥。其中"岁""月"等语素，当如阿部（幸信）先生所述与时间有关，或者说与岁伍、月伍身份的人所服徭役的时限有关。是

否如黎（石生）氏所说与汉代的"更"役有关，仍缺乏关键证据。（何立民：2012，P174）

岁自垦食

（叁·7225）

因田家莂中的诸类田地可能就是陂田，笔者认为"岁自垦食"的陂田当为二年一垦，"岁"可理解为"年"，其意为：当年溏儿民在此陂田上垦食。（凌文超：2012B；2015D，P453）

刚师／刚佐

（壹·5955；壹·6609）

1. "刚师""刚佐"之"刚"即"钢"。汉晋时期，"钢"多写作"刚"。《文选》卷二五载晋刘琨重赠卢谌诗："何意百炼刚（钢），化为绕指揉。"《太平御览》卷六六五引陶弘景说："作刚（朴）是上虞谢平，凿镂装治是石（右）尚方师黄文庆，并是中国绝手……别有衡法刚（钢），公家自作百炼。"又《北齐书》卷四九《方伎·綦母怀文传》载綦母怀文造宿铁钢刀，亦写作"刚"："造宿铁刀，其法，烧生铁精以重柔铤，数宿则成刚。"因此，"刚师""刚佐"是从事炼钢的手工业者。（韩树峰：2004）

2. "钢""刚"同音同义。前引简牍中的"刚师""刚佐""乾锻师""乾锻佐"应该就是从事钢铁生产、钢铁工具和兵器生产的工匠，他们在师佐简中占有的数量最多，说明社会上对其产品的需求量相当大。（蒋福亚：2011D；2012B，P266）

廷

（长沙市文物工作队、长沙市文物考古研究所：1999，J22—2695）

为县属署专称，当时地方州、郡、县三级行政单位，其机构、首长大致均有专称。其中，县署专称"廷"。（王素：1999）

传 卒

（于振波：2004B 引文，编号 6 – 1843）

当属常备兵种，他们与州卒、郡卒和县卒等地方兵的区别，在于他们平时也处在战备状态，他们的户籍与普通的民籍不同，不归地方行政部门掌管。这些士卒被免除其他徭役乃至部分赋税，只服兵役，并在平时屯田积谷，这是符合三国时期的实际情况的。（于振波：2004B）

任 吏

（李恒全：2012 转引自胡平生：2000）

1. 是说有做吏的能力，但还不是吏。（李恒全：2012）
2. 具备为吏的必要技能、胜任吏职之意。（凌文超：2014A）

任 耕

（肆·1444）

任耕指经驯化能承担农耕所需。《晋书·张茂传》："杀牛有禁，买者不得辄屠，齿力疲老，又不任耕驾，是以无用之物收百姓利也。"史籍又常称之为"调习"，《晋书·食货志》："牛又皆当调习，动可驾用，皆今日之可全者也。"（李均明、宋少华：2007）

价 人

（壹·2299；壹·2300；壹·2323；壹·2470；贰·6953；贰·7108；贰·7328；叁·267；叁·489；叁·707；叁·727；叁·3187）

1. 此处的"价人"应当是"贾人"，也就是《三国志·吴书·吕蒙传》所说的吕蒙偷袭关羽时"使白衣摇橹，作商贾人服"之"商贾人"。（侯旭

东：2004B)

2. 由于官府从社会市场购买各种物资的频繁出现，因而引发了商业贸易中中介人物的产生，见于吴简中的"价人"，有可能就是这种中介人或者中介人的前身……基于这些特征，则"价人"的作用已经具有提供贸易资金的性质，即已经具有后世粮食行和钱庄的某些特征。（高敏：2006D）

3. 《周礼·地官司徒》《贾师》条说："贾师各掌其次之货贿之治，辨其物而均平之，展其成而奠其贾，然后令市。凡天患，禁贵卖者，使有恒贾，四时之珍异亦如之。凡国之卖买，各帅其属而嗣掌其月。凡师役会同亦如之。"我们怀疑上引简中的"价人"就是"贾师"的另一称谓，他们是市橼的副手，其主要职责是辨别商品的好坏，确定其价格，处理一些因价格而引起的纠纷，保持市场物价的平稳。（蒋福亚：2008C；2012B，P256）

4. "价人"一词暂未见诸文献。《说文新附·人部》："价，物直也。"《集韵·祃韵》："价，售值也。"因此，从字义角度分析，简文中的"价人"可能系指在商贸活动中为买卖双方商定"物直"或"售值"的调价之人，实即中介商。从商品交易的一般情况看，在集市里向小贩购买为数不多、价格不贵且系日常所用的非紧缺物品，买卖双方是用不着中介商的。中介商的存在往往是因为买卖双方交易物品的数量、种类较多，涉及的购买金额较大，需要有人居中调价，以便双方顺利成交的缘故。而中介商也必须具备相当的商业实力，才能堪司其职，否则其身份就不可能得到交易双方的认可和信任。（黎石生：2011）

5. "价"应为"贾"的后起字，"价人"即"贾人"……我们倾向于赞同蒋福亚先生的观点，吴简"价人李绶"之"价人"不应为商人，而应是调节市场、保持市场物价稳定的职官……我们推测"价人李绶"在调节市场物价时会产生一些米、钱，如管理市场所得的罚金等，就像今天的工商税务人员对一些违规商人的处罚所得罚金一样，这种罚金是要归官方所有，而非个人所有。这种价人在管理市场时所得的米、钱，在进入官方财务文书时，必须为之命一个名，吴简就有"职官+人名"来命名，称之为"价人李绶米""价人李绶钱"。（陈荣杰：2012，P98-99）

伙 处

（长沙市文物工作队、长沙市文物考古研究所：1999，无编号，彩版肆：1）

1. 伙处或指同居、共居。伙，读作合，伙处犹言合处。秦简《法律答问》："何谓同居？户为同居。"《汉书·惠帝纪》："今吏六百石以上父母妻子与同居……家唯给军赋，他无有所与。"师古曰："同居，谓父母、妻子之外若兄弟之子等见与同居业者，若今言同籍及同财也。"同居者因同籍同财，故又称同产。《史记·孝文本纪》："今犯法已论，而使毋罪之父母妻子同产坐之，及为收帑，朕甚不取。"《后汉书·安帝纪》："爵过公乘得移与子若同产、同产子……"揣测简文，其"父兄子弟伙处人名"，应指州吏的父兄子弟这些同居者之名，而非指另有同居者，故义与同居相合。（徐世虹：2001）

2. "伏处"亦成词，《庄子·在宥》有"故贤者伏处大山嵁岩之下，而万乘之君忧栗乎庙堂之上"；《北史·齐本纪上》载高欢语"生平天柱时，奴辈伏处分如鹰犬"。"伏"有"居住、居处"意。《左传》定公四年："寡君越在草莽，未获所伏。"杜预注："伏，犹处也。"此简"伏""处"同义连用，做名词，指居处，具体来说指父兄子弟的去向与下落。《汉书·张敞传》载"敞以耳目发起贼主名区处"，颜师古注云"区谓居止之所也"，"区处"与此简中的"伏处"意思相近。（侯旭东：2001A）

3. 尚未分家析产之人。（黎虎：2005B）

4. 尚未分家析产之人。（王素：2009A）

按：侯旭东释此为伏处，原释"伙"处，意不可解。"伙"字后起，不见于宋以前的字书，三国时更无此字，当误。细审图版，并联系上下文，似为"伏"字而脱去右上的一点。《文物》2000年5期封二刊出的甘肃敦煌悬泉置遗址出土的汉代帛书（T0114—3：611）五处出现了"伏地"，"伏"字右上的"点"均不明显，或是用横划略向上挑表示，或是"点"划紧贴在横划右侧。（侯旭东：2001A）

自垦食

(叁·7225)
已经被个人垦食。(沈刚:2009B)

行　钱

(壹·5359;壹·5379;贰·5880;贰·6916;贰·7226;贰·7254;叁·1620;叁·6751;叁·7435)

1. 行钱是指市面上流通的良莠不齐的货币。(于振波:2006B)

2. "具"有完备之意。具钱似指府库中储备的标准币(或法钱),而行钱似指市面上流通的货币。大概当时币制不稳,市面上流通的多为劣质、不足重的货币,所以有具钱与行钱之分。早在西汉时期就曾使用过这种办法,例如,汉文帝时,贾谊指出:"民用钱,郡县不同:或用轻钱,百加若干;或用重钱,平称不受。"注引应劭曰:"时钱重四铢,法钱百枚,当重一斤十六铢,轻则以钱足之若干枚,令满平也。"湖北江陵凤凰山168号汉墓曾出土汉文帝时期的称钱衡,杆上刻有文字,说明它是校量四铢钱用的。(于振波:2005A)

3. 作为词本是秦汉货币使用的一种专门术语,意为"合法的流通钱"。吴简中的"行钱"就是这种钱。行钱是有一定误差的实际使用的钱,它按实际个数计算,具钱一旦流通就成为行钱。(李明龙:2006,P34)

4. "具钱"是官府储藏的钱中,具有完备性、合法性的钱币;反之,价值稍贱的"行钱",则有可能是不具有完备性和合法性的钱币。再从"具"字的意义来说,它具有供置、备办、完备、器具和才能多种词义,把它和钱币结合起来考虑,"具钱"应当是比较完备的优质钱币,"行钱"则应当是不甚完备的劣质钱币。(高敏:2006D)

5. 吴简中的行钱指质次的流通之钱,具钱指形制完好、分量充足的钱。行钱使用主要与实物发生关系,或用在政府支出方面;具钱则是缴纳货币之征的各种货币,以及统计收入之用。而这有折算关系,但具钱的价值始终高于行钱。吴简中具钱行钱并行现象的出现是东汉中后期币制混乱所产生的后

果。(沈刚：2008；2013，P135)

6."行钱"作为词,见《汉书》卷十九："元鼎三年,鄣侯周仲居为太常,坐不收赤侧钱,收行钱论。"颜师古注："赤侧当废而不收,乃收见行之钱也。""见"通"现","见行之钱"即"现行之钱",也就是现行流通的钱币。此意与秦汉简正合。故"行钱"作为词,本是秦汉时期货币使用的一个专用术语,意为"合法的流通钱"。吴简中的"行钱"亦如此。"行钱"最初为"运行钱""流通钱"之意,是一个短语,逐渐凝固成复合词。(黄敏、李明龙：2012)

会

(肆·1763—1)

《史记·货殖列传》："节驵会。"裴骃集解引《汉书音义》曰："会,亦是侩也。"颜师古注"侩者,合会二家交易者也"。指的是买卖的居间人。不同行业应该有不同的买卖居间人。(熊曲：2013)

会 吏

(叁·3168)

"会吏"之"会",文献多有记载。如《史记·货殖列传》曰："节驵会,贪者三之,廉者五之。此亦比千乘之家,其大率也。"裴骃《集解》引《汉书音义》曰："会亦是侩也……谓估侩其余利比千乘之家。"同书《五宗世家》："而赵王擅权,使使即县为贾人榷会,入多于国经租税。"《索隐》曰："会,音侩,古外反。谓为贾人专权买卖之贾,侩以取利,若今之和市矣。"《后汉书·逸民传·逢蒙》曰："君公遭乱独不去,侩牛自隐。"李贤注曰："侩谓平会两家卖买之价。"段玉裁《说文解字注·驵》亦曰："会,俗作侩。"亦引上述《货殖列传》为例。又,许慎《说文·言部》中曰："计,会也,算也。"桂馥《义证》亦曰："'会也'者,读若侩,古外切。"据此,"会"通"侩",其义项有二：说合买卖双方的价钱、以促成交易的行为；与明清时"牙行"、现代的经纪人等相似,即从事说合双方价钱、以促成交易的居间人。吴简中的"会吏"也就是"侩吏",即在市场内说合价

钱、促成交易的居间人身份的吏，即吏役制度下担任此项事务的普通百姓的统称。(何立民：2012，P108)

按：侩不一定是吏役，在奴隶交易文书中出现，是贸易的中间人，何说恐误。

合

(壹·2128)
《孙子算经》卷上："十勺为一合。"(胡苏姝、赵国华：2008)

杂 禾

(肆·4348)
指各种名目的稻谷。(方高峰：2010)

杂 皮

(壹·8259；贰·8926；叁·335；叁·1190)
当为羊皮、鹿皮等各种动物之皮的总称。(陈荣杰：2012；P184)

杂 米

(壹·3155；壹·3169；贰·87；贰·115；贰·485；贰·889；贰·6920；贰·8905；叁·1351；叁·1549；叁·4375；叁·4402；叁·4564；叁·4586；叁·4599；叁·4708；叁·6738)

1. 所谓"杂米"，是以各种名目征收的米的总称。(于振波：2004B)
2. 杂米指多种米。(魏斌：2006)
3. 杂米，有两个义项。一是各种米的总称(壹·1780，壹·1831)。一是

除租、税、限米以外的其他米。(壹·2027,壹·3169)(李明龙:2006,P8)

4. "杂"字还可解释为:旧时称等外的小官为杂职,"正职以外"的意思。如清代九品未入流之类统称为佐杂。清严如熤《苗防备览要略·受降备兵略》:"分派我兵队中,听我将、弁、参、杂管领。"这样本文要阐述的"襍(杂)米"的意思就可能是次等米或者是指正税之外的杂税。而最能起佐证作用的解释是"杂"通"帀"。《广韵·合韵》:"杂,帀也。"《墨子·号令》:"守宫三杂,外环,隅为之楼。"孙诒让《间诂》:"此三杂犹三帀也。"《淮南子·诠言》:"以数杂之寿,忧天下之乱。"高诱注:"杂,帀也。从子至亥为一帀。"《说苑·修文》:"故圣人之与圣也,如矩之三杂,规之三杂。"因此可以认为吴简中的其他"襍(杂)米"简意思极可能是指正税之外的杂税。(孙东波:2011)

5. 杂米当为各种名目征收的米的总称,是"税米""租米""限米"等米类赋税名目的上位概念……吴简"杂米"有两个含义,一为泛指,指各种名目征收米的总称;一为特指,指不同于于"税米""租米""限米"之外的米的名称。(陈荣杰:2012,P145-146;2015)

6. 襍米。又隶定为"杂米",是常用的复音词。我们认为,吴简中的"襍米"当有两个义项:一、吏民缴纳各种"米"类实物的泛称;作为上位范畴,其下位范畴包括"税米""租米""余力租米""八亿钱米"等。二、政府机构收缴上来,储存于仓内,作为财政支出的重要物资。(何立民:2012,P109;147)

杂　钱

(贰·8214)

在月度统计中还有"杂钱"一项,我们认为它并不是一项单独的入钱种类,它只是各种临时税种或者横调的合称。(沈刚:2011E;2013,P74)

负　者

(壹·9586;贰·180;贰·2697)

1. 逋欠的当事人被称为负者。(陈明光:2009)

2. 作为名词的"负者"，其义项即承担实物或货币租税的普通百姓。（何立民：2012，P77）

衣食客

（貳·1842）

我们自然就会认为和佃耕者并列的客主要是"佣客"……衣食客的名称大概是从支给衣食而来的。即认为"衣食客"是主人给予衣食的雇佣者。（王素：2011A）

按：蒋福亚认为吴简中的衣食客就是《晋书·食货志》和《隋书·食货志》出现的衣食客：《晋书·食货志》载，在颁布占田令时，对各级官吏、宗室、国宾、先贤之后和士人子孙"荫"亲属及"衣食客"作出了规定："又得荫人为衣食客。……品第六已上得衣食客三人，第七第八品二人。第九品及举辇、禽、前驱、由基、强弩、司马、羽林郎、殿中冗从武贲、持钑冗从武贲、武骑一人。"《隋书·食货志》载东晋以来；"都下人多为诸王公贵人左右、佃客、典计、衣食客之类，皆无课役……其佃谷皆与大家量分……皆通在佃客数中……官第六品已上，并得衣食客三人。第七第八品二人。第九品及举辇、禽、前驱、由基、强弩、司马、羽林郎、殿中冗从武贲、殿中武贲、持武贲、持钑冗从武贲、命中武贲、武骑一人。客皆注家籍"。东晋的规定，显然是继承西晋而来，除佃客数外。衣食客并无什么变化，总的情况是具有荫客特权的范围相当宽广。两书《食货志》比较，《隋书》中有关"皆无课役""通在佃客数中""其佃谷与大家量分"和"客皆注家籍"为《晋书》所无，但未必占田令和荫客制中没有此类规定，因为"荫"字在这里就包含了免除赋役的意思。历朝历代对控制人户，确保赋税徭役都十分重视，这是国家机器得以运转的命根子。如何才能确保？那就是"皆注家籍"，用户籍将被荫者和普通民户区分开来。众所周知，律令在一般状况下都落后于现实，特别是在经济领域中。只有成为普遍的经济事实后，才可能进行大致的规定，所以《晋书·食货志》所载应是社会中早已成为普遍现象后才可能出现。简7754为此提供了例证。所谓"食客"（壹·7754），应是两书《食货志》中的衣食客，或者说是吴国此时的称谓。（蒋福亚：2006）

并闾民

（贰·803）
当是指居住于闾门附近的民户。（孙闻博：2011）

关　父

（肆·1924）
关父为服役于关门者。"父"皆通"夫"，《史记·项羽本纪》："项王至阴陵，迷失道，问一田父，田父绐曰'左'。"《晋书·潘岳传》："有邑老田父。"（李均明：2008B；2008C）

关邸阁

（壹·41；壹·220；壹·289）
1. 竹简记载赋税收藏，关邸阁一般均连称。但在其他场合，'关'与'邸阁'也常常分称。（王素、宋少华、罗新：1999）
2. 关邸阁并不位于关上，而是设于仓内，关派吏员来此管理邸阁，但是具体的收纳工作由仓吏来负责，粮米亦收置仓内，所以在接受格式中，是由仓吏接收，但必须注上关邸阁人员，以说明此一部分粮米归关邸阁使用，而仓自然可另外单独接收百姓交纳的粮米。关邸阁人员的级别可能要高于仓吏……临湘附近应有一"关"，其下设邸阁，由于其职责都是与仓的事务直接相关，从而推测关邸阁并不位于关上，而是设于仓内，且由于此地有两个仓即三州仓和州中仓，所以也就对应出现两个关邸阁系统。其功用可能与调拨及储存军粮有关。（刘聪：2001）
3. "关邸阁"之"关"通"管"，"管"本为"管钥"，引申为"管理"。《墨子·备城门》："五十步一方，方尚必为关龠守之。"孙诒让《间诂》："苏云：关龠即管钥。"《晋书·谢安传》："及中书令王坦之出为徐州刺史，诏（谢）安总关中书事。"如此则"关邸阁"即"管邸阁"。（黎石

生：2001A）

4. 关邸阁应具有征收、储藏、转运物资等多种功能。古文献中亦有之，如兴平二年（195）十月，孙策攻刘繇于牛渚营（在今安徽马鞍山市西南采石），"尽得邸阁粮谷、战具"。另外，修关邸阁似为收取集市商税之场所，如：赤乌八年（245）秋七月，孙权"遣校尉陈勋将屯田及作士三千人，凿句容中道，自小其至之阳西城，通会市，作邸阁"。至于税率多少，目前还不清楚。（罗威：2004）

5. "关邸阁"的"关"，是职掌经办的意思。（罗新：2004B）

6. 这里出现的"关邸阁"直接写在日期之后，后又有动词"付"，显然再将"关"视为动词难以说通，应将"关邸阁"视为一个机构。而盐米是先交纳到该处，然后再转运到仓。由此或可以推断，"盐"当初是储存在关邸阁内。邸阁被认为是军用仓库，而孙吴又是以军官管理盐政，盐作为一种战略物资生产并转运到各地后存放在邸阁中也就很自然了。（侯旭东：2004B）

7. 从交纳系统上看，当时临湘县邸阁的设置存在两个系统，其一是三州仓下设一关邸阁，负责人为董基，并受三州仓管理；其二是州中仓也下设一关邸阁，负责人为李嵩，受州中仓管理。两个邸阁可能分别设于临湘某个"关"之上，依"关"而设……从前面所引材料，常是"三州仓关邸阁董基"及"州中仓关邸阁李嵩"连称以及缴纳租税程序看，推测可能三州仓关邸阁是设于三州仓管辖收受吏民租税的丘范围之内。州中仓关邸阁是设于州中仓管辖收受吏民租税的丘范围之内，只是各自关邸阁设置地点均距离各自的被管辖仓较远，即"关"之所在地，这样设置，与县仓的分置可能是出于同一目的，即便于较远丘的吏民交纳租税，最后再经关邸阁转运至各自的被管辖仓，这样逐层转运吏民租税于州中仓，即临湘县的正仓……至于吴简中的关邸阁，限于材料，仅知是便于征收吏民的租税，具有征收、储藏及转运的功能，是否有军用或其他功能，尚需新材料补充。（何佳：2004）

8. 关邸阁可能设在关卡附近，方便出入关卡的百姓缴纳租税，或者说方便对出入关卡的百姓征收租税，它可能规模较小，只是临时的仓储机构和设施，不是正式的、大型的仓……关邸阁具有转运仓的性质。（胡平生：2005A）

9. 关邸阁缩略为"邸阁"。（李明龙：2006，P22）

10. "关"应通"官"，应释为"主管"……因此，"关邸阁"本应是"官邸阁"，是主管邸阁事务的仓长。（湛玉书：2006）

11. "关"的确应通"官",但并不是与仓吏平级的管理仓库的一般官员,而是仓库的主管官员。关邸阁疑本"官邸阁",是主管邸阁事务的仓长。关邸阁之"关"通"官",是主管之意。(李明龙:2006,P56-57)

12. 笔者赞成王素先生将"关"解释为动词,"通知""关白"之意……因此,笔者认为"关邸阁李嵩""关邸阁郭据"中的"邸阁"应是"邸阁左、右中郎"的缩写或简写,而不是邸阁机构的另外一种职官……邸阁这一机构应该有两个——州中邸阁和三州邸阁……州中邸阁左郎中接受督军粮都尉所移右节度府调配军粮的文书,具体负责军粮的调出。粮食收入时,也首先通知邸阁官员,而后付(三州、州中)仓吏某某受。另外,《水经注》卷三九《赣水条》:"赣水又历钧邸阁下,度支校尉治。"是曹魏的度支校尉治邸阁。孙吴的节度系统参照曹魏的度支系统建立,也可为孙吴的邸阁处于节度系统下当一旁证……综合考虑节度府的设置和职责("掌军粮谷,文书繁猥")、邸阁在文献记载中的功用(储存军粮)、竹简中邸阁官员的角色(具体负责军粮的调配),笔者初步认为孙吴在战时,节度系统为"(左、右节度府)—督军粮都尉—州中邸阁左、右郎中—三州邸阁郎中"。(戴卫红:2010A)

13. 关于关邸阁的"关",我们已参考关尾史郎、伊藤敏雄二先生的见解,认为不是"关隘"之"关",而是"关白"或"关于"之"关"……邸阁既没有收入粮食,也没有付出粮食,不像一个中介机构,更像一个监督机构。而作为一个监督机构,是可以设在仓内的……邸阁理解为职衔说,最有道理。(王素、汪力工:2009)

14. 邸阁是官名,因为"邸阁"没介入仓吏和"右仓曹"之间的文书行政,说明它并非属于仓的机构。又从简壹·6522可知,三州仓的谷物簿也由仓吏来制作,不由"邸阁"来制作。由此看来,"邸阁"可能是在仓的机构(仓曹——各个仓)外部监督粮谷物流的官。(谷口建速:2010)

15. 按"邸阁董基"应是邸阁吏或邸阁郎中董基的省写,《竹简·贰》简859:"……付邸阁吏董基、仓吏郑黑。"未刊但已知释文的《吴简·柒》中更有左、右郎中。关邸阁的"关"应是动词,由也,经由之意。《汉书·董仲舒传》:"太学士,贤士之所关也。"师古曰:"关,由也。"走马楼简中另见"关主记某""关丞某""关经用曹史某"等,即经由主记、丞、经用曹史如何如何处理之谓。邸阁乃储存物资之处无疑,将"关邸阁"当作一词,欠妥。据少许尚待正式刊布的资料,三州仓和州中仓各有邸阁,邸阁有吏名左、右郎中,而董基、李嵩即为郎中。(邢义田:2012)

16. 它指的是直接接受民众租税的机构，一般是"关邸阁"支付给某仓吏。（朱德贵、刘威威：2013）

关　言

（肆·4523－1）

向上级汇报、禀白之意，如《晋书·武帝纪》载："诏曰：凡关言人主，人臣所至难。"（凌文超：2014C）

州中仓

（壹·1428；壹·1581）

1. 三州仓不是转运仓，三州仓、州中仓就简牍部分的关联内容可以认为具有县仓的机能。比起三州仓，州中仓的规模要大，因位于最终消费地附近，在州中仓不足的情况下，要从三州仓进行转运。（伊藤敏雄：2005）

2. 州中仓很可能是郡一级的仓，相应的三州仓则为县级的仓。（侯旭东：2006B）

州　吏

（壹·1439；壹·5452；壹·10367；贰·1552；贰·1714；贰·2674；贰·4443；贰·6886；叁·6254；肆·656）

1. 是供职于州政府的官吏，享有减税待遇。（李均明：2008C）

2. 州吏当是指在州中供职的吏员。《三国志·吴志·太史慈传》："诣公车门，见州吏始欲求通。"《三国志·魏志·武帝纪》："信乃与州吏万潜等至东郡迎太祖领兖州牧。"（陈荣杰：2012，P74）

3. 州吏或在本地服役，或至外地；在本地服役的州吏，皆不在本乡。州吏可以租佃土地，根据土地性质、年份之不同，缴纳不同标准的米、钱、布；钱、布缴纳困难时，皆可以折米纳入。州吏平时需要处理的事务包括：缴纳米、布、钱，经办某地租税纳入业务，"出钱"以备官府支用，等等。

这些州吏，皆有记录个人及家庭情况的户籍材料；同时，各乡劝农掾定期核查州吏服役情况、州吏家人情况，并制作簿书呈送上级，以备查考。（何立民：2012，P170）

按：韩树峰认为"真吏"与"给吏"有着本质区别，前者就是人们所习称的"吏"，他们在服役年龄及赋税负担方面，都不属于一般百姓。吴简中的"州吏""郡吏""县吏"都属于"吏"的范畴，他们只是"真吏"这一概括性称呼的具体化。（韩树峰：2006A）

高敏认为州吏与郡县相比，有其特殊的一面，但在嘉禾四年、五年之间发生了一些变化：可以肯定"县吏"除租佃官府土地和按规定纳税之外，还有承担职役的义务。然而查遍所有券书，却不见任何一个"州吏"在租佃土地之外再承担"仓吏""库吏"等职役者。这是"州吏"不同于"县吏"之一……其次，"州吏"所租佃的国有土地叫作"租田"，其缴纳的米叫"租米"，而不叫"税米"，这是从四年田家莂中反映出来的另一个明显特征……其三，"州吏"所租佃的土地，凡是"二年常限"田中的熟田，都按每亩收米五斗八升六合缴纳租米，而不按其他租佃者每亩收米一斛二斗征收……其四，"州吏"所租佃之"余力田"一律按每亩收米四斗五升六合缴纳。（嘉禾五年发生了一些变化）"州吏"只纳"租米"而不纳"税米"的四年之制已发生了变化；"租田"与"税田"、"租米"与"税米"之分也不甚严格了。至少可以说嘉禾五年的"州吏"是"租田"与"佃田"之名并存，因而也是"租米"与"税米"之称同在……嘉禾四年"州吏"所佃之田，凡属于"二年常限"田中的熟田（即定收田）都按每亩四斗五升六合征收租米，但在五年有关"州吏"的券书中，其二年常限田中的熟田，都变成了亩收米一斛二斗，与"男子""大女""郡吏""县吏""军吏"纳税标准一致化了……在嘉禾四年"州吏"租田可以超过40亩的做法，到嘉禾五年有关"州吏"券书中变生了变化，变成了"州吏"租田不得超过40亩……发生了租田无定额到有定额的变化，其目的也在限制对州吏的优惠程度……五年田家莂中有关"州吏"的券书，无一户有"余力田"者，这同四年"州吏"拥有余力田者不少的情况也有不同。（高敏：2000D；2001A）

州吏田

（壹·1439；叁·6254）

1. 当是指政府分配给州吏耕种的租田、税田和限田的合称。（陈荣杰：2012，P74）

2. 《竹简》中往往将耕种者的身份作为土地的名称。州吏耕种的叫"州吏田"。（蒋福亚：2012B，P90）

州 卒

（贰·1822；贰·2110；肆·294；肆·658）

州卒为服役于州级机构的士卒。（李均明：2008B；2008C）

池贾米

（壹·2148；壹·2345；壹·2356）

1. 在当时市场极不发达的条件下，物物交换所占比重很大，米在一定程度上代替钱成为通货……池贾米应当就是卖湖池所出所得之米……池贾米之贾，即后来的价格之价。以等值的鱼产所交换得来的米称为池贾米。（罗新：2004A）

2. 这里"贾"的含义之一是"价钱"和"价格"，夹在池、盐、酱、䱙、种粮之类名称之间，是标明这类赋税或物品原来需要多少钱或值多少钱，现在可以折成多少米，与前引的"准入米""准米"的意思一样。（蒋福亚：2011B）

军 吏

（壹·3202；壹·10306；贰·627；贰·1086；贰·1723；贰·2397；叁·464；肆·2551）

1. 见于嘉禾四年、五年吏民田家莂中的"军吏"，应当是从汉代的"军假吏"演变而来的，其发展就应是刘宋时期的"大田武吏"。因此，嘉禾年间吏民田家莂中的"军吏"，恰是这个"军吏"演变链条中的一个环节……军吏有如下特征：首先，所有"军吏"，都是官府土地的租佃者，也是按租佃土地数量而承担赋税者。这说明他们是经济上的被剥削者。其次，佃田种类、税额与一般"男子"与"大女"之租佃土地相同，也与"郡吏""县吏"相同。其三，承担军役恐怕是不可避免的。（高敏：2001A）

2. "军吏"等当是地方兵，平时在家务农，户籍也在居住地所处的乡里……从长沙走马楼吴简我们可以看到，这些"军吏"来自编户齐民……"军吏"在吴简中的六种"吏民"中，其待遇、地位等同或略高于普通农民和"卒"，而低于"士""复民"和"吏"。"军吏"在孙吴时期的社会地位是不高的，其主要成分当为军中的下级吏员。这与文献所反映的"军吏"状况大体相符……魏晋南北朝时期的"军吏"，广义而言包括军事系统和部门的中下级军官和吏员，狭义而言则主要指军事系统和部门的下层吏员，吴简中的"军吏"就是这样的下层吏员。（黎虎：2005A）

3. 是供职于军事部门的官吏。《后汉书·光武帝纪》："初王莽征天下能为兵法者六十三家数百人，并以为军吏。选练武卫，招募猛士，旌旗辎重，千里不绝。"《三国志·吴书·张温传》："其居位贪鄙，志节污卑者，皆以为军吏，置营府以处之。"（李均明：2008C）

4. 军官。（李均明：2008B）

5. 军吏作为吏役制下的一员，军吏多租佃官田中名为二年常限田、余力田的土地，按照规定缴纳钱米布等租税；服兵役的同时，还经办限米等纳入事务；可能有独立户籍，地位略低于普通编户齐民。（何立民：2012，P117）

按：黎虎认为吴简中各种吏称之间的关系是，"州郡县吏""军吏"等乃指其身份或职务，"真吏"则是指其任用性质，即真除实授还是非真除实授。其相互关系层级大体可作如下表述："吏"（总称）——"州郡县吏""军吏"（具体职务）——"真吏"、非"真吏"（任用性质）。（黎虎：2009）

吴简中的军吏要服各种吏役，与各种特殊人口身份相似，因此是否和文献中的军吏相同，很难遽然肯定。

收 责

（壹·4397；壹·4398；壹·4417；壹·4448）

1. 征收索要。"收责"一词于《睡虎地秦简·金布律》："百姓叚（假）公器及有责（债）未赏（偿），其日蹙以收责之，而弗收责，其人死亡……"在这里，"收责"之"责"应为动词，意为"索要（债务）"。"收""责"也是并列连文。（李明龙：2006，P67）

2. 收责，即督促征收之意。（魏斌：2011）

3. 文献习见。如《汉书·元帝纪》曰："其赦天下，所贷贫民勿收责。"又，文献习见"责"字。如《左传·成公二年》有"乃大户、已责"之文，杜预注曰："弃逋责也。"杨伯峻先生注曰："已，止也。责，同债。免除人民对国家之拖欠。"竹添进一郎（光鸿）则曰："责，去声，与债同。"《汉书·食货志》曰："有者半贾而卖，亡者取倍称之息，于是有卖田宅，鬻子孙以偿责者矣。"据此，"责"即"债"，二者为古今字，"收责"即追讨、收取所欠债务之义。（何立民：2012，P55）

4. 收责，讨回欠债。（凌文超：2014B）

收 领

（叁·3514）

即领取。《魏书·李崇传》："崇在官和厚，明于决断，受纳辞讼，必理在可推，始为下笔，不徒尔收领也。"（何立民：2012，P55）

如 掾

(肆·4850－1)

"如",往、去之义。"掾",东汉、三国时期多为职名,为部门的主管者。而这里应作动词解,此种用法在汉简中多见,如张家山汉简《奏谳书》"淮阳守行县掾新郪狱","掾"当作办理、处理解。(凌文超：2014A)

按：原简释文作"如期会掾"。

丞 掾

(壹·6935；壹·9782；肆·3564；肆·3703)

当为一种官职,从字面意思来看,丞掾可能即丞之掾。（王振华：2015）

七　画

麦　租

（壹·2098；贰·7474）

当即征之于土地所有者或租佃国有土地人员的一种实物租税，这种租税与"米"有固定的 2∶1 的折算关系，说明孙吴早期长沙地区种植麦类作物较少，产量亦低，与稻米相比仅处补充地位。（何立民：2012，P124）

麦准米

（壹·2041；壹·2238；壹·2252；贰·7496；贰·7585；叁·1553；叁·1678）

1. 当是将麦租折合为米进行缴纳。据简贰·7474 知：每 2 斛麦折合为 1 斛米。（陈荣杰：2012，P135）
2. 通过缴纳一定数量的米来替代所需缴纳的麦子，其比例一斛米折合二斛麦子。（李文涛：2012）

运　者

（叁·4469）

是承担转运物资事务的普通百姓（"船师"亦包括在内），这些"运者"多为雇佣而来，转运货物时，需要支付佣资；转运物资过程中，如出现米粟损耗，则需要缴纳"折咸米"等。综上所述，所谓"运者"体现了

某种身份或专门承担转运事务某类人的特点。(何立民：2012，P77)

运　诣

(叁·1323)

前往、到达。《史记·孝文本纪》："乃命宋昌参乘，张武等六人乘传诣长安。"运诣即"运抵""运达"之义。(何立民：2012，P58)

折咸米

(壹·2263；壹·2264；壹·9566；贰·6960；叁·3710；叁·4704)

1. 今疑"咸"当即"减"之民间俗字。汉时"咸""减"往往通用……"折减"，在汉代曾经是习用语……"折咸米"解释为与储粮损耗有关的纳米名目……走马楼简所见"折咸米"，已经发表的两例，均为"入吏（或吏某）所备船师某某年折咸米"。可知在"船师"经管过程前后会发生"折咸"现象，而"吏"预先有所"备"，是为了保证米的总数额不致亏减。(王子今：2001A)

2. 这种折咸米多标有年号，如建安廿六年折咸米，黄龙元年折咸米等，似乎表明是一年核算征收一次。(侯旭东：2006B)

3. 作为实物租税的一种，"折咸米"的纳税主体是船师，由固定某人经办入库，由仓吏等保管；如需动支，则仓吏需要提前准备以便使用。这种租税产生的原因，当然与米的损耗有关；船师在运输各种实物租税的过程中，极易产生这种损耗；如何减少损耗，使运输、支用的各类米尽量数目如一，就产生了这种租税项目。(何立民：2012，P107)

枛

(壹·8330，壹·8336，壹·8353，壹·8487，壹·8579，壹·8600，壹·8668，壹·8709，壹·8770，壹·8822)

1. 枛，《集韵·凡韵》："枛，木名。俗呼此木皮曰'水桴'。"《字汇·

木部》:"朳,柴皮,俗呼为'水桴木'。"似乎"朳皮"作"木皮"解亦确有实用价值。然而简文"入都乡皮五,其四枚朳皮,一枚鹿皮",可知"朳皮"无疑是兽皮。"朳皮"有可能是"麂皮"的简写形式。整理组曾经将释文写作"朳(麂)皮",应当就是这样考虑的。(王子今:2004B)

2. "朳",由于"朳"字等于"机"字而其音与"麂"字音相同,所以"朳"字就意味着"麂"的意思。(中村威也:2006)

求 哀

(柒·4088)
即哀求、哀告之义。(何立民:2012,P52)

更

(壹·3939;壹·9786)

1. 是指汉代一月为更的更徭。(张荣强:2004B)

2. "更"的意思只可能是"更"赋。汉代有征收"更赋",每人每年三百钱的制度,这是史有明确记载的。因此,这条简文似乎可以理解为孙吴也实行了"更赋"征收之制,也同样是每人每年纳更赋三百钱。由此,更可看出孙吴政权至少在孙权统治时期没有急于改变汉制的做法,不仅表现在仍行汉代口钱、算赋制度方面,而且还表现在仍在实行汉代的"更赋"制度方面。(高敏:2006A)

3. 是秦汉时代轮流更替的徭役和兵役。《汉书·昭帝纪》:"三年以前,逋更赋未入者,皆勿收。"如淳曰:"更有三品,有卒更,有践更,有过更。古者正卒无常人,皆当迭为之,一月一更,是为卒更也。"如据此,"更"似乎更趋向于动词的词性,但"筭一"与"更一"的并列结构,更又有作为量词的可能。(何丽敏:2006;刘芳池、何丽敏:2010)

更 人 收 钱

（壹·9786）

应指更赋。（凌文超：2011B；2015D，P147）

医 师

（贰·2115）

医，医师，从医者，《汉书·高帝纪》："高祖击布时，为流矢所中，行道病。病甚，吕后迎良医。医入见，高祖问医。医曰：'病可治。'"《三国志·吴书·朱桓传》："使子异摄领部曲，令医视护。数月，复遣还中州。"称"医"者有许多属在编官吏，如《后汉书·安帝纪》："遣光禄大夫将太医循行疾病，赐棺木，除田租、口赋。"注引《汉官仪》："太医令一人，秩六百石。"《后汉书·礼仪下》："不豫，太医令丞将医入，就进所宜药。"《三国志·吴书·顾雍传》："雍为相十九年，年七十六，赤乌六年卒。初疾微时，权令医赵泉视之，拜其少子济为骑都尉。"（李均明：2008C）

还 民

（壹·1552；壹·1745；壹·3196）

1. "还民"除了指返乡的流民而外，大概还应包括为逃避战乱而从北方南下的移民，以及东吴通过战争掠夺的北方人口，据史书记载，这类民户的数量是非常大的。（于振波：2004B）

2. 民户一旦离开其籍属所在，脱籍而去，便被国家剥夺了原有的作为自耕农的国家正户的身份和地位，除叛逃别国一途外，逃往他乡而被检举揭发则成为"私学"，返回本土则成为"还民"。（黎石生：2005）

3. 即逃亡后复归之民。（魏斌：2006）

4. "还民"是指脱籍后重新占籍贯之民，成了专有名词……在三国中，吴国赋役之繁重堪称冠首……当逃亡百姓被检括回来后，勒令屯田和缴纳限米大概还是较轻的惩处……还民有三种，一种叫"步侯还民"，步骘曾受封临湘侯，县侯有衣食租税的权益，他们应该是步骘的封户。一种叫"还民"，他们并非步骘的封户，而是属临湘掌控的户口。一种叫"新还民"，和步骘的封户一样，原先都应是临湘侯的"正户"。（蒋福亚：2012B，P206）

5. 是固定的概念性名词，其与部曲可以并存，二者不能相提并论。他们举家为役。（王素：2015）

还宫

（贰·178）

此处"还宫"似即"还官"，即归还给官府之义。（何立民：2012，P55）

尫（尩）羸

（贰·1705；贰·2036）
1. "尫羸"是体质羸弱。（张荣强：2004C）
2. 尫羸，习语，即瘦弱。竹简中"尫羸老钝（顿）"泛指老弱病残等名色。尫，或作"尩"、"尪"，本字作"尣（尢）"。《说文》："尢，也，曲胫也。从大，象偏曲之形。"原为跛足之意，后其含义扩大，凡骨骼弯曲之病症皆可称"尫"。"伛"即"尫"疾之一种，故字书有直接训"尫"为"伛"者，以表示脊椎弯曲。但二字在表示"脊椎弯曲"意时仍有明显区别。前文述及"伛"为"驼背"，即脊椎向胸前弯曲，而"尫"的情况却与之相反，典籍中多用以表示脊椎向背部弯曲。（杨小亮：2007）
3. "羸"是指体弱多病，"尫"是指骨骼弯曲直不起来，两字连在一起是体弱多病。（蒋福亚：2012B，P220）
4. "尫"指胸、颈、背等处骨骼的弯曲症，亦指有这种残疾的人。《礼记·檀弓下》："岁旱，穆公召县子而问然，曰：'天久不雨，吾欲暴尫而奚若？'"郑玄注："尫者面乡天，觊天哀而雨之。"《吕氏春秋·尽数》："辛水所多疽与痤人，苦水所多尫与伛人。"高诱注："尫，突胸仰向疾也。"

"羸"有衰病、瘦弱义。《国语·鲁语上》:"饥谨荐降,民羸几卒。"韦昭注:"羸,病也。"《汉书·邹阳传》:"今夫天下布衣穷居之士,身在贫羸。"颜师古注:"衣食不充,故羸瘦也。"尪羸为同义复合词,指肢体有骨骼弯曲或其他病症以及残疾者,吴简中这种身份者可免役。(陈顺成:2012A)

5. 关于"尪"字,《龙龛手鉴·上声·尢部第卅五》曰:"尪,乌光反,弱也,羸也。"尪"或作"尢"、"尣"。《宋本玉篇·尢部》载有"尢,乌光切,跛曲胫也,又偻也,短小也。俗作尣";又指出,"尪,同上"。《钜宋广韵·下平声·唐第十一》曰:"尪,尪弱,《说文》同上。"则有"尪弱"连用之词。又曰:"尢,曲胫,俗作尣。""尪"又作"尫""尩"等,本为胸、胫、背等处骨骼弯曲之症。引申为弱小、羸弱。据此,"尪羸"义项为弱小、瘦弱、羸弱。(何立民:2012,P28)

按:《竹简》中多写作"尪",少数写作"尫",如叁·2012。

尫(尪)羸民限米

(叁·1916;叁·2042)

吴简"尪羸民"当为瘦弱、孱弱之民,"尪羸民限米"是指体弱之民所缴纳的限米。据前面讨论女户的有关情况,我们推测"尪羸民限米"为政府对某一部分弱势群体的特殊关照而缴纳的米,特标以"尪羸"二字。(陈荣杰:2012,P125)

尫(尪)羸老顿贫穷女户

(贰·1705;贰·2307)

尪,通"尢",亦写作"尫",畸形屈曲,《说文》:"尢,曲胫也。从大,象偏曲之形。古文从。"段玉裁注:"尢者,古文象形字,尣者,小篆形声字。"《晋书·山涛传》:"淳字子玄,不仕,允字叔真,奉车都尉。并少尢病,形甚短小,而聪敏过人。武帝闻而欲见之,涛不敢辞,以问于允。允自以尢陋,不肯行。涛以为胜己,乃表曰:'臣二子尢病,宜绝人事,不敢受诏.'"羸,瘦弱,《说文》:"羸,瘦也。"朱骏声《通训定声》:"本训当为瘦羊,转而言人耳。"《后汉书·和殇帝纪》:"市道小民,但且申明宪纲,勿因科令,加虐羸弱。"顿,不颖悟,今言糊涂,《汉书·翟方进传》:"方进年十二三,失父孤学,给事太守府为小史,号迟顿不及事,数为掾史所詈辱。"师古注:"顿,读曰钝。""女户"泛指以女性为户主者……残疾老弱女户为弱势群体,历代皆优抚之,《汉书·宣帝纪》:神爵元年三月,"赐天下勤事吏爵二级,民一级,女子百户牛酒,鳏寡孤独高年帛"。《后汉书·光武帝纪》:"其命郡国有谷者,给禀高年、鳏、寡、孤、独及笃癃,无家属贫不能自存者,如律。"《三国志·魏书·刘馥传》:"封符指期,无流连之吏。鳏寡孤独,蒙禀振之实。"吴国当亦实行相应政策,故立此户类,以便落实。(李均明:2008C)

连年杂米

(壹·3155;壹·3169)

连年杂米,杂米指多种米。简 J22—2499 是一个仓吏所受杂米总账,就包括税米、私学限米、租米、佃吏限米、田亩布米、备钱米、田亩钱米、金民限米等多种入米。"连年"则很可能是"连续数年"之意。(魏斌:2006)

步 侯

(壹·1532)
步侯指时封临湘侯的孙吴名将步骘。(黎石生:2005)

步侯还民

(王素、宋少华、罗新:1999,5—1532;5—1556)

1."步侯还民"强调的是"还民"的现籍所属,即这些"还民"籍属步侯的临湘侯国。至于这些"还民"的来源,除孟(彦弘)先生提到的"原本是归步侯所领者"之外,还应该有其他成分。其一,有的"步侯还民"原籍可能在临湘侯国周边地区……其二，有的"步侯还民"可能是步骘非法占有的……这些"步侯还民"应与临湘侯步骘存在某种人身依附关系，甚或就是步骘的依附人口。（黎石生：2005）

2. "步侯"，其实都应当释为"步兵"，因此与步骘无关；"还民"指恢复民籍，如果是军人，"还民"就是"复员"，即"恢复平民身份"；其他各种身份的人恢复平民身份，也可以叫做"还民"……走马楼吴简中的"步兵还民"都是指陆军兵士复员回乡，他们交纳限米的标准大概有一定优惠。（胡平生：2008）

3. "步侯还民"，步骘曾受封临湘侯，县侯有衣食租税的权益，他们应该是步骘的封户。（蒋福亚：2012B，P206）

按：王素先生认为步兵还民不能连读。这是因为：（1）"步兵"与"还民"是两种依附身份，在此绝对不能并存，即在"步兵"与"还民"间打一顿号，但一枚竹简记两种依附身份缴纳限米，且仅一斛有余，长沙吴简尚无其例。一种是隶属关系，即"步兵"与"还民"连读，"还民"隶属于"步兵"，但这就如同奴隶下面有仆从，仆从隶属于奴隶一样，简直无法想象。（2）并非所有的"侯"都可以改为"兵"。长沙吴简中，除了"步侯"，还有"临湘侯""临湘侯相"（包括单称"侯相"），其"侯"字的写法都是一样的。（王素：2006）

步侯还民限米

（壹·1556；壹·1564；叁·905；叁·1876；叁·1991；叁·6175）

1. 步侯，无疑指步骘。《吴志·潘濬传》注引《吴书》云："骠骑将军步骘屯沤口，求召募诸郡以增兵。"大概步骘在沤口征召士兵过多，粮食不足，曾向当地居民商借不少限米，以至离开沤口四年，尚未将限米还完。其时，步骘不在长沙，主持还民限米事务的还是临湘侯国。（王素、宋少华、罗新：1999）

2. 步侯还民限米是指隶属步侯步骘管辖的还民所缴纳的限米。（陈荣杰：2012，P117）

旱不收

（葤4·163）
指旱荒没有收成。（路方鸽：2014）

旱　田

（葤4·44；葤4·69；葤4·70；葤5·28）

1. 旱田在简文中有时写成"旱亩""旱""悉旱""旱败不收""旱不收"和"旱田亩"，意思是没有收成或收成甚少。（蒋福亚：2001A）

2. 租佃土地按质量好坏分为两类：一类是熟田，一类是旱田。二者质量不同，收租标准亦异：旱田不收米，每亩收布六寸六分、钱三十七文；熟田每亩收米一斛一斗、布二尺、钱七十一文，这是嘉禾四年简牍的统一制度。嘉禾五年较四年租额稍异，旱田不收钱，其余相同。（臧知非：2002）

3. "熟田"之外的低产田，而不是"当年受旱"或者是"种植旱地作物"之田。（臧知非：2003）

4. 此处的"旱田"本作暵田或燥田，是相对于稻田而言的，也就是与水田相对举的陆田。司马芝在曹魏明帝作大司农时，上奏称："夫农民之事田，自正月耕种，耘锄条桑，耕燥种麦，获刈筑场，十月乃毕。"傅玄在晋武帝泰始时上便宜五事，其一曰："耕夫务多种而耕暵不熟，徒丧功力而无收。"司马芝、傅玄所说的都是曹魏和西晋初年所控制的北方地区的情形。《说文解字·日部》："暵，旱也。耕暴田曰暵。"段玉裁注："暴田曰暵，因之耕暴田曰暵。"并引《齐民要术·耕论》为证。暵、燥二字属"字有分见而实同者"。所谓"耕燥"或"耕暵"，都是指旱地种植。而司马芝"耕燥种麦"，更是明确将"耕燥"与"种麦"联系在一起，用以说明其所指旱地种植物是小麦……这种将田地分作陆田与水田的办法，至唐犹然……旱田收成也比稻田要差许多，但与遭受旱灾之田还是有本质区别——为了给屯田民以优惠，于是就将暵（燥）田地当作遭受旱灾之田来对待。（孟彦弘：2004B）

5. 据《嘉禾吏民田家葤》资料，嘉禾四年"旱田"免收租税米，减收租税布钱；嘉禾五年"旱田"免收租税米钱，可知旱田是遭受旱灾，没有收成或很少收成的农田。（中国简牍集成编辑委员会：2005，P495）

6. 旱田，也称"旱败"田。以当时之制，凡佃田者都要向官府交纳税米和布、钱。旱田或旱败田大约因收成差而可以免缴税米，布、钱则可以酌减……旱败田和熟田是相对立的，熟田既然是指经过深耕细作的田，旱败田就是指耕作粗放的田……旱败田并非天生贫瘠的土地，故经过用心耕作也可变为熟田。（吴荣曾：2005）

7. 是当时租种土地和征缴田租时的专门统计用语……"旱田"是统一标准的低产田。也就是说，当时吴国政府出租土地时，无论是种植桑麻等旱作物或者是刚刚开垦的低产田，还是种植水稻的水田或者是久已垦耕的高产田，无论其产量高低，均按"熟田""旱田"两等标准收租。（臧知非、沈华、高婷婷：2007，P271—272）

8. "旱田"是指歉收或颗粒不收的田地。（蒋福亚：2007A）

9. 江南地区为传统水田农作区，与"旱田"相对的是"水田"，即缺水的地为旱田，有水灌溉之地为水田；与"熟田"相对的是"生田"，初开之地曰生田，或荒田，已耕之地曰熟田。据此可得，有水灌溉的为熟田。由此可见，在北方，"旱田"和"熟田"相对；而南方，则"旱田"与"水田"相对，"熟田"与"生田"相对。（张灿辉：2011）

10. 《田家莂》中对"旱田""熟田"的界定其政治因素应大于自然因素，即统治者的人为因素大于自然因素，亦即统治者人为规定"旱田""熟田"的因素大于田地本身的土质、地力之客观因素。土质、地力等自然因素只是统治者规定"旱田""熟田"附带参考，故不能从字面上去解释"旱田""熟田"，亦即不能单纯从土质、地力角度去解释"旱田""熟田"。旱田是指统治者根据所谓土质、地力而行政规定的低产田，"熟田"是统治者根据所谓土质、地力而行政规定的高产田。（陈荣杰：2012，P58；2013）

11. "旱田"指歉收或无收成的田，有的简写成"旱""悉旱""旱败""旱败不收""旱田亩"等。但目前关于旱熟的标准不清楚，有可能指颗粒不收，也可能指歉收。估计当时应该是有标准的，目前尚未发现而已。（蒋福亚：2012B，P8）

按：臧知非认为熟田和旱田是由政府人为规定的，当时吴国政府出租土地时，无论是种植桑麻等旱作物的"旱田"、还是种植更高产的如水稻等农作物的"熟田"，无论其产量高低，均按两等标准收租；确定这两个田租额的亩产量是由政府制定的统一亩产，并不随着农民的实际生产状况而变动；变动的是每一户农民所租种的国家土地的"旱田""熟田"的数量结构，"熟田""旱田"究竟各交多少亩。这"熟田""旱田"数量的确定有没有固定的比例，完全决定于主管官吏，"熟田"亩数多，农民负担就重，反之则轻。这并非孙吴的独创，而是汉代田税制度的发展。（臧知非：2003；2015）

旱败不收

（莿4·6；莿4·54）

1. 因旱灾荒芜、废毁没有收成。（中国简牍集成编辑委员会：2005，P496）

2. "旱田"指歉收或无收成的田，有的简写成"旱""悉旱""旱败""旱败不收""旱田亩"等。但目前关于旱熟的标准不清楚，有可能指颗粒不收，也可能指歉收。估计当时应该是有标准的，目前尚未发现而已。（蒋福亚：2012，P8）

3. 指旱荒没有收成。（路方鸽：2014）

旱败（田）

（莿4·28）

1. "旱败田"是指因干旱而歉收的田，《穀梁传》庄公二十八年："丰年补败"注："败，谓凶年。"……"旱败田"一般免交或少交租税。（邱东联：1998）

2. 旱田，也称"旱败"田。以当时之制，凡佃田者都要向官府交纳税米和布、钱。旱田或旱败田大约因收成差而可以免缴税米，布、钱则可以酌减……旱败田和熟田是相对立的，熟田既然是指经过深耕细作的田，旱败田就是指耕作粗放的田……旱败田并非天生贫瘠的土地，故经过用心耕作也可变为熟田。（吴荣曾：2005）

旱限米

（壹·134）
是指所纳限米为旱田的收获物。（孟彦弘：2008）

吴平斛

（壹·1911；壹·1983；壹·3695；壹·6688；壹·6690；壹·7045；壹·7864）

1. 吴简中的"吴平斛"是指官府颁行并在吴国境内通行的标准量器。平斛是当时通行的量制。平斛的容量单位大于稟斛……稟斛大概是官府在配给粮食时专用的量制，与其相对的"平斛"可能就是指当时通行的量制，平斛与稟斛之间，可能存在比较固定的换算比率，这一比率为24∶25，或1稟斛＝0.96平斛。（于振波：2006B）

2. 与东汉量制有所不同的孙吴国家的新量制，可能本来只是三吴地区的地方性量制。那么，"吴平斛"之吴，极有可能就是这一斛制原有的名称。因此，从起源意义上讲，吴平斛之吴，即三吴、吴地之吴……推行新的量制，恰恰是要把仓米储存、转运过程中可能发生的损耗，转嫁到粮食生产者和赋税承担者身上。至少在表面上，接受稟食的社会群体的利益，并没有受到威胁……我认为吴平斛是收纳米谷的量制，而稟斛是出付米谷的量制。（罗新：2006）

3. 吴平斛是表示当时吴国使用的一种与稟斛相对的一种量制的词。（李明龙：2006，P15）

按：罗新指出了吴平斛出现的原因，吴简中吴平斛和稟斛两种斛制的存在，提示了斛制变化过程中双轨体制的存在及其意义。收入用新的、即已经增大了的度量衡，支出用原有的、即较小的度量衡，很可能是某些时期的政府解决财政困难的手段之一。由于粮食生产者、即赋税承担者，与稟食者、即国家财政的供给对象，属于两个不同的社会群体。问题在于，接受国家财政供给的稟食者，尽管其阶级差别巨大，但无疑是维持国家生存的直接支柱，更不要提其中还包含数量巨大的官僚集团。减少支出的度量衡，就势必威胁到这一重要群体的切身利益，通常不可能成为一项政策选择。因此，当国家打算利用改变度量衡的办法来提高财政收益或应付财政紧张时，只能增大收入的度量衡，而维持支出的度量衡不变，使国家财政从二者之间的差额中获益。但是，这种收入与支出的度量衡双轨体制不可能维持长久，因为总体看来，双轨体制不仅最终会造成管理混乱，而且一定会曲折的伤害到国家财政体制自身。此外，接受国家财政供给的社会群体，特别是其中的官僚集团，也不会长久的、心甘情愿的接受明显较小的度量单位，他们的意志最终体现到双轨体制的终结，当然，度量衡只会统一到单位量较大、而不是较小的标准上……吴简中"吴平斛"与"稟斛"双重斛制的存在，给了我们重要的启示，让我们思考收支两个系统的分离，才是度量衡变化的前提条件，旧度量衡用作支出，新的、增大了的度量衡用作收入，从而形成双重体制，这才是度量衡发生变化的要害所在。尽管双重体制在任何一个历史时期都不可能长期维持，但正是双重体制向单一体制的回归，才使度量衡完成其单位量增大变化的最后一个步骤。（罗新：2006）

县　市

（肆·532）

市，买卖，经商，《尔雅·释言》："买、贾，市也。"邢昺疏："谓市，买卖物也。"简文所云"县市"或谓于县治所在地经商之商户。《汉书·景帝纪》："有市籍不得宦，无訾又不得宦，朕甚愍之。"吴简所见"县市"户，当为有市籍之专门经商者。（李均明：2008C）

县　吏

（壹·5467；壹·10412；贰·1917；贰·3307；肆·296）

县吏是供职于县级单位的小吏。《三国志·吴书·孙坚传》："孙坚，字文台，吴郡富春人，盖孙武之后也，少为县吏。"《三国志·吴书·朱治传》："初为县吏，后察孝廉，州辟从事，随孙坚征伐。"郡县吏皆为职役吏，地位卑下，多下品。《三国志·吴书·张温传》："不忍暴于市朝，今斥

还本郡，以给厮吏。呜呼，温也，免罪为幸！"故郡、县吏常连称合计。（李均明：2008B；2008C）

按：县吏身份特征的诸家辨析见"郡吏"条。

县　卒

（壹·5474；贰·802；贰·1698；贰·2119；肆·297；肆·372）

县卒当为在所在县服役的士卒，郡县卒常连称。（李均明：2008B；2008C）

县卒/郡卒/州卒

县卒（壹·2927；壹·5474）/郡卒（壹·4837；贰·614）/州卒（贰·1822；贰·2110）

1. 州卒、郡卒和县卒在《三国志》等传世文献中多称"州兵""郡兵"和"县兵"。这些州、郡、县所属的地方兵平时可能并不住在固定的兵营中……我们认为，属于地方的州兵、郡兵和县兵并非始终处于战备状态，而是寓兵于农，即出则为兵，入则为民，农忙务农，农闲讲武。（于振波：2003）

2. 县卒、郡卒、州卒属兵的范围，县卒、郡卒和州卒服役于县、郡、州，实则由中央直接调遣和分派。（蒋福亚：2003）

3. 上引简文中的"县卒""州卒""邮卒""军吏"等当是地方兵，平时在家务农，户籍也在居住地所处的乡里。（刘家军：2005）

4. 县卒、郡卒、州卒指的是兵士，为地方军，都是封建政府直接控制的人户。（蒋福亚：2012B，P15）

里 魁

(肆·380；肆·428；肆·495；肆·568)

里魁是诸里的负责人，西汉称"里正"，东汉改名"里魁"。《后汉书·百官志》："里有里魁，民有什伍，善恶以告。本注曰：里魁掌一里百家，什主十家，伍主五家，以相检察。民有善事恶事，以告监官。"注引《风俗通》曰："《周礼》五家为邻，四邻为里。里者，止也。里有司，司五十家，共居止，同事旧欣，通其所也。"（李均明、宋少华：2007；李均明：2008C）

町

(荔4·38；荔4·44；荔4·46)

1. 町，指的是地块，每块地亩数不等……也有少数简牍以"处"代替町者。（臧知非：2002）

2. "町"的本义指田界或田间小路，如《说文·田部》："町，田践处曰町。"也引申为由田界或田间小路分隔而成的一块块田地，如《文选》之汉张平子（衡）《西京赋》："筱簜敷衍，编町成篁。"此外，"町"也用于表示土地面积，如《左传·襄公二十五年》："町原防，牧隰皋，井衍沃。"疏："原防之地，九夫为町，三町而当一井也。"……"町"在吴简中并不表示土地面积。而且与町相对应，某些简用"佃田若干处，合若干亩"来表示，可知"町"与"处"的意思一致，当表示"一片"或"一块"土地。可以肯定的是，这里的"町"或"处"，并不是出于耕作本身的需要而划分的。（于振波：2003）

3. 《吏民田家莂》中，田家佃种的地块称"町"，《一切经音义》卷八引《仓颉篇》："町，田处也"；《左传·襄公二十五年》"町原防"，杜预注："堤防间地，不得方正如井田，别为小顷町。"孔颖达疏："原防之地，九夫为町，三町而当一井。"按《周礼》地有九等，"原防"是其一，为陆阜陵阿之田。据孔颖达所言，"町"是固定的田地面积单位……吴简中的"町"，面积则大小不一……此处的"町"，或写作"处"，仅表示田块之

意。(张荣强：2003)

4. 町字见于《左传·襄公二十五年》，杜注以为"堤防间地，不得方正如井田，别以小顷町"。即不能成井田的小块田地，均可称之为町，这是一说。另外如《说文》云："町，田践处也。"段玉裁以为"践"乃"浅人所增"，原来当作"田处也"，这是说田地所在之处也。汉代人即以一处或一片土地为一町……（莂中的町）应为田处或田区的町……莂文前的数目字应是町的编号，只是省去了第一个第字而已。莂文中的佃田多少町，意思是佃田于第几町。(吴荣曾：2005)

5. 以"段"来解释"佃田＊＊町"的"町"，似乎比较贴切……"×町"可视为各屯田客户佃田的地段及序号。(曹砚农：2005)

6. 田块。(中国简牍集成编辑委员会：2005，P496)

7. 是块的意思。町为古代土地单位名，《左传·襄公二十五年》："町原防，牧隰皋，井衍沃。"杜预注："堤防间地，不得方正如井田，别为小顷町。"孔颖达疏引贾逵曰："原防之地，九夫为町，三町而当一井也。"而在吴简中，町的面积大小不同。(李明龙：2006，P42)

8. 《说文·田部》："田践处曰町。"《广韵·迥韵》："町，田亩。"故可引申于量田地的量词，相当于量词"处"或"块"……从例中可以看出町数相同但其亩数却并不等，甚至相差甚远。故可知"町"在简文中不是面积单位量词，而是相当于自然单位量词"处"或"块"。(李丰娟：2006)

9. 町指地块，小块田地的统称，面积不等，一町少者一亩，多者数十亩。(臧知非、沈华、高婷婷：2007，P254)

10. 由于町常用于面积单位量词，故可引申指一处一处的耕地，相当于自然单位量词"处""块"。(李丰娟、张显成：2011)

11. "町"和"处"是同义字，意思是块。(蒋福亚：2012B，P8)

12. 《嘉禾吏民田家莂》中的佃田，以田地地形划分，可以分为记"町"的平地田和记"处"的山地田。(李研：2014)

邮 卒

（壹·1635；贰·2614；肆·295）

1. 当属常备兵种，他们与州卒、郡卒和县卒等地方兵的区别，在于他们平时也处在战备状态，他们的户籍与普通的民籍不同，不归地方行政部门掌管。这些士卒被免除其他徭役乃至部分赋税，只服兵役，并在平时屯田积谷，这是符合三国时期的实际情况的。（于振波：2004B）

2. 当是地方兵，平时在家务农，户籍也在居住地所处的乡里。（刘家军：2005）

3. 所谓"邮卒"指的是专事邮递业务的人员，这些"邮卒"负责长沙地区与周边州郡县及孙吴政权的文书上行下达，长沙郡设有"督邮"统领邮卒。（侯旭东：2006A）

4. 或专事传递邮件者，与驻站之驿兵有区别。（李均明：2008B）

5. 邮，邮站，《汉书·平帝纪》："宗师得因邮亭书言宗伯，请以闻。"师古注："邮，行书舍也。言为书以付邮亭，令送至宗伯也。""邮卒"即邮站中专事传递邮件的士卒。汉简见"邮卒"之称谓及传递邮件记录。如《新简》EPT51·6："……正月辛巳鸡后鸣九分，不侵邮卒坚受吞远邮卒富；壬午禺中，当曲卒光付收降卒马印。"（李均明：2008C）

6. 吴简中记载的邮卒已经成为国家控制的特殊人口。因为职业的特殊性，他们有集中居住管理的倾向。邮卒有专有土地。这和秦汉时期对邮书传递者的管理措施一脉相承，并且得到进一步强化。（沈刚：2011A；2013，P178）

7. "邮卒"应当是专事邮递业务的人员。（陈荣杰：2012，P74）

邮卒田

（壹·1635）

"邮卒"应当是专事邮递业务的人员……"邮卒田"当属指政府分配给邮卒耕种的田地。"邮卒田"当属于限田，缴纳邮卒限米，亩收限米二斛……缴纳"邮卒限米"者有不少是男子……这也许说明"邮卒田"未必是由邮卒亲自耕种的。（陈荣杰：2012，P74）

男　子

（壹·2738；壹·2750）

1. "男子"一词的本义，系指与妇女、妇人相对而言，表男性的意义。

然而上述"某丘男子某"之"男子"当另有所指，其可能表示特定的个人身份。《后汉书》卷五十《乐成靖王传》李贤注："称男子者，无官爵也"。此"男子"是指没有获得秦汉时的二十等爵位的男性。汉至曹魏时期，表示爵位的名籍皆冠以"郡、县、里、爵位、姓名"常制；又，考虑佃田租税券书中有大量的官吏佃田现象……其皆泛指为"吏"而非指特定的"爵位"。因此，此"男子"似不指无官爵者。但有一点可以肯定，即此"男子"是表示非官府吏员。又，《后汉书》卷二《明帝记》李贤注："《前音书义》曰：男子者，谓户内之长也"，此"男子"意义为"户内之长"即家长。联系魏晋时期实行的租调制，其佃户明确以"丁男"或"次丁男"、"丁女"为户主者，征取租调，可知，走马楼吴简的佃田租税券书中的"男子"意为"家长"，且为非担任政府官员的家长，是相对于佃户中的官吏和"大女"而言。（邱东联：1998）

2. 男子、大女、男、复民应是编户齐民（蒋福亚：2003）

3. "男子"一词的含义当如《后汉书》卷五十《乐成靖王传》中李贤所注："称男子者，无官爵也。"……指处于孙吴基层社会的正当役龄的普通老百姓。（臧知非、沈华、高婷婷：2007，P231）

邑　下

（壹·5328）

1. 每个乡也有一个相当于"治所"的办公地点，称为"邑下"……某乡的邑下应与吴简中出现的"临湘邑下"一样，为侯国与乡官府驻扎地……这些"邑下"除了有官员驻扎，也还有一般百姓居住，后者仍要承担官府的各种义务。（侯旭东：2004C）

2. 因为此处的"邑下"，不仅可以解释成为城邑之下，还可以解释为封邑之内。古代称封地为"家邑"。如《周礼·地官·载师》："以家邑之田任稍地。"郑注："家邑，大夫之采地。"（王素：2005）

3. 每乡都有一个相当于"治所"的办公地点，称为"邑下"。（周能俊：2010，P43）

4. "邑下"并非只指临湘城，凡有市场的乡镇也可叫作邑下。（蒋福亚：2011C）

别

（莂 4·2）

简文中的"别""莂"二字是有区别的，它们指的是不同类型两种券书。"别"指的是"吏民田家别"，可能包括几种券书，如小吏百姓佃田数目及按规定分别缴纳租米、税米，缴纳布匹、缴钱的券书。在出土简牍中已经发现了这类券书，皆竹制……比起前文所列大木简的长、宽、厚尺寸要小得多。（胡平生：2005B）

别列出

（壹·3686）

所谓"别列出"，说明要单独列出，显示了这种吏市买布的簿籍和前面一般吏民入布簿籍是分别排列的。（沈刚：2010B；2013，P86）

别　使

（壹·5916）

1. 即另有任务的特殊情况……应该就是前引竹简中的"屯将行"之类的情况。（韩树峰：2004）

2. 转徙至其他地方，在此作部工师簿中主要是调往武昌。（凌文超：2011C；2015D，P273）

别　莂

（莂 4·2；莂 4·3）

1. 别莂，乃是从剖莂的角度称谓。别，分别。全莂由二或三份组合而成，凡是其中之一，即称"别莂"。（李均明、周自如、杨慧：2001）

2. 前一"别"字是指缴米、缴钱、缴布三种分类之"别";后一"莂"字指都莂。一说,"别莂"是从剖分的角度对莂的称谓,"别"是"分别"之意,全莂由二份或三份组合而成,凡是其中之一,就称为"别莂"。因此,"别莂"是指被剖破的大木莂中的其中一份。(中国简牍集成编辑委员会:2005,P495)

3. 简文中的"别""莂"二字是有区别的,它们指的是不同类型两种券书。"别"指的是"吏民田家别",可能包括几种券书,如小吏百姓佃田数目及按规定分别缴纳租米、税米,缴纳布匹、缴钱的券书。在出土简牍中已经发现了这类券书,皆竹制……比起前文所列大木简的长、宽、厚尺寸要小得多……"莂"则特指"都莂"记录了"顷亩旱熟米钱布付受吏姓名年月",总汇了当年缴米、缴布、缴钱这三种竹别券书而制作的合同券书,质材也使用较为经久耐用的杉木,今称之为"大木简"。因此"别莂",应当理解为缴米、缴布、缴钱三种分类之"别"的"都莂"。(胡平生:2005B)

4. 从已公布的吴简资料来看,这种"莂"有一式两份是肯定的,即仓吏或库吏持有一份,另一份"别莂"交给来纳人。但是,来纳人并不能自己保有"别莂",而要交给县署或者乡吏保管。(陈明光:2009)

别部司马

(壹·2171)

孙坚曾在中平元年任过此职,吕蒙、黄盖、韩当、蒋钦、陈武、陈脩、陈敖、董袭、凌统、徐盛、潘璋等人也曾任过此职。别部司马一般授兵数百至数千人不等,《三国志》卷五五《吴书·陈武、董袭、徐盛传》分别载:"子修,有武风。年十九,权召见奖厉,拜别部司马,授兵五百人";"(陈表)子敖年十七,拜别部司马,授兵四百人";"董袭还拜别部司马,授兵数千,迁扬武都尉";"徐盛客居吴,以勇气闻。孙权统事,以为别部司马,授兵五百人,守柴桑长,拒黄祖"。(戴卫红:2010A)

别　领

（叁·1774；叁·1801）
另外记录。（凌文超：2015A）

别　簿

（壹·5555）
别簿副簿。"别簿"就是"莂簿"。《释名·释书契》："莂，别也。大书中央，中破别之也。"《周礼·天官·小宰》："四曰听称责以傅别。"郑注："责谓贷子。傅别谓券书也。听讼责者以券书决之，傅，傅着约束于文书。别，别为两，两家各得一也。"因此，"别簿"就是仓库物资出入时作为凭证的副簿。（李明龙：2006，P66）

财用钱

（壹·1440；壹·1651；壹·1663；壹·1690；壹·2805；壹·2822；壹·2828；壹·5344）
1. 所谓"财用钱"最初正是征收上来专门用于购置纸、笔、墨、封泥等"行政办公"之物，后来则变成了政府一项固定的财税项目。湖北江陵凤凰山汉墓所出简牍所记载的算钱的使用情况是，"乡里的行政费用出于算赋的，并且所占的比例还相当大，上缴中央王朝的算钱只是算赋的一小部分"。由此看来，财用钱是主要用于办公用品的支出，而又主要用于凤凰山汉简中所记载的"吏奉""转费""缮兵"等一般行政开支……从这笔钱的总量，以及江陵凤凰山汉墓所反映出的口算钱主要用于地方政府的情况来推测，这笔钱可能主要用于中央政府，用于地方政府的比例可能会更小些。换言之，这笔钱是与口算钱配合使用的，更准确地说，是为弥补口算钱的不足而征收并使用的……从当时整个赋税征收的情况来判断，其数量绝对不会超过算赋……我们推测，财用钱是以丘为单位，由某人向各户或各人征收，再由此人一同上缴库吏。这与江陵凤凰山汉墓所出汉简中所反映的口算钱是由里来分次征收，然后一同上缴乡的情况十分类似。(孟彦弘：2004A)

2. 本指钱财和粮物的使用。《周礼·天官·宫正》："掌治法以考百官府群都县鄙之治，乘其财用之出入。凡失财用物、辟名者，以官刑诏冢宰而诛之，其足用长财善物者赏之。"郑玄注："泉，钱谷也；用，货贿也。"因此，"财""用"是同义连缀。由于长期使用，"财用"成为一个词语。意为财物……到汉代，财用所指范围非常宽，既可以指国家财产，也可以指百姓财产……"财用钱"一词最早出现在《宋书·礼乐志三》所收《洛阳行·雁门太守行》："无妄发赋，念在理冤，敕吏正狱，不得苛烦。财用钱三十，买绳礼竿。"与吴简中的"财用钱"相同，是政府征收的"主要用于办公用品的支出"。(李明龙：2006，P40)

3. 汉魏晋时期，"财用"一词具有"政府办公及事务经费"(即"办公经费")的义项，属于财政支出中"政府采购"的范畴。另外，根据马大英、田人隆等先生对汉代财政支出的研究，我们推断，"财用"有广义、狭义之分，广义的"财用"即所有办公经费、物资支出之总称（俸禄是其中之一种）；而狭义的"财用"，则主要是政府采购性质的办公经费项目，主要用于采购笔墨纸砚、简牍等各种物资，广义、狭义的"财用"皆属于财政支出的范畴……家庭中成年丁壮人数（也就是"丁"）是财用钱的征税依据，而以家庭为单位，以户主的名义缴纳，据此，财用钱似为人头税性质的货币税……纳税主体包括居住地所有家庭……我们推断，虽然"财用"主要指财政支出范畴，但"财用钱"则属于财政收入中货币税的组成部分，即征之于普通民众、用于官府各类行政机构采购笔墨、纸张、封泥等办公用品的税目之一种，征税对象为户中成丁，则说明"财用钱"可能属于人头税的变种；而"财用"之名，则又似乎说明，在开征的起始阶段，财用钱有财政支出范畴内政府采购办公物资的"专款专用"的性质，后来是否有挪借他用的可能，尚不得而知。(何立民：2011，P63)

钉（矴）石

(壹·1384)

1. 矴石即石锚。《三国志》卷五十五《吴书·董袭传》："建安十三年，(孙)权讨黄祖。祖横两蒙冲，挟守沔口。以栟闾大绁系石为矴，上有千人，以弩交射，飞矢雨下，军不得前。"说到"以栟间大绁系石为矴"。"矴"或写作"碇"。韩愈《唐正议大夫尚书左丞孔公墓志铭》："蕃舶之至泊步，有下碇之税。"马其昶注："碇，锤舟石，与矴同。"《集韵·径韵》："矴，锤舟石也。或从定。"《太平广记》卷十九引前蜀杜光庭《神仙感遇传·韩滉》："有客商李顺泊船于京口堰下，夜深矴断，漂船不知所止。"是"碇""矴"均指锚。整理组释作"钉石"，似应修正。（王子今：2005A）

2. 这里钉石的"钉"字释写错误，字应释为"矴"，左旁从石不从金。矴，即锚石，是船舶停泊时固定船位的石墩，亦写作"碇"。《玉篇》："矴，矴石。"《集韵·径韵》："矴，锤舟石也，或从定。"《三国志·吴志·董袭传》："（黄）祖横两蒙冲，挟守沔口。以栟间大绁系石为矴。"（胡平生：2005A）

私　学

（长沙市文物工作队、长沙市文物考古研究所：1999，J22—2695；贰·2028；贰·2081；肆·2829；肆·2984）

1. "私学"属于非国家"正户"，是一种具有特殊身份的人口。至于此处的"私学"，与传统意味的"私学"，亦即与"官学"相对的"私学"，究竟有什么关系，则尚不敢断言……私学本由逃亡人口产生……地方豪强将国家的逃亡户口，没入为自己的依附人口，自然需要说明理由，并履行一定的手续。（王素：1999）

2. 此处之"私学"，乃"私学生"，或称"私学弟子"。此"私学"或实或虚。（胡平生：1999）

3. 私学的条件，即身非正户，而属"遗脱"……举私学的"举"为"举状"……以不同形式出现在官方档案文书中……表明它是官方承认的固定化的称呼，且官府掌握其名籍。它既可指称个人，如"私学谢达"，也作泛称代表一类人，如"私学限米"……孙吴的私学应该还享受免役的待遇……不同于吴简中所见的其他类型的民户，成为私学需要首先建立起被举者与举主间的私人关系。一旦获准，这种私人关系还有可能进一步强化。（侯旭东：2001B）

4. 他们离开自己的家乡到外地求学，官府免除了他们的其他赋税徭役，而让他们参加屯田，并缴纳限米。因为他们是读书人，一旦得到权威人士的赏识和举荐，有可能走上仕途；至少，除了参加屯田缴纳限米之外，私学在其他赋税徭役方面，可能会享受更多的优待。（于振波：2004B）

5. 民户一旦离开其籍属所在，脱籍而去，便被国家剥夺了原有的作为自耕农的国家正户的身份和地位，除叛逃别国一途外，逃往他乡而被检举揭发则成为"私学"。（黎石生：2005）

6. 在三国时期的东吴，一些人离开自己的家乡到外地求学，成为私学。私学大都只身在外，现居住地官府并不把他们编入普通的民籍，而是另册登记，以便与普通民户区别对待。即使是户籍在本地的私学，由于其特殊身份，可能也与外来的私学记入同一名册。官府让私学参加屯田，并缴纳限米，同时免除了其他赋税徭役。这一时期，由于战乱，赋役繁重，私学的负担也相对要重，但与普通编户齐民比起来，境遇至少不会更差，更不可能成为依附人口。（于振波：2005B；2015）

7. 走马楼简牍资料所见"私学"称谓指代的社会身份，是民间儒学教育体制下的受教育者。其身份的确定很可能有学历和学绩的等级要求。"私学"身份的正式确认，需要经过一定等级的官吏的"举"方可登录入籍。（王子今、张荣强：2006）

8. 私学犹后代私塾。（李均明：2008B）

9. 私学或"私学弟子"为接受私人授业的学生，犹后代私塾弟子。"私学"在家乡有户籍，在外之居住地亦有名籍……三国时之吴国私学盛行，《三国志·吴书·阚泽传》："泽州里先辈丹杨唐固亦修身积学，称为儒者。著《国语》《公羊》《穀梁传》注，讲授常数十人。"《三国志·吴书·虞翻传》："（虞翻）虽处罪放，而讲学不倦，门徒常数百人。"……学而优则仕，故吴简多见举荐私学为吏的事。（李均明：2008C）

10. 将他们估计为触犯封建政府某条刑律，因而被打入另籍，成为封建政府的依附民，被勒令屯田，大概不会犯太大的错误。（蒋福亚：2008B）

11. 私学的身份同于"诸吏"，亦为"吏役"之一种。而服私学之役者，皆有本主，依附性似较"诸吏"更甚。因此国家不允许正户服私学之役，往往征召、征发逃亡户口服私学之役。私学属于非国家正户，由逃亡人口产生。（王素、汪力工：2009）

12. 私学不属于"本乡正户民"，也就是并非国家编户。（李斯：2009，P30）

13. "私学"其实就是"吏"的一种。其产生与秦汉时期的学吏制度有着密切联系。在东汉时，其主要是作为一种低级吏员而存在，负有一定的行政责任。但到三国时期，随着服役吏群体的扩大和吏社会地位的急剧下降，其已沦落为一种大家唯恐避之不及的服役吏，需要为国家交纳数额庞大的限米，生活境遇可能已在普通编户齐民之下。（李迎春：2010）

14. 孙吴私学以乡为单位进行注籍，大多分布在政治中心附近；私学与其他职业相比负担较轻，因此孙吴私学颇为兴盛。孙吴私学的发展是在当时特定的历史条件下出现的特定现象。孙吴政权对人才的需求为私学的发展提供了动力；江东地区两汉以来积淀而成的经济文化基础，也为私学的发展提供了可能；孙吴官学的衰微为私学的发展留下了空间；江东大族对教育的重视在客观上促进了私学的发展。孙吴时期，由于官学衰微，私学承担着主要的教育使命。孙吴私学对巩固孙吴政权，推动孙吴地区经济的发展以及延续中国的传统文化都发挥了重要作用。（代冰华：2011，摘要）

15. 私学来源于学吏制度，"私学"作为一种身份，就标志着其经过了学吏过程，具备做吏的基本条件，一旦被举，去向就是成为吏，因此在举荐其成为吏时便不再需要列举特长及举的去向……即使在任吏后，"私学"仍会保留"私学"的身份，并可以被进一步举荐。在未被举荐前，"私学"以"白衣"的身份居住于丘，在被举荐任吏后可能会迁移住处，但似乎仍然保留私学的身份，并可以被进一步举荐。（邓玮光：2012）

16. 走马楼吴简中的"私学"，一为私学弟子，一指私立教育机构。私学弟子有的是外地而来的客居者，有的却是本地人，表明其并非逃亡户口……私学弟子是著籍于黄籍的国家正户，属政府官吏后备军，其不服徭役的可能性较大。孙吴时期，官学废弛，私立教育机构承担了更大的社会责任，故享有政府派役的待遇。（李恒全：2012）

17. 私学，并非正户，是对逃避赋役、脱漏户籍者的一种惩罚。鉴此，私学的身份地位要比正户低一点。是否成为"私学"，确定权在郡级政府，县级政府只是执行者，而无决定权。被确认为私学后，仍可生活在本乡本土。鉴于沦为私学后要耕种限田，负担重于一般的编户齐民，势必想方设法逃匿。他们和编户齐民生活在一起，混同编户齐民便成为逃匿的常见方式。为了确保财政收入，封建政府鼓励举报。私学只是受惩处或被惩罚者个人的身份，这个身份并没有影响到其家属，所以家属仍然是正户民。（蒋福亚：2012B，P195）

18. 孙吴要求郡县举遗脱为私学。临湘侯国功曹等根据政令要求，通知官吏按秩级选举私学，并制作"举状"。功曹等依据"举状"，制作私学名籍。相关官吏对所举私学的遗脱或正户民的身份进行审查和期会。最后将符合规定的私学遣送诣宫。孙吴"举私学"反映了皇权与将权围绕占募进行的博弈。孙权试图通过此举追夺将吏、官属的部曲、私客，削弱其势力，然而，其成效十分有限，推举出来的私学多为临湘侯国的依附人口。私学是为国家所承认的，在服役的同时，跟随私人学习知识技能，将来可能被选举为吏的人。私学本身还不是严格意义上的"吏"，而是正户民、遗脱成为正式吏过程中的过渡身份。（凌文超：2014A）

19. 常以"户"计。常被"发遣"从军。（王素：2015）

私学田

（壹·8947）

是指政府分配给"私学"耕种的田地。吴简"私学"仅见缴纳限米，未见缴纳其他赋税名目。故"私学田"应属于限田，缴纳私学限米。吴简"私学限米"的具体缴纳者有不少身份是男子……这说明"私学田"的耕种者未必是"私学"。（陈荣杰：2012，P75）

兵 田

（叁·1937）

即劳动者在国家设置的兵屯场所，进行耕作的田地。其劳动者一般被称为"佃兵""屯兵"或"作士"。（何立民：2012，P41）

兵师士

（壹·4749）

是现役士兵，都缴纳限米。（蒋福亚：2007A）

估具钱

（肆·1760）

即"估税"，《晋书·甘卓传》："（甘）卓外柔内刚，为政简惠，善于绥抚，估税悉除，市无二价。"（陈荣杰：2014B）

估　钱

（肆·1763-1）

即估税、交易税。（凌文超：2014B）

何黑钱

（壹·1433甲，壹·1434，壹·1557，壹·1672，壹·1679，壹·1708）

1. 这些"何黑钱"都与"乡吏"有关，且其金额只有一两三千，作为其他经费均不可解。估计是乡吏的津贴或俸钱，即"吏俸"。（秦晖：2004）

2. 所谓"何黑钱"，可否认定是由乡吏负责交纳于县库，用以支付负责"呵夜行者谁"，维护地方治安的一项专类税钱。（宋超：2004）

按：陈荣杰认为宋超说不确，"何黑钱"并非是以一千钱为缴纳额度。若"何黑钱"如宋先生所说是"维护地方治安的一项专类税钱"的话，治安问题当涉及每一个人，则"何黑钱"的缴纳应是普遍征收，而非仅乡吏缴纳。关于"何黑钱"的确切含义为何，我们认为还有待于更多新资料的公布才有可能得以确诂。（陈荣杰：2012，P172）

佃

（荍4·161）

租种土地。（黄晓菲：2009，P45）

佃 帅

（肆·371；肆·2821）

经管佃田事务的负责人。（李均明：2008C）

佃 田

（荍4·32；荍4·165；荍4·554；荍5·176；荍5·963）

1. 佃（荍中的"佃田"）当如《说文》所释，"治田也"。古代从开荒到耕治熟田，似乎都可谓之佃。（吴荣曾：2005）

2. 实际上"佃"字本意作"治田"及耕作田地解，读音为"田"，作"租佃"解最早也要到宋元才能成立。《汉书》卷五十二《韩安国传》，安国"即上言方佃作时，请且罢屯"，颜师古注："佃，治田也，音与田同"，《通鉴》"晋武帝咸宁元年"云"吴人大佃皖城，欲谋入寇"，胡注："佃，亭年翻，治田也。"《广韵·先韵》亦云"佃，作田也"，并音"徒年切"，与"田"同音，只是"又音甸"。实际上，《三国志》中出现的"不务营佃""大佃疆场""且佃且守""会佃毗陵""佃庐江、皖口"等中的"佃"字均应作"耕作田地"意，如果理解为"租佃"，不合实情。《三国志·魏书·满宠传》："（青龙）三年（235年）春，（孙）权遣兵数千家佃于江北"，此时江北地区乃曹魏、孙权双方拉锯之地，空无人烟，故派兵耕种。如果将"佃"理解为"租佃"，既不合文义，也有违实情……因此，《田家荍》中出现的"佃田×町××亩"，并不表示该人从官府租佃了若干亩田。（侯旭东：2006A）

3. "佃田"和"田"均应作名词解，"田"和"佃田"的意思一样，均指租佃的土地……《田家莂》中的"佃田"均应指租佃的田地，又写作"田"，它包含二年常限田、余力田、火种田、余力火种田，是一个上位概念。（陈荣杰：2012，P87；2013）

按：王素不同意侯旭东的说法，首先，不能忽视汉字的一字多义。"佃"字已有本义，也有引申义，二义并存为汉字常见。其次，侯旭东先生的研究存在盲点。譬如他只注意到日本学者周藤吉之先生关于吐鲁番出土"佃人文书"的旧论文，而没有注意到中国学者关于吐鲁番出土"租佃契约"的新成果。因而他可以将"佃人"解释为"种田的人"，却不知道吐鲁番出土"租佃契约"中还有大量的"佃田"和"佃田人"，是很难将"佃田"解释为"治田田"、将"佃田人"解释为"种田的人或"种田的田人"的。（王素：2011A）

佃 吏

（肆·765）
为经管佃田事务的负责人。（李均明：2008C）

佃 师

（壹·1297）
1．"师"字应为"帅"字。"佃师"应是"佃帅"。"佃师"在相关的简中找不到第二个例子，而"佃帅"一词却反复出现。（李明龙：2006，P63）
2．"佃师"的"师"字，极可能是"帅"字的笔误。（蒋福亚：2008B）

佃卒田

（壹·1534）
1．当是政府分配给"佃卒"耕种的土地。（陈荣杰：2012，P76）

2.《竹简》中往往将耕种者的身份作为土地的名称。佃卒耕种的叫"佃卒田"（蒋福亚：2012B，P90）

作　部

（叁·2345）

这是指官府作坊，是师佐们劳作的地方。（蒋福亚：2011D；2012B，P264）

作部工师

（长沙市文物工作队、长沙市文物考古研究所：1999，J22—2580）

作部的名称，可能是东汉开始有的……西汉的工官、尚方、考工各制造业系统，到东汉时期颇有调整，作部应当是这一调整的产物。魏晋南北朝时期，作部已经形成稳定的官府手工业机构。三国孙吴有作部……吴简中的作部，不应当属于长沙郡或临湘县，而极有可能直属武昌的作部。工师作为制造业各种专业技术人员的总称，是非常古老的……战国秦时期出土物中的工师是工匠之长。东汉后期的工师，已经不再是专指工匠首领了，而可能是概指工匠全体。因此，吴简中的作部工师，不再是指作部工匠的首领，而是作部全体工匠的总称。（罗新：2005）

余力火种田

（荝4·32；荝4·213；荝4·351；荝4·391；荝4·463；荝4·587；荝4·620）

1. 亦称"余力田"，"余力火种田"一词中的"余力"，或与"二年常限田"之"限田"相对。"火种"，刀耕火种之意，为山地旱作的农业耕作方式，"定收"的"余力火种田"租额为：每亩0.4斛或0.456斛、布2尺、钱70钱或80钱，相当于每亩0.55—0.6斛。虽不及"定收"的"二年常限田"租税的一半，但亦远较历代民田赋税为高。由此可推断"余力火种田"只能是官田，而不是吏民自行开垦的私田；它是旱田，而不是水田……"余力火种田"和"二年常限田"又都有"旱田"与"熟田"（或曰"定收田"）之分。确切地讲，此处所说的"旱田"，不是水旱之"旱"，而是"旱败不收田"（或"旱不收田"）的简称，指旱田与水田中因干旱而严重歉收者，因而免收田租，而不是旱地不收租之意。"余力火种田"和"二年常限田"中的"熟田"（或称"定收田"），不是生熟地之"熟"，而是指旱田与水田中有所收者，所以每年必须向官府交纳一定数量的租税。（李卿：2001）

2. 余夫，很可能主要是指家中的未婚男子、未成年男子，即贾公彦所谓"彼余夫是年二十九以下，未有妻"。在这种情况下，所受田只能与父兄合种、"若三十有妻，则受夫田百亩"。这种合作经营农耕，共同承担的关系，疑心就是《嘉禾吏民田家莂》中所见"火种"。"火种"有可能就是"伙种""夥种"。（王子今：2004A）

3. 余力火种田，强调的是农户所佃租的田土的性质，即区别于"二年常限田"的田地，而不是耕作的方法。（胡平生：2005B）

4. "余力火种田"应是由专人负责管理、负责收缴赋税，亩收米四斗五升六合，又斛加五升的田地。（陈荣杰：2012，P66—67）

余力田

（莂4·238；莂5·67；莂5·82）

1. 所谓"余力田"，似指佃户自行开垦的田地，其所交纳的租米低于"常限田"。（邱东联：1998）

2. 余力田大概是田家"行有余力"而自行开垦的荒地。（走马楼简牍整理组：1999，P71）

3. "余力田"是田家租佃国有土地中的不属于"二年常限"田的另一种纳租田地，它同"常限"田一样也有旱田与熟田之分，但主要是熟田，它的地租是低于"二年常限"田亩收米一斛二斗的亩收米四斗五升六合的优惠田，即使是"斛加五斗"者，也轻于每亩收米一斛二斗。（高敏：2000E）

4. 余力田则是指租佃者"行有余力"而佃种的土地，大概是荒地，因此其定收田的亩租额低于二年常限田。受二年常限田制约，很可能也有佃种

年限，估计也是两年。期限一到，封建政府也有权变更亩租额。（蒋福亚：2003）

5. "余力田"是指在完成常限田的生产之外，有余力者可申请多种，且租税率比常限田低……余力田未必是荒田或旱田。（于振波：2003）

6. 募民屯田，田家受田有固定配额，故曰"常限"。在配额之外，如有余力，可申请多领地种，这部分土地就是"余力田"。"余力田"是屯田民已尽了耕种配额土地之外领种的土地，所征收租（税）米当然不能与"常限田"一样，而是要轻得多（亩四斗左右），这样对屯田民才有刺激、鼓励的作用。（林甘泉：2004）

7. 把余力田视作对田家所领田地差别的一种补充或补偿也许更为妥当（这种作为补充或补偿的田地在土地所有权的变化中具有特别意义，其优惠性质更是不言而喻）；事实上，九成的田家都只有常限田而没有余力田。（孟彦弘：2004B）

8. 余力田，是田户自行开垦的土地。官户为了奖励田户开垦田地种稻，税率为定收田的三分之一，每亩收税米4斗，折合每亩收钱448钱。（罗威：2004）

9. 余力田应是农户"行有余力"自行开垦的田地。北魏孝文帝太和元年诏书云："一夫治田四十亩，中男二十亩，无令人有余力，地有余利，"其义亦本于此。（胡平生：2005B）

10. 即"余力火种田"。"余力田"是对"二年常限田"制度的一种补充，"余力田"应是农户在国家分配或规定占田之外，"行有余力"自行开垦的田地。北魏孝文帝太和元年诏书云："一夫治田四十亩，无令人有余力，地有余利。"（中国简牍集成编辑委员会：2005，P497）

11. 至于余力田，相对常限田，由于税米征收额度较轻，可能是由租佃者自愿根据劳动能力认领的租佃田亩，其租约可能相对灵活，不必拘泥于二年定期。（王明前：2011）

12. 《吏民田家莂》中经常出现的"火种田""余力田"等土地类型的名称，即应属于由私人开辟土地形式。（高凯：2012）

13. 应指受二年常限田制约，亩租额低于二年常限田的国有土地，大概是租佃者"行有余力"而佃种的零星荒地或开垦不久的荒地；亩租额随常限田变动而变动，很可能也有租佃年限，时间也可能只有两年。（蒋福亚：2012B，P32）

余力米

（叁·1842）

从字面上理解似应耕种余力田所缴纳之米。（陈荣杰：2012，P144—145）

余力租米

（长沙市文物工作队、长沙市文物考古研究所：1999，J22—2499）

是佃种余力田者所缴纳的租米。（于振波：2004B）

余 逋

（肆·4611；肆·4622；肆·4675）

余，剩余。逋，逃避，拖欠。《汉书·武帝纪》："诸逋贷及辞讼在孝景后三年以前，皆勿听治。"师古注："逋，亡也。久负官物亡匿不还者，皆谓之逋。"吴简所见常指拖欠各种税项……吴简所见前一年的逃税项目数量，都作为当年所承余额统计，故称"余逋"。但此仅为账面数，其实数有待还债兑现。（李均明、宋少华：2007）

邸 阁

（壹·41；壹·220；壹·289）

1. 邸阁应是官用的军储之所即军需仓库。所储之物不仅仅是军粮，还包括战具、衣物（杂缯）等军用物资。作为军需仓库，邸阁具有储藏和转运功能……作为商业活动机构和收税场所，邸阁具有贸易和征收赋税之功能。（黎石生：2001A）

2. "邸"与"阁"在汉代以前就已经出现，"邸阁"则产生于汉魏之间，是一种在特定的历史时期由邸演变发展而来的军需仓库；但后来其性质和功能则有所变化，这在文献典籍和出土简牍中可以得到证明。邸阁的出现是其时社会动荡、军事频仍的结果。（黎石生：2001B）

3. 关邸阁比起由县吏担当的三州仓、州中仓，邸阁的地位要高。再加上简牍中出现的邸阁是担当粮米物流的重要职能等，如此可以认为，简牍中出现的邸阁和文献史料中出现的邸阁同样具有军用仓库的重要机能。换言之，邸阁因是担当当时的军粮调度、确保、贮藏、转运等重要任务而受到重视，同时也是州中仓、三州仓的纳入中介机构。关于邸阁的中介形态，有两种解释可以考虑：①先暂时纳粮米于邸阁，然后再纳入三州仓和州中仓；②邸阁中有关于纳入三州仓和州中仓的纳入报告书。在确认和收取后，纳入三州仓和州中仓中（邸阁的吏被派到三州仓或者州中仓的可能性也是有的）。这两种解释只是一种推测，如果前者更多的是杂谈的话，则笔者更倾向于后一推测。（伊藤敏雄：2005）

4. 《资治通鉴》卷六十一："攻刘繇牛渚营，尽得邸阁粮谷战具。"胡三省注："邸，至也，言所归至也；阁，庋置也。邸阁谓转输之归至而庋置之也。"元李治《敬斋古今黈》卷四："邸阁者，乃军屯蹊要储蓄资粮之所。此二字他书无有，见于汉末及《三国志》，其所明著者凡十一。"因此，"邸阁"本为转运而来的粮食的屯集之所……"邸阁"大多服务于军事需要，但也有其他功能……"邸阁"和"仓"本来是有区别的，但随着东汉末战争的频繁，邸阁大量出现，而各个军阀利用所控制的邸阁来进行贸易、征税等事务，从而使"邸阁"具有了传统仓库的性质。于是这种区别就逐渐缩小……后来，邸阁开始与仓库混淆……吴简中的"邸阁"也可能就是仓库的另一种称呼，而从吴简看，三州仓与州中仓都有大量转运粮食的记载，因而它们也具有"邸阁"的性质。因此，这里的"邸阁"就是指三州仓、州中仓这样的仓库。（湛玉书：2006）

5. 一仓之长的官方名称。（邓玮光：2015）

狂　病

（壹·9744）

1. "狂病""苦狂病"，仅从字面上便可大致认定其为神经系统的疾病，或精神失常的神经病，也可以是癫痫；如是癫痫，又有部分可以归结为脑型

血吸虫病影响的因素存在。（高凯：2005；2012）

2. 文献之狂可指以下病症：（1）精神失常。《玉篇·犬部》："狂，癫痴也。"《素问·宣明五气论》："五邪所乱，邪入于阳则狂。"现代医学谓之精神失常，俗语多谓之癫狂病。（2）痴呆症。《广雅·释诂三》："狂，痴也。"《韩非子·解老》："心不能审得之地谓之狂。"又《汉书·武五子传·昌邑哀王刘髆传》：山阳太守张敞"察故王（刘贺）衣服言语跪起，清狂不惠。"注引苏林曰："凡狂者，阴阳脉尽浊……清狂，如今白痴也。"现代医学谓之痴呆症。（黎石生：2009）

条 列

（肆·4523－1）

备料列举，《吴书》曰："诸法令有不便者，条列以闻，（孙）权辄听之。"（凌文超：2014C）

言 府

（贰·6543；贰·8889；贰·8896）

1. 是下级对上级通请文书的习用语……言府这样的格式，在史籍中还是有所见的。《汉书·朱博传》："长吏自系书言府，贼曹掾史自白请至姑幕。"《后汉书·卓茂传》注引《续汉书》："（卓茂）恭谦不矜功，封以言府，府即奏上。"衡以吴简文字，我们便明白所谓"言府"，乃是一种上行文书的格式。（罗新：2000）

2. "言府"指向上级官府的报告，此府或指临湘侯国之相府。（李均明：2008A）

状

（肆·3979；肆·3982；肆·3991；肆·5225）

1. 状，外貌特征，《说文》："状，犬形也。"段玉裁注："引申为形

状。"状亦指气质等内在因素。《晋书·孙楚传》："乃状楚曰：'天才英博，亮拔不群。'"（李均明：2008B）

2. "状"指行状，同于今之简历。如《后汉书》卷七十八《宦者吕强传》："旧典选举委任三府，三府有选，参议掾属，咨其行状。"同书卷八十一《独行范式传》："长沙上计掾史到京师，上书表式行状，三府并辟，不应。"又"行状"简称"状"。同书卷七十九《王符传》："其贡士者，不复依其质干，准其才行，但虚造声誉，妄生羽毛。略计所举，岁且二百。览察其状，则德侔颜、冉，详核厥能，则鲜及中人，皆总务升官，自相推达。"（王素、汪力工：2009）

3. 此处的"状"，即状况、情形，如《史记·淮阴侯列传》："舍人弟上变，告信欲反状于吕后。"《汉书·苏武传》："张胜闻之，恐前语发，以状语武。"（李恒全：2012）

状　俗

（肆·3982；肆·3991）

状，外貌特征，《说文》："状，犬形也。"段玉裁注："引申为形状。"状亦指气质等内在因素。《晋书·孙楚传》："乃状楚曰：'天才英博，亮拔不群。'"做常见的"状"为"俗"，犹今言"普通人"。《三国志·蜀书·廖立传》："如向朗、文恭，凡俗之人耳。"又"长水校尉廖立，坐自贵大，臧否群士，公言国家不任贤达而任吏，又言万人率者皆小子也"。"俗"与"雅"相对，《晋书·武帝纪》："谢安可以镇雅俗。"（李均明、宋少华：2007；李均明：2008B）

亩　布

（壹·617；壹·705）

是按耕地亩积征收的布。（蒋福亚：2007B）

亩钱准米

（贰·8587）
同"田亩钱准米"。

库　吏

（壹·5472）
库吏是经管物资仓库的官吏。《三国志·魏书·武文世王公传》："俄而库吏以啮鞍闻。"（李均明：2008C）

按：竹简中对库管理者最主要的称呼是库吏，共有七百余例。除此而外，尚有主库吏（壹·1579；叁·1261）、主库掾（壹·8147；叁·194）、主库史（贰·4728；贰·5554）、库掾（贰·3930；贰·5539）等。对于这几种名称的区别，我们认为库吏是泛称，因为库吏出现在莂上，反映了缴纳者和接受者之间的关系，所以只要接受者姓名正确即可，至于他的具体官称，对于缴纳赋税的吏民来说并不重要。库掾或是主库掾的简称，而主库吏则是库吏比较正式的称呼，因为作为一个库不可能设置如此多的官吏。剩下的只有主库掾和主库史。掾、史是官僚机构中最基层的胥吏。潘珝曾任主库掾的时间是在嘉禾二年五月初九（壹·8247），而在同一月份，殷连的出现的频次更多，也就是说他们曾同时任职库吏，这就能够说明库是由两名吏来管理，而在竹简中两人出现的频率不同，是和他们的职掌不同有关，二人大约一掌接收赋税事宜，一掌办理文书。同时设置两名库吏也有利于彼此制衡和管理。

应役民

（贰·660；贰·757；贰·1704；贰·2303；肆·767；肆·792）
1. 应役民或作"使役民""事役民"……当指符合服徭役条件或正在

服徭役的百姓。(李均明：2008C)

2. "调"或"役"侧重指徭役。但根据"有身则有役"的原则，是否服徭役与该户成年男子的数量及其身体条件有关，民户的贫富或者说户等影响的仅是派遣徭役的先后顺序……考虑到贫户免交赋税的事实，我认为"右某家口食"类里结计简中的"不任调"户是指免于交纳口算赋的民户；与之相对，"应役民"自然就是承担口算赋的民户。(张荣强：2012)

弟寡妇

(壹·4176)

孙吴长沙郡地区地处卑湿区域，且赋税苛重战事频繁，所以丈夫多早夭，因此造成许多寡妇，并且出现多妻之风，这些研究吴简者讨论甚多。鉴于此，此处之"寡"不为独居守候丈夫或与丈夫离异，而为丈夫去世。此外，"嫂"和"妇"在上古分指兄之妻和弟之妻……吴简中有"弟寡妇"，如前引壹·4176，所以"寡妇"可指亡弟之妻。(陈顺成：2010)

沃　田

(叁·7227；叁·6311)

1. 沃田当指可以开垦的良田。(沈刚：2009B)

2. 传世文献"沃田"为肥美的土地。《国语·晋语一》："虽获沃田而勤易之，将不克飨。"王充《论衡·宣汉》："以磐石为沃田，以桀暴为良民。"(陈荣杰：2012，P70—71)

3. 沃田当作引陂池水灌溉田地解。既然不论陂池是否毁坏，皆需记录沃田顷亩数量，笔者倾向于认为这是陂塘原本负责灌溉的田亩数。(凌文超：2012B)

4. 可能是新开垦的得到水利灌溉的田，其产量应该不会太低。(苏俊林：2015)

没入米

(壹·2056)
当为被没收之米,也可能又指将没收的家产折算为米。(陈荣杰:2012,P136)

没 溺

(叁·1849;叁·1891;叁·1897;叁·4749;叁·4773;叁·4795;叁·4814)
刘向《说苑·杂言》:"不临于深渊,何以知没溺之患。"《三国志·魏志·明帝纪》:"九月,冀、兖、徐、豫四州民遇水,遣侍御史循行没溺死亡及失财产者,在所开仓振救之。"均指被水淹之意。简例中的"没溺"一词含义与之相同。(熊曲:2011)

穷 核

(长沙市文物工作队、长沙市文物考古研究所:1999,J22—2540)
"穷核",即"彻底查问"。"穷"有穷尽、彻底之意;"核"通"覈",是考查之意。《资治通鉴》卷四十九安帝永初三年:(鲁恭)"学者受业,必穷核问难,道成,然后谢遣之。"(胡平生:1999)

君 教

(肆·4850-1)
吴简中常见的公文用语。"君"应指临湘侯国相,"君教"之"君"应作敬称解……"教"乃行下文书的一种,为长官对下的告谕。(凌文超:2014A)

即 米

（壹·231；壹·4539）

即米应为"限米"之误。（李明龙：2006，P60）

八　画

奉

（壹·2021）
专指官吏的给禀。（李明龙：2006，P28）

奉鲑钱

（叁·7353；叁·7355）
奉鲑钱之鲑乃指鱼菜……孙吴地处南方鱼米之地，渔业发达，人们也喜爱水产品，故而在官俸制度中应运而生了"奉鲑钱"……它的命名也是基于吴地风俗而产生的，是结合了汉代"奉钱"的用法和吴地语言产生的新名词……孙吴的奉鲑钱本意应是政府不能向每一位官员供应鱼菜，所以发放相当的钱币供其使用……是孙吴官员正俸之外的一种杂俸，按月发放。（庄小霞：2010）

拘计

（壹·1670）
总计。"拘"有"聚集""收集"之意。《淮南子·本经》："今至人生乱世之中，含德怀道，拘无穷之智，钳口寝说，遂不言而死者重矣。"吴简中"拘"和"计"连文成词，有"统计""总计"之意。（李明龙：2006，P67）

拘　校

（壹·2350）

1. 拘，拘检，《玉篇·句部》："拘，拘检也。""拘校"指检究考校，亦见于汉简，如《新简》EPF25·3："踵故承余，府遣掾校物少不应簿。拘校天凤。""拘"通"钩"，故汉简及史籍所见多作"钩校"，如《合校》269·8："在时，表火课常在内，未曾见收，不知钩校。候言。"《汉书·陈万年传》："少府多宝物属官，咸皆钩校，发其奸臧。"《后汉书·陈宠传》："又钩校律令条法溢于《甫刑》者，除之。"（李均明：2005）

2. 即审查勾检之意。（魏斌：2006）

3. 即钩稽校核之义……"拘校"一词，与吴简中"料校""料核"等义近。吴简中，"拘校"或单作"校"字……目前，我们虽然暂无法详细知晓吴简文书"拘校"或"料校"的方式或流程，如陈（槃）先生所曰"记注"等信息，可能是"拘校"的表现之一。（何立民：2012，P50）

其　月

（叁·7355）

即当月。（何立民：2012，P50）

取　禾

（壹·941；壹·942；壹·943；壹·949；壹·958；壹·963；肆·3562；肆·3596；肆·3631；肆·3673；肆·3843；肆·3844）

1. 取禾当为领取种子记录……"禾"与"米"有别，《说文》："禾，嘉谷也，以二月始生，八月而熟，得之中和，故谓之禾。"段玉裁注："民食莫重于禾，故谓之嘉谷。嘉谷之连稿者曰禾，实曰，之人曰米，米曰粱，今俗云小米是也。"知"禾"为之未经加工脱壳者，故可作种子。（李均明、宋少华：2007）

2. 取禾一词当指从官府领取粮食或种子，而不是向官府交纳租税。（于振波：2008B）

3. "大男□□二夫取禾一斛"意思是大男某被封建政府雇佣了两天，取得了一斛的报酬。（蒋福亚：2011A；2012B，P285）

4. 这是集中在某丘的服役者定期（半月或一个月）向仓领取粮食。（沈刚：2012A；2013，P62）

苦

（壹·5336；壹·5419）

1. "苦腹心病""苦肿病""苦狂病"中的"苦"字，实际是表示疾病厉害程度的副词。（高凯：2005；2012）

2. 苦腹心病，苦表示疾病之轻重程度。（黎石生：2009B）

3. 这些"苦"都是动词，表示患病之义。在传世文献中，这类用例也很常见。例如《三国志·魏书·方技传》："太祖苦头风，每发，心乱目眩，佗针鬲，随手而差。初，军吏李成苦咳嗽，昼夜不寐，时吐脓血。"（周祖亮：2010）

若

（长沙市文物工作队、长沙市文物考古研究所：1999，彩版叁：2，J22—2540；壹·2746；壹·2754）

1. 若本有顺应之义，如《尚书·尧典》："乃命羲和，钦若昊天。"此处与"诺"通。《说文解字》言部："诺，应也。"最重要的是，在公文最后"画诺"，为汉唐间通行之制度。（王素：1999）

2. 通"诺"，允许、批准意。又见其笔迹与同简其他文字异，当为另一人所书，其人当为撰写草稿者之上级无疑。（李均明：2008A）

按：J22—2540 释文漏释。

直

（壹·1810；壹·1815；壹·1993；壹·2250；壹·2251；壹·2262；壹·2386）（壹·2541；壹·2542；壹·2584）（叁·4756）

1. 即值。在全民用语中是"价值"的意思，但在吴简中是用来特指士卒等兵户的俸禄。（李明龙：2006，P10）

2. 指一般为官府服务人的给禀。（李明龙：2006，P28）

3. 价格或价钱。（蒋福亚：2007B）

4. 竹简中所谓的"直"即轮值之意。在轮值期间，每人每月由其所属单位禀给每人每月二斛或二斛五斗粮食，这便是东吴政权对服役士兵的禀给军粮制度。（高敏：2007B）

5. 为价值相当于之意。（戴卫红：2010B）

6. 作为"雇运者"的工钱。（戴卫红：2010B）

7. 发放"直"之前要对直的起止月份、人数、食米数目等内容造册登记并交由相关部门掌管，直具体由属于节度系统的督军都尉来调配，实物为米，直的标准因人而异，发放时间各有不同。直的发放以月为时间计算单位；发放对象为各类"吏士""师士"以及各级官吏，领取直的人为本部门的相关人员……直是官府给吏士、师士、司马、书史、乡吏等的口粮。（戴卫红：2010B）

8. "直"和"值"互通，指的是值勤。（蒋福亚：2011A；2012B，P28）

按：第一组编号对应义项1、2、4、7、8；第二组编号对应义项3、5；第三组编号对应义项6。

直 事

（长沙市文物工作队、长沙市文物考古研究所：1999，J22—2540）

直事，当值主事官员。《文选》左思《魏都赋》："直事所磐，典刑所藏。"李注："直事，若今之当直也。蔡邕《独断》曰：'直事尚书一人。'"

（胡平生：1999）

欧 背

（壹·10467）

文献中虽没有"欧背"，却有"伛背"。如《淮南子·说山训》："文王污膺，鲍申伛背，以成楚国之治。"《旧唐书·史思明传》："（史思明）姿瘦，少须发，鸢肩伛背，廞目侧鼻。""伛"，指脊椎残疾，即所谓之"驼背"。《吕氏春秋·尽数》："苦水所多尪与伛人。"高诱注："伛，脊疾也。"《礼记·问丧》郑玄注："伛，背曲也。"《说文·人部》："伛，偻也。"对于"偻"，又有"背偻"的解释，段玉裁注谓"曲脊"。则竹简中"欧背"应该就是"伛背"。"欧"与"伛"均从"区"得声。《说文》："欧，从欠，区声"，"伛，从人区声"。上古均属侯部字，三国魏晋时期分属幽、鱼两部，音近可通。"欧"或作"呕"，《说文》："欧，吐也。"《释名·释疾病》（卷八）："呕，伛也，将有所吐，脊曲伛也。"《集韵》：呕，虞韵，匈于切；又遇韵，威遇切。《正字通·亻部》释"伛"："俗读若偶，或作'廆'。"《史记·淮阴侯列传》："项王见人恭敬慈爱，言语呕呕。"《集解》："音凶于反。"《索隐》："音吁，呕呕犹区区也。《汉书》作'姁姁'。邓展曰：'姁姁，和好貌也。'"可见"欧""呕""伛"三字音近，皆可相通。（杨小亮：2007）

欧 病

（叁·1455）

1. "欧病"的"欧"通"呕"，《后汉书·苏章传附苏不韦传》有"发病欧血死"，用法相同。（侯旭东：2001A）

2. "欧"通"呕"，意指吐血一类的肺痨之病。《说文·欠部》："欧，吐也，从欠，区声。"《集韵·厚韵》："欧，或作呕。"《魏志·武帝纪》："（袁）绍自军破后，发病欧血，夏五月死。"《吴志·三嗣主传》注引《华阳国志》："孙皓使送（杨）稷下都，稷至合浦，欧血死。"又《魏志·袁术传》注引《吴书》：袁术"顿伏床下，呕血斗余而死。"（黎石生：2002）

3. "殴"通"呕",即呕血、吐血之病。晋常璩《华阳国志·后贤志·杨邠》:"武帝方授交州,会孙晧遣大将薛珝,陶璜十万人攻稷……囚稷,欲以送晧,稷呕血死。"(何立民:2012,P48)

尚书郎

(壹·8416;壹·8617;壹·8639;壹·8642)
"郎吏"或指"尚书郎",亦即简文所云"尚书吏",主文书起草收发及侍从等,《晋书·职官志》:"郎主作文书起草,更直五日于建礼门内。""郎吏"见《汉书·文帝纪》:"减诸服御狗马,损郎吏员,发仓粟以振贫民。"《后汉书·和殇帝纪》:"赐诸侯王、公、将军、特进、中二千石、列侯、宗室子孙在京师奉朝请者黄金,将、大夫、郎吏、从官帛。"《三国志·魏书·明帝纪》:"其郎吏学通一经,才任牧民,博士课试,擢其高第者,亟用;其浮华不务道本者,皆罢退之。"《晋书·陈骞传》:"起家尚书郎,迁中山、安平太守,并著称绩。"吴承汉制,晋又袭之。 (李均明:2008B;2008C)

具 钱

(壹·4435;壹·5359;壹·5379;壹·6030;壹·6365;叁·7345;叁·7428)

1. 具钱之"具"与"具律"之"具"的用法似乎更为相近。如此,"具钱"指官府认可并颁行的标准币(或法钱),市场上流通的钱币必须以此为基准。(于振波:2006B)

2. "具"有完备之意。具钱似指府库中储备的标准币(或法钱),而行钱似指市面上流通的货币。大概当时币制不稳,市面上流通的多为劣质、不足重的货币,所以有具钱与行钱之分。早在西汉时期就曾使用过这种办法,例如,汉文帝时,贾谊指出:"民用钱,郡县不同:或用轻钱,百加若干;或用重钱,平称不受。"注引应劭曰:"时钱重四铢,法钱百枚,当重一斤十六铢,轻则以钱足之若干枚,令满平也。"湖北江陵凤凰山168号汉墓曾出土汉文帝时期的称钱衡,杆上刻有文字,说明它是校量四铢钱用的。(于

振波：2005A）

3. 行钱是流通的钱，具钱可能就是不流通储备钱。是标准重量的储备钱，一批钱在储备时按它的总重量除以五铢就是其标准个数，也称"具钱××"。（李明龙：2006，P34）

4. "具钱"是官府储藏的钱中，具有完备性、合法性的钱币；反之，价值稍贱的"行钱"，则有可能是不具有完备性和合法性的钱币。再从"具"字的意义来说，它具有供置、备办、完备、器具和才能多种词义，把它和钱币结合起来考虑，"具钱"应当是比较完备的优质钱币。（高敏：2006D）

5. 吴简中的行钱指质次的流通之钱，具钱指形制完好、分量充足的钱。行钱使用主要与实物发生关系，或用在政府支出方面；具钱则是缴纳货币之征的各种货币，以及统计收入之用。而这有折算关系，但具钱的价值始终高于行钱。吴简中具钱行钱并行现象的出现是东汉中后期币制混乱所产生的后果。（沈刚：2008；2013，P135）

6. "具"有"完备"之义。《管子·明法》："百官虽具，非以任国也。"《水经注·江水》："其石嶔崟，数十步中，悉作人面形，或大或小，其分明者，须发皆具，因名曰人滩也。"又《居延汉简》："第廿五车父平陵里章盈川。官具弩，七……"编者注："具弩，弩之附件配备齐全者称具弩。"由完备义引申为标准义。吴简·5359和·5379中"具钱"和"行钱"相对出现，且两者存在一定兑换比例。因此可以判定它们是一组在一定语境中意义相对的词。从上文可知"行钱"是"流通的钱"，因此"具钱"可能是不流通的储备钱。综上所述，"具钱"是标准重量的储备钱，一批钱在储备时按它的总重量除以五铢就是其标准个数，也称"具钱××"。行钱是有一定误差的实际使用的钱，按实际个数计算。具钱一旦流通就成为行钱。（黄敏、李明龙：2012）

典田掾

（壹·1361；壹·2678；壹·2754）

1. 此掾的职责当如官名所示，为管理田地……《吏民田家莂》中记录了每家"佃田"或"租田"的数额、类型等，这项工作应是由乡典田掾完成的。（侯旭东：2004C）

2. 临湘侯国派驻乡主管田地的吏员。（凌文超：2015D，P68）

典军曹史

（柒·2018；捌·3292）
当时讨伐武陵蛮军队中的中下级军官。（王素：2015）

典运吏

（壹·1805）
典运吏仅此一见，未详所属，可能是具体负责安排运输事务的小吏。（侯旭东：2006B）

典掾

（长沙市文物工作队、长沙市文物考古研究所：1999，J22—2540）
即典田掾，此掾原本的职责如官名所示，为管理田地。（王彬：2014）

罗列

（叁·7193）
列举。（陈顺成：2012A）

知觉

（胡平生：1999 录文）
发觉，察觉。《后汉书·杜诗传》："如有奸人诈伪，无由知觉。"（胡平生：1999）

按：原文作"所觉"，胡平生改释为"知觉"。

物　故

（叁·3074）

1. 为"病故、死亡"。又，"物故"与"被病"多联袂出现。"被病物故"作为动补式或补充式词组，"被病"即染病、患病，"物故"则表示染病的结果为死亡。（何立民：2012，P30）

2. 死亡意。（周祖亮：2010）

侄

（贰·7939）

侄的原始意义，如《尔雅·释亲》所言："女子谓晜弟之子为侄。"晋以后则又与伯叔对称，始称叔侄。吴简"吏民簿"中"侄"所称多就户主而论，所指男女皆有，并与"兄子"同出，正体现了向晋代使用习惯的转变。（孙闻博：2010B）

依

（蒄4·491–493）

根据，按照。《楚辞·离骚》："虽不周于今之人兮，愿依彭咸之遗则。"（黄晓菲：2009，P224）

依……书

（贰·4447）

依，依照，《后汉书·窦宪传》："乃拜宪车骑将军，金印紫绶，官属依司空。""依……书"指遵照某种文书执行，与"被……书"意义相类。

(李均明：2005)

帛　米

（壹·1387）

我们认为"帛米"就是"白米"。"帛"与"白"在古文献中互通。《诗·小雅·六月》："白旆央央。"孔颖达疏："言白旆者，谓绛帛。"《公羊传·宣公十二年》徐疏引白作"帛"。朱骏声《说文通训定声·豫部·白》"白假借为帛"。《左传·闵公二年》："大帛之冠。"《礼记·杂记上》郑注引"帛"作"白"。《管子·轻重戊》："民作白布。"戴望校正："白、帛，假借字。"《齐民要术》一引作"民作布帛"。以上是"白"借为"帛"。《礼记·玉藻》："大帛不绥。"郑玄注："帛当为白。"俞樾《杂纂》："白与帛，古字通。"（李明龙：2006，P55）

所　备

（壹·2263；肆·4808）

1. "所备"或单作"备"，吴简中常见，体现了孙吴政权对官吏的过失追究制度。"备"作"偿还"解，《通鉴》卷五十"汉安帝永宁元年"条："北虏遂遣责住过，备其逋租。"胡注：备，偿也。《魏书·刑法志》亦有"盗官物一，备五"之说，"备"亦作"偿还"解。《睡虎地秦简》与《张家山汉简·二年律令》中常见"不备"一词，意思是不足数，作为动词的"备"亦包含补足数额的意思，确切地说是只因为达到应有的数额而偿还补足，与吴简中常见的"还"字有相当的区别，"还"的前提是"贷"，"贷"是一种经过认可的出借行为，并非过失，而"备"则包含了弥补过失的含义。（侯旭东：2006B）

2. "所备……廪米"，应是为某项政府事务预征的粮食储备……"备"常用义为"备具"，指达到或完成某项额定标准。（蒋非非：2011）

金田曹

（叁·3807）

与仓田曹、田户曹一样，为两曹名称连起来成为另一曹名。至于与金曹、田曹的关系，限于材料，无法详知。（徐畅：2011）

金 民

（长沙市文物工作队、长沙市文物考古研究所：1999，J22—2499）

当为手工业者，他们本来未必从事农业生产，但吴国为了保证粮食供给，把这些人组织起来进行屯田，并缴纳限米。既然还称之为金民、殽士，说明在屯田之余，这些人大概还可以从事自己的本业，就像卫士、邮卒、传卒在屯田的同时，仍然要承担各自的兵役一样。（于振波：2004B）

金民限米

（长沙市文物工作队、长沙市文物考古研究所：1999，图版，编号J22—2543）

1. 应是从事采金活动的民户所交的米……采金者当另立户籍，北魏汉中之"金户"，刘宋始兴郡的"银民"，或是其比。（侯旭东：2001B）

2. 吴简"金民限米"从字面上似可理解为"从事采金活动的民户所交的米"。（陈荣杰：2012，P127）

金 曹

（肆·1763-1）

主要负责钱布的出入。（凌文超：2014B）

肿（踵）两足

（壹·6026；壹·6435；壹·7325）

1. 踵，《新收获》认为通"肿"，以其他户籍内容证之，可从。《吕氏春秋·尽数篇》："重水所多与躄人。"高诱注："踵足曰，躄，不能行也。"《汉书·贾谊传》："天下大势，方病大瘇……令失不治，必为锢疾，后虽有扁鹊，不能为已。"如淳曰："肿足曰瘇。"贾谊以"大瘇"喻天下之大势，指出不及时治疗，必酿成痼疾，其实纵是扁鹊也难以医治。可见在汉人的意识中，肿足并非小疾。吴简户籍将"肿两足"列为登录对象，"肿两足"者可"复"，亦可见肿足为重症。（徐世虹：2001）

2. "肿"可与"踵"互通，"踵"即指"肿足"病而言。《说文》："肿，痈也。"段玉裁曰："凡膨胀粗大者谓之痈肿。"《说文》："踵，追也。"两字意义虽不同，但是声旁相同，音皆构拟作"tjiong"。所以两字可以互通。《庄子·内篇·德充符》："闉跂支离无脤说卫灵公，灵公说之；而视全人，其脰肩肩。"刘宋王叔之疏："闉，曲也，谓挛曲企肿而行。脤，唇也，谓支体坏裂，伛偻残病，复无唇也。"其中"肿"当作"踵"。"企踵"意即：跷起脚跟。如《汉书·萧望之传》载："是以天下之士，延颈企踵，争愿自效，以辅高明。"……笔者认为肿足病可能就是现代医学中所称的血丝虫病。丝虫病在慢性期会有阴囊肿大，下肢象皮肿等症状……这些影响居民健康状况的流行病，也影响到政府征发徭役。"肿足"者两腿木硬，行动困难，如果严重到"终身不便"的程度，就完全丧失了劳动、作战能力，自然要免役了。（汪小烜：2001）

3. "踵两足"的"踵"字，《玉篇》释为"足后"，《集韵》称"朱用切，音种，跄踵不能行貌"；《释名》释"踵，钟也，钟聚也，上体之所钟聚也"；《淮南子·地形训》称"北有肢踵民"，《注》曰："肢踵，踵不至地，以五指行。"这正好与麻风病常见的垂足及足畸形的症状相类似。（高凯：2005）

4. 笔者以为很可能是因冬季赤脚而造成的严重冻疮……三国乃至更晚的时代南方各地的百姓依然没有穿鞋的习惯……冬季跣足，出现冻疮的可能性就很大，如果治疗不得法，春天气候转暖时便无法自行痊愈，反而会更加严重，从而形成"肿足"。病情再严重甚至需要截肢，吴简记载有些人"雀足"（壹·4843）的情况，或与此有关。此外，根据现代医学的研究，冻疮多见于儿童、青年女性或久坐不动者，亦可解释为何吴简中会有5—11岁的儿童患"肿足"病以及31例女性患者。还需注意的是东汉末年以来，中国气温处在一个较低的时期。在这种气候条件下，南方冬天的气温会更低，出现冻疮的机会也就更多。（侯旭东：2006C）

5. 吴简中的肿足、肿病看成是血吸虫病并发症的解释更有说服力。根据现代临床医学研究，血吸虫病可以分为幼虫侵入期、痢疾期、肝硬化期三个阶段。反复感染的病人，若不及时治疗就会逐渐进入血吸虫病晚期，导致肝脏硬化。在肝硬化初期，常有肝脾明显肿大和腹壁静脉显露的症状，后期常有贫血、腹水、腹痛、呕血、肢肿等严重的并发症状。另外，血吸虫病与三国吴地的地理环境、传染疾病类型也完全相吻合。（周祖亮：2011）

6. 吴简中的肿足，反映了丝虫病（基本上是马来丝虫病）和脚气病两种疾病在古代长沙地区的流行与存在。（曲柄睿：2011）

7. 从吴简中"肿两足"名称看，孙吴初期临湘侯国的许多疾病应与在此肆虐已久的血吸虫病有着密切关系。（高凯：2012）

8. 从医学角度看，可能出现肿（踵）足症状的疾病有多种。笔者以为，《竹简【壹】》中所见之肿（踵）足病病因亦当如此，不大可能是单一性的，而应是多源性的，丝虫病可能是其中的主要病因。如果患者确系丝虫病所致，其病源当是班氏丝虫而非马来丝虫。因为《竹简【壹】》中尚未见到确切的肿手病例……除丝虫病外，至少还有以下三种病因需要考虑：其一，营养性水肿。其二，老年性浮肿。其三，血丝虫病……吴简中所反映的"风病""苦风病""盲两目""盲左、右目""踵左足""踵右足""苦痛病"等疾病名称看，孙吴初期长沙郡临湘国的许多疾病应与同样肆虐已久的麻风病有着密切关系。（高凯：2012）

9. "踵"是当地的地方病，比较普遍，对人身及劳动力的损害相对大。（蒋福亚：2012B，P56）

10. 湿型脚气病。（彭卫：2015）

变○色

（肆·1352；肆·1417；肆·1427；肆·1444；肆·1447；肆·1451；肆·1604；肆·3580；肆·3594；肆·3874；肆·3883）

1. "变某色"应是指该牛的毛色，可能因其不同于黄色而另加说明。（熊曲：2012）

2. 因黄牛的常见色为黄色，"变○色"似即非黄色，而是他色的意思，易言之，"变"表达与黄色不同之义，相关简例中"变"之后的颜色为黄牛的毛色。（凌文超：2013B）

夜（腋）病

（长沙市文物工作队、长沙市文物考古研究所：1999，无编号，彩版肆：1）颐病、夜（腋）病，疑指下颌、腋下等处所患重症。（徐世虹：2001）

盲

（壹·10368）

1. 指眼睛失明。《说文·目部》："盲，目无眸子。"《释名·释疾病》："盲，茫也，茫茫无所见也。"（黎石生：2009B）

2. 从现代碘缺乏病的分布区域和碘缺乏致病类型看，由于孙吴初期长沙郡临湘国境内正在碘缺乏区，所以，吴简中的"盲目"等恶性疾病还可能与碘缺乏病有关联。（高凯：2012）

单 身

（壹·5152；壹·5925）

名籍中特别标识单身字样的，以现有资料看，主要是有一定工作技能的青壮年劳动力……走马楼竹简所见"单身"字样，似乎体现出管理形式的专门性和特殊性……就普通民众来说，"单身逃役"形成的危害，管理者也以为难以挽救。这样的考虑，可能是走马楼竹简名籍所见多数"单身"身份被特别注明的原因。而由此透见的当时情势尚未安定以致人心浮动的社会状况，也是我们应当注意的。（王子今：2011）

单　独

（贰·7835）
谓孤独无亲属。（陈顺成：2012A）

按：原简释文作"蜀"，通"独"。

单　蜀

（贰·7835）
"蜀"通"独"，独立、孤独、无眷属之义。如扬雄《方言》卷十二曰："一，蜀也。南楚谓之独"，郭璞注："蜀，犹独耳。"华学成先生曰："'蜀'、'独'古音同，训'一'盖谓单独、独一之义……今扬州西北郊犹有一孤独山冈，名曰'蜀冈'，正《尔雅》之义。"郝懿行释《尔雅·释山》"独者蜀"条时云："按：蜀木桑虫，其性孤特……是蜀有独义。"明陈耀文《天文记·邸驿》曰："师古曰：'传者，若今之驿。古者以车谓之传车，其后又单蜀马，谓之驿骑。'"据此，单蜀即孤独、孤立之义。（何立民：2012，P30）

注　役

（壹·959）
此处"注"即注销、豁免。《后汉书·酷吏列传·王吉》："课使郡内各举奸吏豪人诸常有微过酒肉为贓者，虽数十年犹加贬弃，注其名籍。"据

此，注役即豁免徭役之义。（何立民：2012，P55）

波　田

（贰·4558；叁·2988；叁·7218）

"波田"一词不见于传世文献。1984年江苏仪征胥浦出土的《先令券书》曾出现"波田"一词："五年四月十日，妪以稻田一处、桑田二处分与弱郡，波田一处分与君。"很显然，"波田"不同于"稻田"和"桑田"。"波"古音为帮纽歌部，"陂"古音亦为帮纽歌部，"波"当通"陂"，"波田"即"陂田"。传世文献"陂田"为山田义。《史记·酷吏列传》："乃贳贷买陂田千余顷，假贫民，役使数百家。"而"山田"又指下等田。《管子·山国轨》："山田以君寄币，振其不赡，未淫失也。"据此，"波田"当即"陂田"，指土质较为贫瘠的下等土地。（陈荣杰：2012，P70）

波唐（溏）

（叁·7241）

1. 即陂……汉代水利工程的一种重要类型，面积不一，大小皆有，大者如《北堂书钞》卷七十六引华峤《汉后书》：在章帝时期，"何敞为汝南太守，修治鮦阳之旧陂，溉田万顷，垦田三万余，咸赖其利，吏民刻石，颂敞功德"。是为溉田万顷的地方大型水利工程。小者如《后汉书·樊宏传》所载刘秀外家樊氏，"其所起庐舍，皆有重堂高阁，陂渠灌注。又池鱼牧畜，有求必给"，这是豪强家族内部的小型水利工程。（沈刚：2009B）

2. "波"名呼水利工程吴简中常见，"波"既可单称，也可与"唐（溏）"联称……在这里"唐""溏"可通用。据《玉篇·水部》"溏"本义便是"水池"，而"波"与"唐（溏）"联称，甚至"京口塘"（简7205）（仅一见）以"塘"代"波"，而"塘"从古至今都有"水池"、"池塘"之义，可见，吴简中的"波"也就是池塘的意思，与文献中常见的"陂"词义相同。（方高峰：2010）

3. "波田"或"唐田"，就是前论陂塘所灌溉田地的正式名称。（孙闻博：2010A）

4. 亦作"波唐"（柒·7241），传世文献稀见。其中，"溏"即池塘，如元康《越绝书·越绝外传记宝剑》曰："观其鈲，烂如列星之行；观其光，浑浑如水之溢于溏。"《钜宋广韵·下平声·唐十一》曰："溏，池也。"《龙龛手鉴·上声·水部第三》曰："溏，音唐，池也。"另外，"波溏"亦做"溏波"……据此，所谓"波溏"即用于储水灌溉、养鱼种莲（包括水生蔬菜等）、饲养水禽的池塘（池塘岸边，亦植林木），不仅是当时流行的小型水利灌溉设施，还是农业与家庭手工业的重要产地之一。（何立民：2012，P27）

治 师

（壹·6667；壹·6709）

吴简中另有"治师"，可能就是"冶师"，即从事冶铁的手工业者。但其与乾锻师、佐有何区别，却不得而知。（韩树峰：2004）

定

（荊5·815；荊5·905；荊5·963；荊5·1130；荊5·1155）

确定、规定。《书·大禹谟》："朕志先定，询谋佥同，鬼神其依，龟筮协从。"《史记·太史公自序》："萧何次律令，韩信申军法，张苍为章程，叔孙通定礼义。"（黄晓菲：2009，P45）

定 收

（荊4·139；荊4·193；叁·1963；叁·1969；叁·2628；叁·6775）

1. "定收"和"熟田"是同义词，指有收成的田。（蒋福亚：2012B，P8）

2. "定收"辞书未收，但"定"有固定、规定的意思，《荀子·王制》："夫是之谓定论，是王者之论也。"杨倞注："定论，不易之论。"《书·尧典》："以闰月定四时成岁。"孔颖达疏："若以闰月补阙，令气朔得正，定四时之节气，成一岁之历象。""定收"一词本身就体现出很强的规定性。据简文文意"定收"当指统治者根据土质、地力而行政规定的亩产量较高的田地。（陈荣杰：2012，P57）

3. "定收"本指实际有收成，固定的用在"定收若干亩"结构中，已固化成熟田的代称……定收田（熟田）是一种绝对优质田、高产田。（路方鸽：2014）

定余钱

（叁·7413）

定余钱是指实际节余的钱数。在居延简中关于邮书传递有"定行"一词。是指实际传递邮书所用的时间，定余钱大约也可以作如是观。（沈刚：2011E；2013，P74）

审　实

（叁·3011）

1. "审实"，确实。《后汉书·东平宪王苍传》："伏闻当为二陵起立郭邑，臣前颇谓道路之言，疑不审实……"；刘知几《史通·直言》："次有宋孝王《风俗传》、王劭《齐志》，其叙述当时，亦务在审实。"（胡平生：1999）

2. 审实，即核查、核实之义。吴简中的例证还有"文父广奏辞，本乡正户民，不为遗脱，辄操黄簿审实，不应为私学"。《后汉书·光武十王传·楚王英》："既知审实，怀用悼灼，庶欲宥全王身，令保卒天年，而王不念顾太后，竟不自免。"《梁书·何敬容传》："初，景于涡阳退败，未得审实，传者乃云其将暴显及，景身与众并没，朝廷以为忧。"（何立民：2012，P58）

官佃客

（柒·总49744）

"官"指官府，"官佃客"应指官府的佃客。（王素：2011A）

按：《竹简》（柒）无此条简。

实 核

（长沙市文物工作队、长沙市文物考古研究所：1999，J22—2540）

实核，核实；"核"亦通"覈"。《论衡·齐世》："有人于此，立义建节，实核其操，古无以过，为文书者，肯载于篇籍以为行事乎！"又，《四讳》："实核事理。"《文心雕龙·定势》："桓谭称文家各有所慕，或好浮华而不知实核，或美众多而不见要约。"（胡平生：1999）

郎 吏

（贰·1448）

"郎吏"或指"尚书郎"，亦即简文所云"尚书吏"，主文书起草收发及侍从等，《晋书·职官志》："郎主作文书起草，更直五日于建礼门内。""郎吏"见《汉书·文帝纪》："减诸服御狗马，损郎吏员，发仓粟以振贫民。"《后汉书·和殇帝纪》："赐诸侯王、公、将军、特进、中二千石、列侯、宗室子孙在京师奉朝请者黄金，将、大夫、郎吏、从官帛。"《三国志·魏书·明帝纪》："其郎吏学通一经，才任牧民，博士课试，擢其高第者，亟用；其浮华不务道本者，皆罢退之。"《晋书·陈骞传》："起家尚书郎，迁中山、安平太守，并著称绩。"吴承汉制，晋又袭之。（李均明：2008B；2008C）

诡 责

（壹·9587；贰·178）

1. 征收索要。"诡"有"索要"义。《后汉书·循吏传·孟尝》："先时宰守并多贪秽，诡人采求，不知纪极，珠遂渐徙于交阯郡界。"李贤注："诡，责也。""责"有"索要"义。《说文·贝部》："责，求也。"徐锴《系传》："责者，迫迮而取之也。"王筠《句读》："责，谓索求负家偿物也。"《左传·桓公十三年》："宋多责赂于郑。""诡""责"同义连文。（李明龙：2006，P67）

2. 孙吴官方文书把对逋欠的追征称为诡课或诡责。《说文·言部》："诡，责也。"即责成之意……从吴简中可以看出，逋欠的当事人称为"负者"……逋欠的当事人不在当地或身亡，官吏则向其家属追征。（陈明光：2009）

3. 诡责即责成、追责之意，《说文》："诡，责也。"《后汉书》卷二《明帝纪》中元二年十二月诏："郡县每因征发，轻则奸利，诡责羸弱，先急下贫。"吴简中"诡责""诡课"等用语多见，除了用于一般性的百姓逋欠场合，还有另外一种情况，即包括针对文书校核中出现的"料校不见"现象，"诡责"相关责任人。（魏斌：2011）

4. 诡责谓责备、责问。（陈顺成：2012A）

诡 课

（壹·4341；壹·4355；贰·180；贰·186）

1. 从走马楼吴简所见，孙吴官方文书把对逋欠的追征称为"诡课"或"诡责"。《说文·言部》曰："诡，责也。"即责成之意。孙吴官府对逋欠采取如下两种处理办法，一是向当事人追征。二是逋欠的当事人如果不在当地或身亡，官府则向其家属追征。（陈明光：2009）

2. 诡，责成、要求之意。《后汉书·循吏列传·孟尝》："先时宰守多有贪秽，诡人采求，不知纪极，珠遂渐徙于交阯郡界。"李贤注："诡，责也。"而吴简中也有"诡责"一词……诡责常接"未入""负者"或"原除"，显然与亏空、逋欠有关。而"课"，督促、征收之意。《三国志·吴书·吴主传》："兵久不辍，民困于役，岁或不登。其宽诸逋，勿复督课。""诡课"，当即诡责课负，为责成征收亏欠之意。（凌文超：2014A）

诣（金曹）

（录事掾潘琬考实许迪列言金曹文书，王彬：2014 录文）
当取其本意：到、至。（王彬：2014）

诣 屯

（肆·4550 – 1）

即下文所记"诣大屯"，《三国志·魏书·张辽传》："孙权复叛，遣辽还屯合肥，进爵都乡侯。给辽母舆车，及兵马送辽家诣屯，敕辽母至，导从出迎。""诣屯"当即前往军队屯戍、屯驻之处。《三国志·吴书·步骘传》云："骘将交州义士万人出长沙"，"（黄武）五年（226），假节，徙屯沤口。"《三国志·吴书·吕岱传》云："黄龙三年（231），以南土清定，召岱还屯长沙沤口。"长沙沤口应即大屯军队驻扎之地。（凌文超：2014A）

录事掾

（肆·4850 – 1）

1. 通过分析文献例证及吴简有关记载，我们认为，所谓"录事掾"是"督邮"属吏的一种，主要职责包括：负责各类档案文书的校正、核查工作，至于其秉承督邮之敕意，主持裁决案件（特别是职务犯罪案件）仅是临时事务。（何立民：2012，P111、162）

2.《晋书·职官志》云县下吏员有"录事史"，汉代"录事掾"可见于《郃阳令曹全碑》碑阴，严耕望先生也将其列为县府的门下属吏，认为"录事自为一职，有掾、史、书佐"……录事掾的工作或与文书写作有关。不过《宋书·百官志》在叙述汉晋县级官制的时候亦云，除去县丞、县尉、五官廷掾和常置诸曹外，"其余众职，或此县有而彼县无，各有旧俗，定无制也"。县录事掾的存在目前仅有上引《曹全碑》等不多的证据支持；且"掾"本是动词，后来名词化，为主管意；而其文书工作的性质亦具有临时性，可由他人随时兼领。从这个角度来看，或许临湘侯国的录事掾非常设的县职，而只是因事设职的临时职务。（王彬：2014）

3. 顾名思义，为负责书记、总录官署文章的主管。该职在汉魏史料中常见。（凌文超：2014A）

承 余

（壹·1822；壹·2302；壹·5286；壹·5302）

1. 即开支剩余或节余。（孟彦弘：2004A）

2. 承，承继，《说文》："承，奉也，受也。"《后汉书·儒林传赞》："斯文未陵，亦各有承。""承余"之"余"特指上期之结余。（李均明：2005）

3. "承……余"，承，继承、接续的意思。《说文解字》："承，奉也，受也。""承余"也是一种表示结计的记账符号，多用来表示上期会计结算的剩余。在吴简入布簿中大多用来表示上月会计结算的结余，即对上个月度布的数量的一种统计。（魏龙环：2011）

承余新入簿

（贰·6233）

承余新入簿是一种与会计结算有关的收入账簿，包括承余与新入两部分。（陈明光：2009）

限 田

（贰·7784；叁·1972）

1. 当非"限民名田"之"限田"，而类似于差役……《嘉禾吏民田家莂》中"二年常限田"中的"限田"，大体上也是这个意思。（李卿：

2002）

　　2. 吏户佃种国有土地，这类强制佃种的土地叫"限田"……"限田"是封建政府强制诸吏、邮卒、卫士之类官府依附民佃种的土地，是控制这类依附民的经济手段。目前有关限田的年限、佃种亩积是按劳动力还是按户分配，是否有地区差别等都不清楚。（蒋福亚：2002A）

　　3. 具有某种身份的人如吏子弟，或者从事某种特定工作的人如邮卒，要向国家缴纳限米；因其所纳之米被称为"限米"，所以才将其所耕作之田连带称作"限田"，而不是相反。（孟彦弘：2008）

　　4. 用于屯田的土地叫作"限田"。（蒋福亚：2008A）

　　5. 限田当为缴纳限米之田，其意义与传世文献"限田"的意义不同。（陈荣杰：2012，P86）

限　会

（肆·3980）
当即限期期会。（凌文超：2014A）

限　米

（壹·2318；贰·380；贰·1024；贰·4043；叁·1680；叁·1844；叁·1996；叁·3739；叁·5011；叁·5623）

　　1. 限米是吏、兵一类非国家正户所缴纳之米。（王素、宋少华、罗新：1999）

　　2. 正因为"二年常限"是指税率限额而言，故所纳之米，谓之"限米"，因而"限米"一词不仅屡见于走马楼简牍之中，而且也见于《三国志·吴书·孙休传》中。（高敏：2000E）

　　3. 这类强制佃种的土地叫"限田"，缴纳的地租叫"限米"或"米限"。（蒋福亚：2002A）

　　4. 非国家正户所缴纳的田税。（李明龙：2006，P25）

　　5. 之所以称为"限米"，是指其除缴纳限米之外，不需再向国家承担一般百姓所需承担的其他种种赋役负担，所以限米的数量比一般百姓所承担的

租税米额度要重。(孟彦弘：2008)

6. 我们认为把吴简"限米"理解为"应为吏、兵一类非国家'正户'所缴纳之米"或"吏耕种'限田'而缴纳的米"都是不全面的……吴简"限米"的所指似有广义和狭义之分，广义的"限米"应是总称，包括我们前面所罗列的各种限米名目，狭义的"限米"应是特指某一种限米。(陈荣杰：2012，P105、108；2015)

7. "限亩"是指封建政府控制的劳动力如"佃卒""邮卒"或"卫士"等耕种的田地。"限米"是这些劳动者的产品。(蒋福亚：2012B，P21)

8. 纳税主体即租佃国有土地(如卫士田、佃卒田、邮卒田)的各类劳动者(包括卫士、叛士、校士、兵师士、习射、郡吏、县吏、乡吏、州佃吏、新吏、叛吏、客、佃客、复客、僮客、吏帅客、郡卒、邮卒、佃卒、屯田民、步侯还民、复民、金民、佃帅、贼帅、船师、私学、子弟等近三十种不同身份的劳动者)；课税对象为劳动者租佃国有土地的所得(或收益)部分(其中，计税依据为经过国家丈量的国有土地面积数额，税源则是土地产出或收益)，税率为每亩二斛的定额(固定)税率。(何立民：2012，P143)

9. 缴纳限米具有免除从军的作用。限米的意思是按某种规定需要缴纳的米。(王素：2015)

按：于振波认为"限米"与"常限田"无关，而是对屯田所征收的租税，之所以这样说，一是因为限米的征收标准远远高于佃田所征收的任何一种租税，二是因为走马楼吴简中与屯田有关的租税，主要是限米，而此项租税不见于田家莂所列出的租税名目，三是因为缴纳限米的人，其身份与田家(佃田者)不同。(于振波：2004B)

李恒全认为吴简中缴纳限米并非是区分是否为国家正户的标志，认为大男等也缴纳限米。不过，相对于特殊人口而言，大男等正户缴纳限米的比例很小，因而很难遽然定论。(李恒全：2012)

限佃客

(贰·6872；叁·93；叁·1787；叁·3039；叁·3053；叁·3080；叁·3841)

所谓"限田客"就是指在耕种限田的客。因为其他耕种限田者是"诸吏、邮卒、卫士之类官府依附民",所以,与此相类,限佃客也是官府的依附民,但从名称看,他们或许是专门从事耕作的依附人口。(沈刚:2011C;2013,P201)

限　亩

(壹·59)

是指封建政府控制的劳动力如"佃卒""邮卒"或"卫士"等耕种的田地。(蒋福亚:2012B;P21)

驽　闇

(叁·3183)

闇有愚昧义,如《一切经音义·阿毗达磨识身足论》"冥闇"条中,唐慧琳引《埤苍》曰:"闇,劣弱也。"晋陆云《国起西园第表启》有言曰:"臣以凡才,殿下不以为驽闇,特蒙拔擢,将以臣能有狂夫之言,可以裨补圣德。"据此,"驽闇"义项当为驽钝、愚昧、糊涂。"驽闇"又作"驽暗"。(何立民:2012,P30)

细　小

(贰·6649;贰·6708;叁·2945)
1. 《广雅·释诂》二字互训:"细,小也。"犹言幼小。(徐世虹:2001)
2. 细小,指年幼不堪役使。(侯旭东:2001A)
3. 细小当指未成年人。(臧知非、沈华、高婷婷:2007,P219)
4. 关于走马楼竹简简文"细小"的本义,可以有瘦弱的理解。(王子今:2009;2010)
5. "细小"为吏籍专用术语。(王素:2009A)
6. 吏父兄子弟人民年纪簿中对于十四岁以下的小口则要逐一注明"细小"。(侯旭东:2011)

7. 同义连文，义为人瘦弱矮小（不能服役）。（陈顺成：2012A）

织　作

（壹·5755；贰·5461）

"作"，或称作"织作"，或称"织部"，愚意以为这是指官府作坊，是师佐们劳作的地方。"织作"该是纺织或织布作坊。（蒋福亚：2011D；2012B，P264）

织作布

（贰·5461）

织作布，据《魏书·西域传》："叠伏罗国……有白象，并有阿末黎，木皮中织作布。"据此，"织作布"是一种特殊品种的布。（沈刚：2010B；2013，P83）

驿　兵

（壹·8976；贰·1571；贰·1778；贰·1781；贰·1903）

驿，驿站。《后汉书·百官志》："法曹主邮驿科程事。"《后汉书·舆服志》："驿马三十里一置"，注引"臣昭案：东晋犹有邮驿共置，承受傍郡县文书。有邮有驿，行传以相付。县置屋二区。有承驿吏，皆条所受书，每月言上州郡。"驿兵即服务于驿站的兵员，简文所见驿兵年龄都较大，当为服务于驻地者，或有别于从事传递服务之邮卒。（李均明：2008B；2008C）

贯连师/贯连佐

（壹·6611）

1.《说文·毌部》："贯，钱贝之贯，从毌，贝。"段玉裁注："钱贝之册，故其字从册、贝，会意也。"按此解释，"贯"即古代穿钱用的绳索，即钱串。《史记·平准书》："京师之钱累巨万，贯朽而不可校。"以此为基础，"贯"引申为动词"穿过"之意，并与"连"连用。"贯连师""贯连佐"或即以制造钱串为业的手工业者。（韩树峰：2004）

2. "贯连"意谓贯穿连接，铠甲制造业使用此类工艺的机会最多，亦最讲究，故贯连师、佐或与制造铠甲相关。当时战事频仍，作战器具的使用量很大，故与之相关的制造业也较发达乃在情理之中。（李均明：2008C）

3. 应作广义的理解，其工师可能还要负责兵事器械的组装。（凌文超：2011C）

九　画

持　还

（贰·2910背）
吴简习见，其义项为"带回""送还""归还"。（何立民：2012，P53）

赵伪壅非

（叁·3229）
表示"纠正谬误"之义。（何立民：2012，P112）

草

（柒·558）
"草"在这里是"起草""撰写"之意……"草奏""草表"，亦为此意，而非"草稿"。（徐畅：2011）

草　言

（柒·4419）
1. 为一种公文格式。（王素、汪力工：2009）
2. 为汉晋文书常用语，义项当为书面告白、陈述。（何立民：2012，

P29）

3. 是临湘侯国对发出公文的留底证明。（王彬：2014）

草　刺

（贰·8889）

草，草稿，用作动词时指撰写草稿的行为。草稿属原始文稿，是公文尚未定稿允许进行讨论、修改的基础……刺，用于对上级汇报备查的实录文书，所载通常为客观事实……"草刺"当指撰写公文草稿的登记。其上冠以"言府"二字，则范围限定于向临湘侯相府报告有关事项的草稿……"草刺"本文，其格式通常分为两段：前段概略地叙述所书草稿的内容（不是草稿全文），多见以"草言"二字起首……"草刺"所叙事皆为内容提要……故文末以"事"字结尾……草刺后段署撰写时间及撰写人，文末则以"白"字结尾……"草刺"所见两段内容之间，或以空格间隔，或分两行书写。凡分两行书写者，后段则多书于竹简之下半部位置，以示二者有区别，即前段为主项，后段为辅项……"草刺"所言事项涉及当时各种政务及社会活动，内容极丰富……综上，"草刺"仅为撰写草稿的记录，兼具发文登记功能，但它又不是草稿本身。（李均明：2008A）

茮　粻

（肆·4617）

茮字，应是"秫"的异体字。"秫"在《睡虎地秦墓竹简·仓律》中写作"樼"，吴简中的"茮"应是对汉代"樼"的省简改造。《说文》："秫，稷之黏者。从禾、术，象形。术，秫或省禾。"段玉裁注："下象其茎叶，上象其。秫为黏稷，而不黏者亦通呼为秫。他谷之黏者亦假借通称之为秫。"清程瑶田《九谷考》："稷，北方谓之高粱，或谓之红粱。其黏者，黄白二种。"《尔雅·释草》："众，秫。"郭璞注："谓黏粟也。"郝懿行义疏："今北方谓谷子之黏者为秫谷子，其米为小黄米。"《周礼·考工记·钟氏》："染羽以朱湛丹秫。"郑玄注引郑司农曰："丹秫，赤粟。"《本草纲目·谷部·秫》："秫，俗呼糯粟。北人呼为黄糯，亦曰黄米。酿酒劣于糯也。"又引寇宗奭曰:"秫米初捣出淡黄白色,亦如糯,不堪作饭;最黏,故宜为酒。"《广雅·释草》:"秫,稷也。"王念孙疏证:"秫为黏稷,稷为黏稻,二者本不同物,故经传言秫,无一是黏稻者。但以稷、秫俱黏,故后世称稷者亦得假借称秫。"晋崔豹《古今注》卷下:"稻之黏者为秫。"南朝梁萧统《陶渊明传》:"公田悉令吏种秫,曰:'吾得常醉于酒,足矣!'"宋沈括《梦溪笔谈·辨正一》:"今酒之至醲者,每秫一斛不过成一斛五斗。"由此可见,走马楼吴简中的"秫粮"即"秫粮",是指黏性的稻谷……这种黏性的"秫粮"可能是籼稻的一种,也有可能就是粳稻。(谢翠萍:2014)

荒　田

(叁·6439)
已经荒废的田。(苏俊林:2015)

故　户

(壹·377;壹·379;壹·381)
1. "故户"是与"新户"相对而言;换句话说,"故户"就是旧管之户。户品简中特别标出"旧户",是新附户与其承担的赋役有别的缘故。这和战国秦汉以来吸引流民重新著籍,经常给予优复有关。(张荣强:2004A)
2. 是指"新户"出现前的老户而言。(高敏:2006C)

故　帅

(壹·4838;壹·4859)
1. 吏帅客死亡后被称为"故帅"或"故帅客"。(蒋福亚:2006)
2. 是"佃帅"死亡后的称谓。(蒋福亚:2008B)

故帅子弟

（壹·4640）
　　吏帅客指的是封建政府授命于郡县吏们统率或管理的客，在简中有时简称为"吏客"……吏帅客死亡后被称为"故帅"或"故帅客"，其子弟则被称为"帅子弟"或"故帅子弟"。（蒋福亚：2006）

故帅客

（壹·223）
　　所谓吏帅客指的是封建政府授命于郡县吏们统率或管理的客，在简中有时简称为"吏客"……吏帅客死亡后被称为"故帅"或"故帅客"。（蒋福亚：2006）

故生田

（肆·3989）
　　可能是旧有的生田，也可能是一种性质未明的田。（苏俊林：2015）

故　吏

（壹·1840；壹·9544）
　　曾经作为吏役制下的一员，除承担繁重徭役外，还需要耕种国家官田，缴纳沉重的租税，地位极其低下。（何立民：2012，P116）

故邸阁

（壹·1816）

"故邸阁"是离退休之邸阁，"邸阁"应该是"关邸阁"的简称。（湛玉书：2006）

故税米

（壹·5361；叁·3711）

文献中"故"有陈旧之意。《管子·五行》："赏于四境之内，发故粟以田数。"尹知章注："故粟，陈也。以田数多少，用陈粟给人，使得务农。"贾思勰《齐民要术·养牛马驴骡》："取黍米一升，作稠粥；以故布广三四寸，长七八寸，以粥糊布上，厚裹蹄上疮处。""故米"当指旧米，即隔年之米。查现公布《竹简》"税米"的缴纳一般在同一年或在次年，而上揭叁·3711"黄龙三年"（231）之税米却在嘉禾二年（233）缴纳，中间隔了一年，故称"故税米"。（陈荣杰：2012，P131）

苽　钱

（壹·1614；壹·1659；壹·1701；壹·2524；壹·5251；壹·5642；壹·5650；壹·5672；壹·5690；壹·6228；壹·9543）

1. "苽钱"又名"租苽钱"。"苽钱"的征收方式，主要以钱币缴纳，但也可以折成实物缴纳……按苽，为植物名称，名曰苽草，又名黄草，可以染色，亦可入药。由此可见，"苽钱"或"租苽钱"实为当地土特产税的一种。大约是凡以种植苽草为业者，就需要缴纳这种租税，故我把它列入部分居民课取的租税名目中。（高敏：2006D）

2. 苽当为刍，"苽钱"最可能由苽草作饲料的功用而来。秦汉以来，一直有刍稿税与田租并存……刍稿的征收是为了充实牲口的饲料。从汉代文献中我们可以看出，汉继承了这种赋税，从高祖时即有，东汉诏书中也多次出

现因为灾荒等原因刍稿税与田租同时减免的记录。汉末，刍稿税的征收形式已逐渐由实物转化为货币。（珠玛：2006）

3. 苨钱，根据李时珍《本草纲目·草部·苨草》等有关论述，又结合孙吴时期长沙地区特殊地理与气候环境，我们推断，吴简中的"苨"字，当与"苨草"的药用功效关系更为密切一些，这也可能就是孙吴早期征收苨钱的主要目的。据此，吴简中的"苨钱"，即征收货币、用于购买或征集苨草、以作药用的一种货币税目。（何媛：2011）

按：参见"蒻钱"条。

枯 兼

（叁·6311；叁·6320）

1. "兼"的字义，人们会想到"溓"。《说文·水部》："溓，薄水也。一曰中绝小水。"段玉裁注："《玉篇》、《广韵》作'大水中绝小水出也'。当时古人所见完本。""溓"是"薄水"，"中绝小水"，自然可以和"枯"形成对应关系。（通过对"兼"古文字角度的考察后认为）如果我们把走马楼竹简所见"枯兼"的"兼"理解为"浅"的异体，看来是合理的……数量颇为可观的"波""枯兼"现象，既反映了地貌变化，也体现了水资源状况。（王子今：2008B）

2. "波溏"与其配套的灌渠都是由泥土、石料与木材修建而成，这些土石或土木建筑必须经常维修，甚至不出二十年还得进行一次全面整治，否则就会失去效用。《竹简（叁）》的"枯兼"，便是"波溏"失去灌溉功能的体现，而"可用多少夫"正是对整治该"波溏"灌溉工程所需劳动力的预算。（方高峰：2010）

3. 枯芜。（凌文超：2012B）

4. 枯兼，即（因天气或其他原因，所导致的）河道、池塘等水源耗尽，裸露河床，与传世文献中的"干涸""涸竭""枯竭"等词语义近。（何立民：2012，P111）

5. 为原由官府管理的波田，随着波溏枯败而荒废，才被有势力的私家兼并，使用这个名称能够清楚说明它与其他兼并方式的区别。（张固也：2013）

柚租钱

（壹·5449）

按"柚"，为果木名称，其果实即为柚子。然则，"柚租钱"实际上是一种当地的土特产税。一次便收入"租钱"一万四千，即表明土特产税之重，也说明当地土特产柚子之多。（高敏：2006D；2008B）

要 簿

（壹·9547；壹·9590；壹·9612；壹·9617）

1. 要簿，记账的总簿……传世文献中也有"要簿"一词。《周礼·天官·小宰》："二曰听师田以简稽。"郑玄注："简，犹阅也。稽，犹计也，合也。合计其士之卒伍，阅其兵器，为之要簿也。"因此，"要簿"应是记账的总簿。"月计曰要，岁计曰会"，可能是后来账户更精细的产物。因而统言则"要""会"不分，析言则"月计曰要，岁计曰会"。（李明龙：2006，P66）

2. "要"字的意义本来有"会计簿书"一项。如《周礼·天官·小宰》："听出入以要会。"郑玄注："岁计曰会，月计曰要。此出入者，正是官内自用物，有人争此官物者，则以要计簿书听之。"孙诒让《正义》称："以一岁之计少，举其凡要而已，故谓之要。一岁之计多，则总聚考校，故谓之会也。"……（吴简中的例证）属于岁计之要会，举要总聚的对象是一年内或二年三个月内接收的三州仓入米。（陈明光：2009）

3. 我们对"要簿"至少有三点认识：（1）"要簿"的结算期限，除了两条为两年三个月外，其他基本都是一年。（2）"要簿"的使用范围，除了以粮食为主的赋税收支外，还包括田顷亩和铜斤数等其他项目统计。（3）以粮食为主的赋税收支"要簿"，除了一般粮食即斛数"要簿"外，还有诸如"出入付授"和"已入未毕"等专门"要簿"……可见所谓"要簿"，虽然带有一定的"计最"性质，但主要还是指"合计"之簿，也就是汇合、汇总之簿。（王素：2011B）

临居米

（壹·1717）
或许就是临囩米。（蒋福亚：2012A）

眇

（壹·935）
作为体征，"眇"指小目。《说文·目部》："眇，一目小也。"《释名·释疾病》："目眶陷急曰眇，眇，小也。"《正字通·目部》："眇，目偏小不盲亦曰眇。"作为病症，"眇"指偏盲或一目失明。《篇海类编·身体类·目部》："眇，偏盲。"《三国志·魏志·陈思王植传》注引《魏略》，太祖曰："丁㐷，好士也，即使其两目盲，尚当与女，何况但眇？"属病症的可能性更大。（黎石生：2009B）

胄 毕

（壹·3877；壹·4476）
1. 僦之本义为租赁、雇用，此外又有运送之义。《汉书·王莽传中》："宝货皆重则小用不给，皆轻则僦载烦费"，师古注曰："僦，送也。一曰，赁也。"再如《淮南子·氾论》："今夫僦载者，救一车之任，极一牛之力，为轴之折也。"其中"僦载者"，当指用车从事运输之人，未必特指雇人运输。如果将"僦"理解为运送，则"僦毕"（就毕，胄毕）表示运送完毕。（于振波：2006B）

2. 胄，同"僦"。上古音，"胄"是定母幽部字，"僦"是京母幽部字，音近可通。可以看到，这类例简中的"胄"，都与"僦"同义，都是从关邸阁转运到三州仓的。（胡平生：2005A）

3. "就"有"成功、完成"之义，《尔雅·释诂下》："就，成也。"《诗·周颂·敬之》："日就月将，学有缉熙于光明。"孔疏："日就，谓学之使每日有成就。"由"成功、完成"引申为"终，尽"之义。《尔雅·释诂下》："就，终也。"由此，我们推断"胄"也有"终了"之义。但是"胄"在所有文献中均无"终了"的义项。这说明"胄"要么假借，要么错讹。《集韵·宥韵》中有"䊷"字，义为"业也。""业"有"已经"的意思。《史记·留侯世家》："良业为取，遂长跪履之。"司马贞《索隐》："业犹本先也。谓良先已为取，遂跪而履之。"因此，"胄"可能就是"䊷"的省写。同时，"䊷"在《集韵》中为直祐切，宥韵澄母。"就"《广韵》疾就切，宥韵从母。舌音与齿音为邻纽，上古音韵部相同，有假借的可能。这就从语音和语义两方面为我们解释"毕"与"就毕"互出提供了依据。"䊷"写作"胄"，是书写者为了书写方便而采取的减省措施。（李明龙：2006，P63）

4. 入租税限米简多数在简中注明"胄毕"或"僦毕"等字样，而入杂米简则基本上没有……"胄毕"与"僦毕"相通，乃指自三州仓赁船输米至州中仓的费用而言，入租税限米多先入付三州仓再运诣州中仓，需缴纳赁船转输费用，故简上一般注明"胄毕"或"僦毕"，但也有少数直接入付州中仓而简不书"胄毕""僦毕"者；入杂米多直接入付州中仓，无须缴纳赁船费用，故简不书"胄毕"或"僦毕"，但也有个别先入付三州仓再运诣州中仓，需缴纳赁船转输费用，而在简上书"胄毕"或"僦毕"。（孙东波、姜望来：2008）

5. 竹简中的"胄毕"等词语最完整的写法应是"僦米毕"，表示"僦米"缴纳完毕的意思。"僦米"是用于仓储系统内部转运米而由仓预先收取的费用，其收取比例为正式缴纳量的十分之一。当米被仓外人支取，如"给禀"时，因为仓不再参与此后的搬运过程，所以就无须再收取"僦米"。"僦米"被收取后，先以独立的名目储存在仓中，当仓间的转运发生时，仓吏就支取"僦米"付给运输者，其中既有运费，也可能包含了运输者的口粮。（邓玮光：2014A）

品　布

（壹·7919）

1. 向百姓征收调布的体系在逐渐整备，缴纳的调布被称为品布，并向与户品挂钩的制度化方向发展。（阿部幸信：2013）

2. 与户调有关。（凌文超：2015D，P291）

品市布

（谭翠：2013B 引文）

即"品布"与"市布"。"市布"顾名思义，即通过市买的方式所获之布匹。（谭翠：2013B）

品臧米

（壹·1783）

"品"字当为"区"字之误。《说文·匸部》："区，踦区，藏匿也。"《九经字样》："区，音躯。踦区，藏匿也。""品臧米"可能就是因"窝赃罪"而被判罚的米。《睡虎地秦简》有"守臧（赃）"之罪。（李明龙：2006，P63）

炭 民

（肆·5335）

当即烧炭专业户。（李均明：2008C）

罚 估

（壹·959）

"估"当读为"痼"。《说文·疒部》："痼，久病也，从疒古声。"《玉篇·疒部》："痼，久病也。"是痼同，与"估"皆从"古"得声。文献典籍中，"疒"与"亻"形旁有时换用，如"瘺"或作"偏"，"伛"别作"疴"，"痼"也应可以写作"估"。史籍中有"废痼"之语，《魏书·孝文帝纪》太和二十一年（497）九月丙申诏：民"不满六十而有废痼之疾，无大功之亲，穷困无以自疗者，皆于别坊遣医救护，给医师四人，豫请药物以疗之"。"废"的本字是癈，《说文·疒部》："癈，固病也，从疒，发声。"《说文·疒部》段玉裁注："癈犹废，固犹锢，如喑、聋、跛、躄、断者、侏儒皆是。癈为正字，废为假借字。"段氏所谓"固犹锢"，也就是"痼"，《玉篇·疒部》："癈，痼病也。""废""痼"是同义联用。废"发"声，"废""发"通假，《庄子·列御寇》"曾不发药乎"，陆德明《经典释文》"发，司马本作'废'"；《荀子·礼论篇》"大昏之未发齐也"，《史记·礼书》"发"作"废"。而"发"与"伐"，古同声通用，《管子·四时》"求有功发劳力者而举之"，《逸周书·官人》"如临人以色，高人以气，贤人以言，防其所不足，发其所能"，此"发"皆为"伐"。史籍中"伐"也常作"罚"，唐玄应《一切经音义》卷六"'伐'，经文作'罚'"，《马王堆汉墓帛书·经法·君正》"民无邪心，衣食足而刑伐必也"。这样辗转推论，或许尚不能证明"废"就与"罚"通假。但我们知道，北朝隋唐造像及碑刻，或者敦煌吐鲁番文书中，文字多通假或同音替代（所谓白字）。吴简也不能以传世文献如正史典籍视之，"罚"很可能读为或写作"废"。"罚估"应该就是"废痼"。"废"为"痼病"，"痼"谓"久病"，"废痼"同义联用，就是指身体有严重、长期残疾，丧失或部分丧失劳动甚至生活能力。（张荣强：2004C）

按：张荣强后来修订了这一说法，认为"罚估"训为"废痼"是错误的。（张荣强：2014）

牯

（肆·1417；肆·1444）

牯或谓为经阉割之公牛，但此解未见于早期史料。《中华大字典》："俗谓牡牛之去势者曰牯牛。"或可信。（李均明、宋少华：2007）

牯 牛

（壹·2667）

指阉割过的公牛。多泛指牛。（陈荣杰：2012，P31）

种贾米

（壹·1958）

1. 在当时市场极不发达的条件下，物物交换所占比重很大，米在一定程度上代替钱成为通货……销售种子的收入，就是"种贾米"……种贾米之贾，即后来的价格之价。以等值种子所交换得来的米称为种贾米。（罗新：2004A）

2. 这里"贾"的含义之一是"价钱"和"价格"，夹在池、盐、酱、鍱、种粮之类名称之间，是标明这类赋税或物品原来需要多少钱或值多少钱，现在可以折成多少米，与前引的"准入米""准米"的意思一样。（蒋福亚：2011B）

种领斛数簿

（壹·9545）

"种领"之"领"似理解为"录"、"登记"、"记录"更为合适。因此，根据其文字含义"种领簿"应是一种按种别分类汇总登记的账簿。（杨芬：2012）

按：原简释文作"种领受斛数簿"。

种 粻

（壹·2085）

"粻"即粮食，因此"种粻"即种粮。（蒋福亚：2008B）

种粻米

(壹·2085；壹·2088；壹·3109；壹·3183)

吴简"粻"当为"粮"之意，"种粻米"即为"种粮米"。吴简"种粻米"当指吏民向政府借贷种子所还之米。(陈荣杰：2012，P102)

科 核

(长沙市文物工作队、长沙市文物考古研究所：1999，J22—2543)

1. 两牍分别提及"科核"和"隐核"一词。"科核"或"料核"均未见诸文献，与其文意相近的"科实"和"料实"则分别见于《吴主·三嗣主传》和《资治通鉴·晋纪二》。《吴志·三嗣主传》："（天纪）三年夏，郭马反。马本合浦太守修允部曲督。允转桂林太守，疾病，住广州，先遣马将五百兵至郡安抚诸夷。允死，兵当分给，马等累世旧军，不乐离别。（孙）皓时又科实广州户口，马与部曲将何典、王族、吴述、殷兴等因此恐动兵民，合聚人众，攻杀广州督虞授。"《资治通鉴·晋纪二》：晋武帝咸宁五年（即吴天纪三年），"吴桂林太守修允卒，其部曲应分给诸将。督将郭马、何典、王族等累世旧军，不乐离别，会吴主料实广州户口，马等因民心不安，聚众攻杀广州督虞授。"两部撰于不同时代的良史记载同一史事，一作"科实"而一作"料实"，可见，"科""料"相混，当系流传过程中的抄写、刊刻之误。(黎石生：2002)

2. 科核和料核当时已经开始混用。(孙闻博：2009)

复

(壹·2950；壹·2957；壹·3981)

就是复除不征徭役。(张荣强：2004C)

按：张荣强认为吴简中的"复"有三种情况：（1）残疾注"复"。

（2）充吏者注"复"。通常有两种记载方式，一作"给吏复"，一作"真吏复"……（3）给侍者"复"。（张荣强：2004B）

复 民

（荊4·42—52；荊4·537；荊4·589；壹·2884；壹·5150；壹·5180；壹·5287；壹·5328；壹·5377；壹·5625；壹·5630；壹·5639；壹·5647；壹·5675；贰·522；叁·1983；叁·2041；叁·6551；叁·6782；叁·6861）

1. "复人"即"复民"，应是当时专门配给功臣的一种特殊依附人口。这种依附人口，不服官役、不属于国家"正户"，因而未见服役记载，在正式户口簿籍中也无记录。（王素、宋少华、罗新：1999）

2. 荊券中另有一种复民，"复"即复除、优复。复的内容包括租赋、徭役等。（走马楼简牍整理组：1999，P72）

3. "复民"是当时专门配给功臣的一种特殊依附人口，不服官役，不属国家正户，书上也未见有服役的记载。（贺双非、罗威：2003）

4. 复民，"复"是复除，优复之意。《汉书·高帝纪》：二年二月，"蜀汉民给军事劳苦，复勿租税二岁。关中卒从军者，复家一岁。"颜注："复者，除其赋役也。"又十一年，"今丰人徙关中者皆复终身"；十二年，诏"入蜀汉定三秦者，皆世世复"。"复"的内容一般包括租赋、徭役……《吴书》亦记载"复人"。由嘉禾吏民田家荊可知，此"复人"应是唐代避李世民讳而改，字本作"复民"。有些复民是由国家赐给功臣，集中居住，充当僮仆的。《陈表传》云："嘉禾三年，诸葛恪领丹杨太守，讨平山越，以表领新安都尉，与恪参势。初，表所受赐复人得二百家，在会稽新安县。表简视其人，皆堪好兵，乃上疏陈让，乞以还官，充足精锐……表乃称曰：'今除国贼，报父之仇，以人为本。空枉此劲锐以为僮仆，非表志也。'皆辄料取以充部伍。所在以闻，权甚嘉之。下郡县，料正户羸民以补其处。"以此例之，己酉丘的复民也有可能是充当临湘侯步骘的僮仆，他们虽然免除了部分田税，不服国家的徭役，但是要为主家供役。（胡平生：2005B）

5. 这种"复民"，其实就是《吴志》所见的"复人"或"复客"。他们原出本地正户，赐给功臣后集中居住。他们所以称为"复民""复人"或"复客"，不是因为免除了赋税，而是因为免除了徭役。他们佃田缴纳赋税，虽较一般正户为轻，但与其说是优惠他们，还不如说是优惠那些功臣。他们免除了徭役，由服官役变为服私役，由国家"劲锐"变为私人"僮仆"，也是优惠功臣。（王素：2005）

6. 享受国家优待、减免租税赋役的民户。（黄晓菲：2009，P59）

7. 走马楼吴简中的"复民"并不是复客赐客制中的"复人"，而是简牍中所说的"尪羸老顿贫穷女户"和"老顿穷独女户"。他们的身份是平民，不是依附民。（蒋福亚：2011C）

8. 长沙吴简中有所谓"复民"，实际也就是"复客"。唐长孺先生认为："或称赐民，或称复客，或称守冢户，实在只是一样的田客。"并指出："孙吴方面很早就有复客制度。客之得复是古所未有的，这是首次承认实际上久已存在的庇护制。"又指出"毫无问题，'客'之沦为依附者地位，并非始于此时，但法律上决定其依附地位，却始于孙吴。"（王素：2011）

9. 走马楼简牍出现的"复民"在《三国志》等史籍中没有出现过。与之相似的"复客"和"复人"均与赐田相关。如"所受赐复人得二百家，在会稽新安县。表简视其人，皆堪好兵，乃上疏陈让，乞以还官，充足精锐"，以及"璋妻居建业，赐田宅，复客五十家"，均说明"复客"与"复人"是东吴政权国有土地上的劳动者，被国家随土地授予地主，而成为依附劳动者。两者的性质相同，可认定复客就是复人。所"复"者为对国家的义务，其劳动产品归被授予人支配，故不能认定复民地位低于其他身份劳动者。笔者推断，走马楼简牍中的复民系由复客或复民身份转化而来。前提是原赐田的主人失去了对赐田上劳动者即复客的支配权，这些复客的身份相应转化为国有土地上的复民。由于他们在所有权关系变动前，名称为复客或复人，因此身份转化后仍然保留复的名称而称为复民，以区别其他身份的劳动者。（王明前：2011）

10. 《三国志·吴志》中的"复人"是专门配给功臣的一种特殊依附人口，而吴简中的"复民"则是正规的编户民……我们认为吴简"复民"是指享受政府赋税优惠，而又免除了徭役的特殊社会群体。"复民田"（壹·1605）当指政府分配给复民耕种的田地。（陈荣杰：2012，P73）

11. 所谓"复民"，其核心或者说其身份地位就是"民"，和一般编户齐民不同在于他获得了优复或复除的待遇。这些人包括鳏寡孤独、受刑和因病丧失劳动能力或者劳动能力受到极大损害者……其间还有一个先决条件，即"穷"，其户品是"下品"或"下品之下"。也即必须是上无片瓦，下无寸地，既没有生产资料，也没有生活资料者。（蒋福亚：2012，P92—94）

按：高敏认为，"复民"，不是简牍整理者所说的"复"即复除、优复，也不包括免除了租赋、徭役之民；与其所说的"复民"，同史书中的"复客""复田"也有不同含义。（高敏：2005A）

复民租钱

（壹·5625；壹·5639；壹·5647）
这种"租钱"是专向"复民"征收的，故不涉及所有居民，属于官府向部分特殊的居民征收租税。（高敏：2006D）

复　客

（壹·1537）
1. 复人就是复客（王素：2006）
2. 根据缴纳"限米"的记录，则"复客"身份似与"复民"相近，地位非常低微；前者是"客"、后者是"民"，这是二者的区别。（何立民：2012，P123）

贷　食

（壹·3130；壹·3155；壹·3163；壹·6522；壹·9681）
即官仓向吏民出贷口粮之意。《说文》："贷，施也。"段玉裁注："谓我施人曰贷也。"食即口食。（魏斌：2006）

修　行

（肆·4850-1）
汉晋史料中常见，有时讹作"循行"……修行低于书佐，而高于从掾

位、从史位、小史等。总的看来，"修行"应是低级属吏，地位高于从史位、私学。（凌文超：2014A）

保　质

（贰·8930）

担保的人质。孙吴为保质设置了专门的官署"保质曹"；保质范围宽泛，不仅将领、长吏，州吏、军吏也是需要保质的；州军吏保质的对象重点在其父兄子弟，即州、军吏的男性家庭成员；保质由各乡劝农掾进行隐核，并未集中于一地，而是散居在各乡，或发遣至外地。（凌文超：2015C）

保质曹

（贰·8969）

推测保质曹职掌或与交通、过所有关。（徐畅：2011）

待事史

（叁·4949；叁·4965）

"待事史"的职能还不能确定，但可以推测"待事史"是与"劝农掾"地位差不多的低级县吏。从官职来看，"右郎中"是将军府的官，而"待事史"是民政系统的低级吏，两者的权力地位存在差异。（邓玮光：2010）

亭杂人

（肆·2042）

同亭复人。（李均明：2008C）

亭复人

（壹·8670；肆·2633）

亭复人当为诸亭杂役人，《汉书·高帝纪》："令求盗之薛治，"应劭注："求盗者，亭卒。旧时亭有两卒，一为亭父，掌开闭埽除，一为求盗，掌逐捕盗贼。"亭父即为杂役角色。（李均明：2008C）

度

（壹·6522）

是过、经历之意，在此可引申为"负责"。（戴卫红：2015）

度 卒

（壹·5490；壹·5654）

"度"或通"渡"，《史记·晋世家》："壬午，晋侯度河北归国。"又"秦缪公大兴兵伐我，渡河，取王官，封殽尸而去"。《后汉书·光武帝纪》："王邑、严尤、陈茂轻骑乘死人度水逃去。""度卒"即"渡卒"，服务于津渡之士卒。（李均明：2008C）

差

（肆·1451）

指派。差民养牛体现责任到人。所以一旦责任人死亡，便有官方另再指派他人负责。（李均明、宋少华：2007）

养 者

（肆·1435）
养者作为复音词，其义项即养育某某（包括"牲畜"等）的普通百姓。（何立民：2012，P77）

按：目前所见，多指养牛。

叛 士

（壹·2136；壹·2351；壹·9600；叁·1422；叁·4827）
1. 这些人就是吏的家属或者普通民户，以及限佃客叛走者。这些人在叛走被抓回之后，成为国家屯田民，并有了专门的名称——叛士。（沈刚：2009A；2013，P36）
2. 走马楼吴简所见"叛士"系指有叛逃图谋或行为而被吴国官府掌控的士卒。叛逃之前他们隶属"士伍"籍，"叛士"是官府对其户籍身份的重新界定。其家属则无论叛逃与否，亦被列入"叛士"籍。"叛士"及其家属缴纳"限米"，表明其身份已非国家正户。至于"叛士"以黄龙年间居多，则可能与当时"武陵蛮"叛乱有关。（黎石生：2010）
3. 应指逃亡而被追捕回来，贬罚屯田的士兵。（蒋福亚：2012B，P167）
4. 大概指逃亡未遂或逃亡后"悔叛还首"的士卒。（于振波：2015）

叛士限米

（壹·1693）
1. 与屯田限米性质不同，前者是依附于户人之下的各种身份的地租，而后者则是政府有组织的屯田地租。（刘家军：2005）
2. 应该是对士兵逃亡后追捕回来而又情节较轻的一种惩罚，即用于屯

田、耕种限田并缴纳限米。(蒋福亚：2008B)

叛　吏

(壹·2056)
州、郡、县、乡、军吏和逃亡后被追捕回来的诸吏，统称叛吏。(蒋福亚：2012B，P192)

叛　走

(壹·7822；壹·7865；壹·7893；贰·7048)
1. 就"遗脱"与"叛走"而言，前者旨在表明逃亡者已不在原籍，而后者则重在强调逃亡者已逃到国外。以此推之，只有确证逃亡者已叛逃国外，才能将其定性为"叛走"，否则就只能定性为"遗脱"。由于"叛走"比"遗脱"性质更为恶劣，国家对"叛走"行为的惩处也应该更为严厉。(黎石生：2003)

2. 叛走即"叛逃"，叛变逃跑之义。《后汉书·西羌传·东号子麻奴》："军度〔未〕竟，所将降胡六百余人叛走，冲将数百人追之，遇羌伏兵，与战殁。"《三国志·魏志·袁绍传》注引《九州春秋》曰："五营士生长京师，服畏中人，而窦氏反用其锋，遂果叛走归黄门，是以自取破灭。"《宋书·沈攸之传》："泰真无停志，少日叛走，攸之遣二十人被甲追之，逐讨甚急。"(何立民：2012，P55)

3. 当时孙吴的"叛走"者，未必专指叛逃到魏国或蜀国的人，可能也包括成为"山贼"的人，以及脱籍流亡到别处定居的人。(于振波：2015)

送

(壹·5899；壹·5907；壹·5974；壹·6671；壹·6725)
1. 是指被派出服役。(孟彦弘：2008)
2. 征发。(蒋福亚：2012B，P206)

娄

（壹·8122；壹·8586）

从简文"娄"与数词和名词的搭配情况来看，"娄"可能读为"篓"，"篓"是用竹篾或柳条编成的盛物器具。故可引申发展为量词。（何丽敏：2006；刘芳池、何丽敏：2010）

按：从所举简文壹·8586"伍娄尾月伍娄樵所主殷"看，月伍是专门名词，娄是姓。

前　部

（壹·2018）

《校记（一）》（李均明、王昕：《长沙走马楼三国孙吴简·竹简[壹]释文校记（一）》，《出土文献研究》第八辑，上海古籍出版社，2007）认为简壹·2018中"前部□□"当释为"前部楼船"……"前部"，《三国志》卷四十一《蜀书·费诗传》载：费诗"先主领益州牧，以诗为督军从事，出为牂牁太守，还为州前部司马。"吴国曾有前部督、前部大督，是战争中先头部队的领帅。建安十三年春，孙权讨江夏，周瑜为前部大督。孙权讨黄祖时，董袭与凌统俱为前部。曹操出濡须，甘宁为前部督。黄武元年，刘备率大众向吴国西界，张南为前部。但没有发现"前部楼船"这一称谓，简壹·2018中的"前部□□（楼船）"应为前部督或前部大督的属官。（戴卫红：2010A）

洨

（叁·2559）

吴简作部工师簿所见之"洨"应读为"浇"。上古音"洨"属宵部匣纽，"尧"属宵部疑纽，宵部叠韵，见疑旁纽，两字古音相通。"洨"可能是"浇"声旁转换的俗字。作部工师簿的书写者很有可能因"浇"字笔画过于繁复而简写为形旁相同而读音相通的"洨"字。又吴简"隐核波田簿"中有的"沃田"又写作"洨田","洨""沃"当皆为浇灌之意。作部工师簿中大部分师佐是与冶炼锻造相关的工师,"洨(浇)"师佐当是主要负责浇灌熔化金属液,亦即浇铸的工师。(凌文超：2011C；2015D，P277)

举（私学）

（长沙市文物工作队、长沙市文物考古研究所：1999，J22—2617）

1. 据《周礼·地官·司门》："凡财物犯禁者举之。"注云："举之，没入官。""举"字另有"没入"之意。又据《汉书·刑法志》：淳于公犯法，其女缇萦上书营救，有云："妾愿没入为官婢，以赎父刑罪，使得自新。""没入"的对象，不限于财物，也包括编户齐民。此处之"举"，实际也有"没入"之意。（王素：1999）

2. 举，举荐。（胡平生：1999）

3. "举"之原义为生育抚养。典籍中关于生子言举、不举的例子甚多。后由原义又发展为举起来，抬起来，说的是物件的位置借助外力由低而高，由下而上。也可用于抽象的意义，如人的地位、职位由低而高，由下而上。又引申为举荐、提拔。在"举荐版"中，"窦通举"或"张举"都是举荐的意思。（胡平生：2000）

4. 将其中的"举"理解为"承认其身份地位"可能是适宜的……"举"有登录的意义。（王子今、张荣强：2006）

5. 对这类脱离原籍的逃亡人口，豪强大姓就可以以"举私学"的方式，即向官府提出申请，获得批准后，就可堂而皇之地将其没入为自己的依附人口即"私学"。"举"，在这里应为"没入"之意……"举私学"制度可以视为孙吴政权对国内数量众多的中小豪强地主的一种优待举措。（臧知非、沈华、高婷婷：2007，P249—251）

6. "举私学"当即"选举私学"，"举"也就是选举、推举、举荐的意思。《三国志·吴书·吴范传》载"（孙）权追思之，募三州有能举知数术如吴范、赵达者，封千户侯，卒无所得"，即同类用法。（凌文超：2014A）

7. 这里所谓"举"，实际是从已有的"私学户"的成员中"举"。官吏从已有的"私学户"的成员中"举私学"，应该是另有发遣任务。（王素：

2015）

宫

（贰·2435；贰·7098；贰·8936；叁·415；叁·1771；叁·2011）

1. 指武昌宫。（王素、汪力工：2009）

2. 应即"葆宫"，往往是战时拘留"质"的所在，《墨子·号令》："葆宫之墙必三重，墙之垣，守者皆累瓦釜墙上；葆卫必取戍卒有重厚者。门有吏，主诸门里，筦闭，必须太守之节；谨择吏之忠信者，无害可任事者。""其受构赏者令葆宫见，以与其亲。"又《墨子·杂守》："吏侍守所者财足，廉信，父母昆弟妻子有在葆宫中者，乃得为侍吏。诸吏必有质，乃得任事。"（王子今：2009）

3. 指皇宫、帝王之宫、宫廷。黄龙元年，吴简记录的"宫"指武昌宫并非没有可能，但也不能排除指建业宫的可能性……嘉禾元年以后，吴简中出现的"丞固还宫"、军吏及其父兄子弟和私学发遣诣宫指前往建业宫的可能性更大。（凌文超：2015A）

客

（肆·3943）

1. 客乃相对于常住人口而言，常住人口或称"正户民"。（李均明、宋少华：2007）

2. 客，私人随从，有一定依附性，所起作用千差万别，亦有各种称谓，如"私客""人客""衣食客"等，《三国志·吴书·吕范传》："后避乱寿春，孙策见而异之。范遂自委昵，将私客百人归策。"《三国志·吴书·周瑜传》："故将军周瑜、程普，其有人客，皆不得问。"至晋发展成荫客制，《晋书·食货志》："而又得荫人以为衣食客及佃客……其应有佃客者，官品第一第二者佃客无过五十户，第三品十户，第四品七户，第五品五户，第六品三户，第七品二户，第八品第九品一户。"（李均明：2008C）

按：吴简中的客有多种形式，详见本书与"客"相关词条。

郡　士

（壹·4390；壹·4490）
1. 州郡兵的称谓。（蒋福亚：2008B）
2. 是尚未服役或已经服过役的州郡兵。（蒋福亚：2008C；2012B，P253）

郡屯田掾

（壹·1147；壹·1198）
专门负责屯田事务的官吏。（于振波：2004C）

郡　吏

（壹·5447；壹·5677；贰·565；贰·2027；贰·2556；肆·376；肆·424；肆·5264）

郡吏是供职于郡级机构的小吏，《三国志·吴书·朱治传》："然公族子弟及吴四姓多出仕郡，郡吏常以千数。"《三国志·吴书·黄盖传》："黄盖，字公覆，零陵泉陵人也。初为郡吏，察孝廉，辟公府。"（李均明：2008B；2008C）

按：高敏认为郡县吏在佃田、缴纳赋税有同佃田民户相同的一面，但其自身又担任为政府服役的职役，明显具有如下一些特征：他们都是官府土地的租佃者；其佃田数量、拥有"二年常限"田的情况及拥有"余力田"的情况，均与佃田者身份为"男子""大女"这些民户相同；其定收税田缴纳税米的数量，也同"男子""大女"一样均为每亩收米一斛一斗；郡吏、县吏之拥有"余力田"者，每亩纳米四斗五升六合和亩收布一尺，也均与佃田民户相同；其旱田、熟田之按亩收钱数量，也均与佃田民户相同。这些情况表明：郡吏、县吏租佃官府的土地以后所受到的剥削程度，基本上与佃田民户相同。郡吏、县吏向官府缴纳税米、租米和布、钱的数量，都是按定收熟田的亩数计算，而不是每人固定纳米多少斛、固定输布多少匹和固定输钱多少，这同刘宋时期的"郡大田武吏"按人头固定课米六十斛之制是不同的。但是，从另一方来看，这些租佃官府土地的郡吏、县吏，又有同佃田的"男子"与"大女"不同的一面。例如在临湘侯国内的"仓吏"与"库吏"李金、潘有、潘慎、郑黑、陈通等人，都是作为"县吏"而租佃官府土地的……换言之，这些人的身份既为县吏的官府土地租佃者，同时又得担任"仓吏""库吏"和"田户曹史"等职务，负责收缴、计算和验收田家所缴纳的米、布、钱等事务；而且在同一年内和同一仓库，"仓吏"与"库吏"是经常调动的……这一情况表明，"仓吏"与"库吏"的职务在同一年内是可以经常轮流调换的，即轮流用不同的县吏去充当。由此可见，"仓吏""库吏"与"田户曹史"等职务，都是一种职役，其任职的本身，就是为官府服役的一种方式。这同孙休永安元年十一月诏中所说的"诸吏"之"父兄在都，子弟给郡县吏"的情况如出一辙。（高敏：2001A）

侯旭东则认为诸吏的身份并不低微，仍有上升通道：到了东汉末年，乃至孙吴初年，州郡县吏在仕途上的道路仍是畅通的，依旧有机会通过各种方式得到提升，出人头地。这或是做"吏"的吸引力之所在……乡吏本身属于县吏而被分配到各乡工作，任职也有期限，到期则可改任其他工作。当时这些小吏工作繁重，前途并不暗淡，仍可通过多种途径升至高位。（侯旭东：2004C）

黎石生认为，吴简中的州郡县吏并不缴纳限米：郡县吏在孙权时期尚不缴纳限米可能更接近史实，因为吏役制有一个从汉代的萌芽状态到三国末期的正式形成与制度化的演变过程，而郡县吏从孙权时期的不须交纳限米，发展到孙休时期的缴纳限米，正是我国吏役制发展与演变的一个缩影。（黎石生：2005）

郡园父

（贰·1701）
郡园父为服役于郡园林者。（李均明：2008C）

郡　卒

（贰·614；贰·1708；贰·2339）

郡卒为服役于郡级机构的士卒。《后汉书·耿弇传》："晔率乌桓及诸郡卒出塞讨击，大破之。"含义或广于吴简所云。（李均明：2008B；2008C）

垦　食

（叁·7224；叁·7726）

耕作以为食。（凌文超：2012B；2015D，P451）

除未讫

（叁·6）

应是维修工程尚未完成之意。（方高峰：2009B，P56；2010）

姪

（壹·3；壹·16；壹·20）

1. 对于"姪"这种亲属称谓，《尔雅·释亲》说："女子谓晜弟之子为姪。"《说文·女部》："姪，兄之女也。"朱骏声《说文通训定声》："受'姪'称者，男女皆可通，而称人'姪'者，必妇人也。"《仪礼·丧服》："'姪'者何？谓吾'姑'者，吾谓之'姪'。"大约在晋代以后，男子也称兄弟的子女为"姪"。《颜氏家训·风操》："案《尔雅》、《丧服》经、《左传》，'姪'名虽通男女，并是对'姑'立称，晋世以来，始呼'叔''姪'。"走马楼简时代，大体已经临近这一亲属称谓含义发生重要转变的时期，而简文提供的资料，说明当时乡村社会中"姪"仍大体保持着传统的定义。"姪子"既与"兄子"并出，说明其指代的身份应当是并立的。（王

子今：2004D）

　　2. 现已公布的吴简中，"姪"有相当部分甚至大多数已经脱离了传统含义，并非保持传统定义。而姪与兄子并存，不一定代表前者仅与姑对应。合理的解释是，姪尽管有了新的含义，开始指称男性兄弟之子，但旧称谓兄子在人们头脑中根深蒂固，不会马上消失，而且作为亲属关系的直接反映，甚至在中国古代从未消失。吴简中还存在与兄子含义相当，或者包含兄子含义的"从子"一词。因此，姪、兄子、从子系一义多称。姪、兄子并立之例，可以视作新旧称谓交替时期必然出现的现象，似无将二者对立的必要。（韩树峰：2010）

　　3. 上古时期，女子称兄弟之女为"姪"。"姪"的造字理据和古代婚姻习俗有关。古代盛行交表婚制，即姊妹之女同其母党的兄弟之子婚配，女子从外而嫁入夫家，而女子之姑也是以这种形式嫁入同一宗族，所以姑称这个女子为"姪"，用"女"以区别性别，同时媵婚制（有姊妹共嫁给一夫、姪女从姑同嫁一夫等形式）也是"姪"主要指女子。《尔雅·释亲属》："姑谓兄弟之女为姪。"《礼记·丧服》："姪者何也？谓吾姑者，吾谓之姪。"这里的"姪"兼指男女，并且表示的是姑姪关系。叔侄关系则用"从子"或者"昆弟之子"表示。但后来随着交表婚制、媵婚制等婚姻形式的瓦解，婆媳关系也不仅仅是姑姪关系，"侄"逐渐代替了"姪"，不分性别统称兄弟之子女为"侄"。晋以后男子始称兄弟之子为"姪"……此后"姪"既表示姑姪关系，也表示叔侄关系。吴简中的"姪"体现了"姪"到"侄"的过渡，但《竹简》中"姪"表示姑姪关系还是叔侄关系不清楚。（贾利青：2014）

盈湎米

（壹·2319；壹·6295；贰·7352）

　　1. "湎"的本意是沉迷于酒。《尚书·酒诰》："罔敢湎于酒。"孔传："无敢沈湎于酒。"《穀梁传·僖公十九年》："梁亡，自亡也。如加力役焉，湎不足道也。"引申为沉溺。《礼记·乐记》："慢易以犯节，流湎以亡本。"因此，湎有过度之义。后来，在汉语复音化的影响下，"湎"和"过"和"盈"同义并列，最终形成同音并列式的复合结构。盈湎米和过湎米可能是因为过度饮酒而被罚没的米。《史记·孝文本纪》："朕初即位，其赦天下，赐民爵一级，女子百户牛酒，酺五日。"裴骃注引苏林曰："男赐爵，女子赐牛酒。"文颖曰："汉律，三人已上无故群饮，罚金四两。今诏横赐得令会聚饮食五日。"《东汉会要·民政中·赐酺》："明帝永平十五年，令天下大酺五日，章帝元和二年，令天下大酺五日，赐洛阳当酺者布户一疋，城外三人共一疋。和帝永元三年正月甲子，帝加元服大酺五日。庚辰，赐京师酺。"徐天麟注："盖汉律三人以上，无故群饮，罚金四两。今使得合聚饮食。酺之为言布也，言王者布德于天下。"因此，饮酒必须在特定的场合，否则就是违法。因此，过㴹米就是因饮酒超过限度而被罚没的米。（李明龙：2006，P27）

2. 盈㴹米我们认为"㴹"和"糆"均从面得声，二字可以通假。《龙龛手镜·米部》："糆，糜的俗字。"《玉篇·米部》："糜，屑米。"《集韵·霰韵》："糜，米屑。"《齐民要术·煮》："若作仓卒难造者，得停宿最胜。"吴简"㴹米"可能即"糆米"，屑米也。文献中"盈"有"过"之义，如《篇海类编·器用类·皿部》："盈，过曰盈。"唐韩愈《合江亭》："树兰盈九畹，栽竹逾万个。"故吴简"盈㴹米"和"过㴹米"当意义相同，可能都是指多余的屑米，这种屑米可以用作牲畜的饲料。（陈荣杰：2012，P144）

给子弟

（贰·1680）

"给子弟"就是派人去充当吏子弟，即服吏子弟之役，也就是去服吏役……我们所见到的简中标注的"给子弟"其实包括两种情况。一种情况是本身具有吏或吏子弟的身份，而被征发去服吏役。另一情况是，本人的身份是民，但在吏户不足以承担吏役时，被征派从事吏役。普通百姓被征"给子弟"，即承担吏役时，具有"权宜性"或"临时性"，即并不因其被征派从事吏役而改变其身份。换言之，其身份仍是民而不是吏。所以在吏役结束时，可能就要标"除子弟"。（孟彦弘：2008）

给民自垦食

（叁·7226）

"给"并非是说谁主持或参与了这个工程，垦辟出来的田便归谁所有，他们不过是取得了租佃的权力而已，而且这个租佃权并非永恒的，极可能有时限的规定……这类时限并不一致，估计要根据主持人及参与者的投入来决定。（蒋福亚：2012A）

给（某）吏

（壹·296；叁·3835；叁·3977；叁·7551）

1. 给乡吏，为乡吏服役。给，给事，供役。《三国志·吴书·三嗣主传》："诸吏家有五人，三人兼重为役。父兄在都，子弟给郡县吏，既出限米，军出又从。"（徐世虹：2001）

2. 给县吏应指在本县服役。（侯旭东：2001A）

3. "给吏"显然是继承汉代的从民间征发的差役。（张荣强：2004C）

4. 这里的"给（吏）"，应理解为供事、服役。《史记·绛侯周勃世家》说，周勃有"常为人吹箫给丧事"的经历。《汉书·张汤传》："（张安世）用善书给事尚书。"颜师古注："于尚书中给事也。给，供也。"（王子今：2005B）

5. "给吏"虽有"吏"名，但并不是"吏"，他们只是暂时或临时从事"吏"的工作，虽然有演变为"吏"的可能，但就其当时身份而言，毕竟还是普通百姓。（韩树峰：2006A）

6. "给某吏""给某卒"等应属于服役性质。之所以如此，一是因为度卒、县卒、锻佐等，均属于徭役，二是因为简文中的"吏"，不可能是州、郡、县等各级官府的重要属吏，而只能是对文化水平及行政能力要求不高的勤杂小吏，否则不可能由"下品"及"下品之下"户承担。他们同普通平民没有明显区别。（于振波：2006A）

7. 汉代的州郡县吏也被称为"给州郡县吏"……上述情况只是问题的一个方面，另一方面，"州郡县吏"又可能给事于其他单位或部门。这种被派遣至其他单位或部门"给州吏""给郡吏""给县吏"者，虽然其身份为"州吏""郡吏""县吏"，但未必均成为"州吏""郡吏""县吏"。两汉魏晋南北朝时期"给吏"的范围非常广泛，除了州郡县府署本身需要吏之外，州郡县还承担向其他单位或部门"给吏"的法定义务。这部分"给吏者"一般是作为"州郡县吏"而被州郡县派遣至其他单位或部门承担"给吏"的任务，这时这些"给吏者"就有可能并非均称为"州郡县吏"……长沙走马楼吴简中的"吏"，有的登记为"州吏""郡吏""县吏"等具体的吏称，有的登记为"给州吏""给郡吏""给县吏"等动宾结构词语，大概就是上述各种情况造成的。后者或作为在本州、本郡、本县服役之吏员，而与前者是完全相同的；或虽为本州、本郡、本县之吏员，但是不在本州、本郡、本县服役之吏员，而被派遣至其他单位或部门承担吏役的人员，他们则往往被称为"给吏"者。（黎虎：2008）

8. 若非正式任命，各种"给吏"并非有正式职位、在编的"吏"，而只是承担相应的"吏"工作而已，或许是在实践中学习为"吏"，实际身份依旧。（侯旭东：2011）

9. 吴简中的给吏是指公乘以下庶民以供役方式充任吏职者，就本质而言，给吏实际上为徭役之一种。（杨振红：2012；2015，P84）

10. 这些竹简中的"给"，乃服侍、给事之意。《急就篇》卷三："厨宰切割给使令。"颜师古注曰："给，供也。主供此使役也。"所谓"给县吏""给郡吏""给州吏""给军吏""给三州仓父""给锻佐""给度卒""给县卒""给州卒""给卒""给郡县卒""给习射""给□乞少""给郡园父""给朝丞"等当均与服徭役的内容有关。（李恒全：2013）

给限佃客

（叁·1787；叁·3053；叁·3080）

这里的"给"，意思是被政府征召、征发，实际上去服役。这种从民户中征召、征发去服役的限佃客（即服限佃客之役），性质与前面提到的"子弟佃客"恐有类似之处。（王素：2011A）

给　客

（叁·1801）

大约也是和给吏的"给"一样，是被临时征调到州曹服役的客。（沈刚：2011C；2013，P205）

给冢种客

（贰·2501；贰·2525）

从行文和辞例看，和"给限佃客"一样，因此，二者性质大约也基本相同。（沈刚：2011C；2013，P206）

给　禀

（壹·1648；壹·2304；贰·224；叁·4743）

1. 官府供给粮食。"给"是"供给""供养"。《庄子·让王》："回有郭外之田五十亩，足以给飦粥。"《战国策·秦策四》："寡人之国贫，恐不能给也。""禀"也有"供给"之意。如《居延汉简释文合校》："出麦八石，禀如意隧卒韩充等四人四月食。""给""禀"在吴简中同义连文。（李明龙：2006，P68）

2. 《后汉书·光武帝纪下》建武六年（30）正月辛酉诏云："往岁水旱蝗虫为灾，谷价腾跃，人用困乏。朕惟百姓无以自赡，恻然愍之。其命郡国有谷者，给禀高年、鳏、寡、孤、独及笃癃无家属贫不能自存者，如律。二千石勉加循抚，无令失职。"注引《说文》曰："禀，赐谷也。"（戴卫红：2010B）

3. 即政府发放口粮。《后汉书·光武帝纪下》："其命郡国有谷者，给禀高年、鳏、寡、孤、独及笃癃、无家属贫不能自存者，如律。"《宋书·范泰传》："卢循之难，泰预发兵千人，开仓给禀，高祖加泰振武将军。"（何立民：2012，P32）

绞　促

（壹·3732；壹·3991）

1. 逼迫督促。"绞"有"挤压"义。《关尹子·二柱》："木之为物钻得之火，绞得之水。""促"也有"靠近，迫近"之义。《说文·人部》："促，迫也。"《古诗十九首·东城高且长》："音响一何悲，絃急知柱促。"注："促，迫也。""绞""促"二字同义连文成词。（李明龙：2006，P66）

2. 绞促亦即催促、督促之意。（魏斌：2011）

十　画

耗咸米

（壹·1984）

由"咸"即"减"字，知"耗咸米"即"耗减米"。"耗减"意为损耗减少……吴简"耗咸米"当指与储粮损耗有关的纳米名目，"耗咸米"与"折咸米"同义。已公布吴简"耗咸米"仅见于上揭两枚，且均与烝口仓吏孙陵有关，而"折咸米"几乎都与"船师"有关，可见二者虽同义但侧重点不同。（陈荣杰：2012，P131）

起　书

（壹·1348）

起稿、撰文。（陈顺成：2012A）

盐　米

（壹·3079；壹·3086；壹·3095；壹·3100；壹·3110；壹·3116）

1. "盐米"在吴简中又有作"盐贾米"的……两者指的应是同一种米。全称应是"盐贾米"。"盐贾米"的"贾"字就是今天的"价"字。"价"字晚出，字书中始见于《广韵》与《集韵》。唐以前多用"贾"表示价格之意……"盐贾米"就是"盐价米"，即出售盐所得的米……简中出现的人名似乎应是负责销售"盐"的人，他们从官府领取一定数量的盐，在官府

的账目上留下相应的米的欠额，随后通过出售"盐"得米，再将米运到仓中冲抵欠额。（侯旭东：2004B）

2. 盐米，是"盐贾米"的缩略语。（李明龙：2006，P22）

3. "盐米"又叫"盐贾米"，"贾""价"互通，因此盐米就是销售盐所得的米。（蒋福亚：2011D；2012B，P272）

4. 吴简"盐米"已成为一个固定的词，指卖盐所得之米。（陈荣杰：2012，P143）

盐 兵

（肆·2632）

盐兵或为从事盐业生产的兵员，未见于早期史籍。（李均明：2008C）

盐贾米

（壹·3186；壹·3485；壹·6373）

1. "盐米"在吴简中又有作"盐贾米"的……两者指的应是同一种米。全称应是"盐贾米"。"盐贾米"的"贾"字就是今天的"价"字。"价"字晚出，字书中始见于《广韵》与《集韵》。唐以前多用"贾"表示价格之意……"盐贾米"就是"盐价米"，即出售盐所得的米……简中出现的人名似乎应是负责销售"盐"的人，他们从官府领取一定数量的盐，在官府的账目上留下相应的米的欠额，随后通过出售"盐"得米，再将米运到仓中冲抵欠额。（侯旭东：2004B）

2. 在当时市场极不发达的条件下，物物交换所占比重很大，米在一定程度上代替钱成为通货……卖盐得米，曰盐贾米……盐贾米之贾，即后来的价格之价。以等值盐所交换得来的米称为盐贾米。（罗新：2004A）

3. 这里"贾"的含义之一是"价钱"和"价格"，夹在池、盐、酱、锞、种粮之类名称之间，是标明这类赋税或物品原来需要多少钱或值多少钱，现在可以折成多少米，与"准入米""准米"的意思一样。（蒋福亚：2011B）

4. "盐米"又叫"盐贾米"，"贾""价"互通，因此盐米就是销售盐

所得的米。(蒋福亚：2011D；2012B，P272)

捐　除

（贰·7601；贰·7606；贰·7607）

1. 捐，捐弃……《三国志·魏书·乌丸鲜卑东夷传》："疾病死亡辄捐弃旧宅，更作新居。"《晋书·元帝纪》："昔吴起为楚悼王明法审令，捐不急之官，除废公族疏远，以附益将士，而国富兵强。""捐除"为"弃除"。简文所见"捐除"多指因客观原因而放弃。(李均明：2005)

2. 捐除，捐，捐弃，《后汉书·循吏列传》："捐上林池籞之官，废骋望弋猎之事。"《三国志·魏书·乌丸鲜卑东夷传》："疾病死亡辄捐弃旧宅，更作新居。"《晋书·元帝纪》："昔吴起为楚悼王明法审令，捐不急之官，除废公族疏远，以附益将士，而国富民强。"除，弃除。"捐除"指废弃、放弃，见于较晚的史籍。(李均明：2006)

3. "捐除"一词则不见于汉晋文献，按《说文》："捐，弃也。""捐除"即舍除、弃除之意，与文献中常见的"蠲除"词义相通，可能就是"蠲除"在官文书中的不同写法。(魏斌：2011)

捐除名簿

（贰·7607）

捐除名簿的内容包括两部分，一是负者姓名及逋欠名目与数量，二是就各项捐除的起止时间及总数进行汇总。(陈明光：2009)

都　乡

（壹·176）

按照秦汉之制，是指"设于国都或郡县治所等城市内"的乡而言……此处的都乡，或是长沙郡郡治所在地之乡，或是临湘侯国治所所在之乡。(高敏：2006D)

都　市

（肆·1763－1）
负责市场的管理。（凌文超：2014B）

都市掾

（壹·5157；肆·4550－1）
"都市"在张家山汉简《二年律令·秩律》中已有记载："都市、亭、厨有秩者及毋乘车之乡部，秩各百廿石。""都市"之"都"当是总管的意思，如《史记·平准书》"置平准于京师，都受天下委输"。都市的主管是"都市啬夫"，即"都市掾"的前身。至迟东汉时期，"市啬夫"逐渐被称为"市掾"。如《后汉书·方术列传·费长房》载其"曾为市掾"，《成阳灵台碑阴》记"县令管君即请署门下议生、都市掾"。"掾"与"啬夫"一样，皆为一个部门的主管者。"都市掾"即为市的主管者。其下设辅佐的"都市史"在县级机构中，"都市"的层级大致相当于诸曹、乡部。（凌文超：2014A）

都　吏

（贰·7410）
无法遽然断定"都吏"为督邮，此处存疑待考。（何立民：2012，P37）

都　师

（叁·2298）
《广雅·释诂》：都，聚也，藏也。《汉书·张安世传》注引文颖曰："都内，主臧（藏）官也。"吴简作部工师簿所见的"都师"可能与器械的

藏聚有关。(凌文超：2011C；2015D，P274)

都莂

(莂4·1)

1. 都字有两重含义：凡汇集、汇总都称"都"，《广雅·释诂三》："都，聚也。"《汉书·西域传》："都护之起，自吉置也。"师古注："都犹总也，言总护南北之道。"三国魏曹丕《与吴质书》："顷选其遗文，都为一集。""都"又有大的意思，《广雅·释诂一》："都，大也。"《汉书·五行志》："豕出圂，坏都灶。"师古注："都灶，烝炊之大灶也。"……正是由于它的内容具有汇总性，形制也较大，故称"都莂"。(李均明、周自如、杨慧：2001)

2. 《吏民田家莂》成为官府的库吏或仓吏将当年佃户缴纳米布钱等租税的分散账目汇总后上交给田户曹吏进行核校结算的总账目，即年度户别税钞总计。之所以称为"都莂"，就是因为它是"别券"的汇总。(李卿：2002)

3. 都：大，总汇。《广雅·释诂一》："都，大也。"《广雅·释诂三》："都，聚也。"都莂："田家别"简是总汇当年缴米、缴布、缴钱三种分类的"别"券而制作的合同券书，缴纳米、布、钱的竹别（莂），长约27厘米，宽一厘米左右，而"田家莂"一般长约五十厘米，宽四厘米，是一种形制长大宽厚的大木简，故称"都莂"。(中国简牍集成编辑委员会：2005，P495)

4. 记载收米、收钱、收布三项总计的大木简。(黄晓菲：2009，P46)

莂

(莂4·1)

1. 或写作"别"，《释名·释书契》："莂，别也，大书中央，中破别之也。"(中国简牍集成编辑委员会：2005，P495)

2. "莂"则特指"都莂"，记录了"顷亩旱熟米钱布付受吏姓名年月"，总汇了当年缴米、缴布、缴钱这三种竹别券书而制作的合同券书，质材也使用较为经久耐用的杉木,今称之为"大木简"。因此"别莂",应当理解为缴米、缴布、缴钱三种分类之"别"的"都莂"。(胡平生:2005B)

3. 走马楼吴简显示,孙吴官府仓库收入一次原始凭证称为"莂"。从已公布的吴简资料来看,这种"莂"有一式两份是肯定的,即仓吏或库吏持有一份,另一份"别莂"交给来纳人。但是,来纳人并不能自己保有"别莂",而要交给县署或者乡吏保管。(陈明光:2009)

莂 簿

(壹·5555)

1. (入米簿)中每日同种米按乡排列,形成"日账","日账"逐日排列成"月账"。很显然,这种"日账"和"月账"是由大量的"莂"直接编成的。因此,其正式名称可能叫做"莂簿"。(魏斌:2006)

2. 此类登记不同身份的吏民、租佃国有土地、按照约定缴纳米钱布类租税,并经有关机构经办入库的纳税人税务总账目。(何立民:2012,P111)

真 吏

(壹·8962;壹·9007;壹·9085;壹·9090)

1. "真吏"推测是三国时期出现的全家服役的吏户。(张荣强:2004B;2004C)

2. "真吏"与"给吏"有着本质区别,前者就是人们所习称的"吏",他们在服役年龄及赋税负担方面,都不属于一般百姓。吴简中的"州吏""郡吏""县吏"都属于"吏"的范畴,他们只是"真吏"这一概括性称呼的具体化……从吴简反映的情况看,"吏"的身份低于普通百姓,正是由于这个原因,其父兄子弟叛逃现象较之平民更为严重。政府对叛走"吏"家庭成员进行调查,并以"下户民"代替,以竭力维持一定数量的"吏"源。这从一个侧面说明"吏"正在逐渐卑微化,而卑微化的终点则是"空户从役"的"吏户"的形成,"真吏"服役不分老幼,及其家中出现两个以上的"真吏",已经让我们看到了其中的端倪,尽管这一结果的到来还要有待时

日。(韩树峰：2006A)

3. 真吏的称谓是较特殊的用法，绝大多数见于"宜阳里"之户籍简。真，真实。"真吏"之"真"乃指实授官职，《居延新简》EPF22：248："第二隧长史临，今调守候长，真官到若有代罢。"《汉书·平帝纪》："赐天下民爵一级，吏在位二百石以上，一切满秩如真。"如淳注："诸官吏初除，皆试守一岁乃为真，食全奉。平帝即位，故赐真。"《后汉书·和殇帝纪》："初令郎官诏除者得占丞、尉，以比秩为真。"以"宜阳里"户籍简与其他里户籍简相比，宜阳里仅见"真吏"一种吏户，而他里则见"州吏""郡吏""县吏""军吏"之类，则知宜阳里之"真吏"已包含他里所见各种吏户，乃为实授官职之在位吏员的代称。(李均明：2008B；2008C)

4. "真吏"与"州郡县吏""军吏"等的关系是："州郡县吏""军吏"等乃指其身份或职务，"真吏"则是指其任用性质，即真除实授还是非真除实授。其相互关系层级大体可作如下表述："吏"（总称）——"州郡县吏"、"军吏"（具体职务）——"真吏"、非"真吏"（任用性质）……"真吏"是相对于非"真吏"而言的。"真吏"为真除实授的官员和吏员……"真吏"与非"真吏"的区分，存在于从中央到地方、从行政系统至军事系统、从高级官员至下层小吏等范围内。(黎虎：2009)

5. 吴简中的"真吏"，应是指那些出自土著族群，而且在已经成为编户的非华夏族群社区中担任基层行政管理人员的人。正因为这种特殊的身份，他们享受不缴口算、复除徭役、不受年龄限制等等优待……真吏只见于宜阳里，说明宜阳里是归化蛮夷的聚居地（或落籍地）。(罗新：2009A)

6. 所谓"真吏"，主要是指固定、长期担任某些门类吏役的底层百姓，随着时间流逝，有逐渐变为身份的可能性，至于是否逐渐产生特殊的户籍（即"吏籍"、"吏户"），则未必尽然。(何立民：2012，P111、171)

7. "真吏"是"应役民"的注记，包括"给吏"的职吏和"给役"的平民……"真吏"不仅比所谓的"正式的吏"，也比严格意义上的"给吏"的外延要宽泛的多。真字做"此"讲，孙吴户籍简注记的"真吏"即指明"此吏也"，"真吏"之"真"就是指示代词"此"的意思，用以说明通过隐核以确认编户民"吏"之身份和服"役"的情况……"真吏"注记体现了宜阳里里魁核查本里编户民任吏和服役的实际情况之后的如实记录。"真吏"涵括了任吏职、服吏役乃至杂役者，它与"〇吏""〇卒""给〇吏""给〇卒""给子弟""给驿兵""给囷父"等相比，只是一个比较笼统的注记。(凌文超：2013A；2015D，P84)

真　身

（贰·7093；贰·8936；贰·8977；肆·3769）

1. 是指应服吏役者本人，与此相对应，可能服吏役时也允许雇人应役。（孟彦弘：2008）

2. 意指本人。系针对有自代者而言。（王素、汪力工：2009）

3. 是指诸吏的父子兄弟本人，是相对于"以下户民自代"而言的。（蒋福亚：2012B，P57；2013）

4. 即本身、自身、本人。（何立民：2012，P43、118）

5. 通过隐核，确定"送宫"是其本人，而不是"假人自代"，"真"，即此，就是这个人，而不是代替的其他人。（凌文超：2015D，P85）

桓王庙

（壹·6880）

"桓王庙"可以断定就是孙权之兄孙策的庙……长沙"桓王庙"，从竹简提到"玉书"，并用官收酒租钱支付用度来看，应属地方官修。这种地方官修的祠庙，其质地和规模恐怕都无法与中央官修的祠庙相比。（王素、汪力工：2004）

校

（荊4·71；荊5·465）

1. 校在经济活动中乃指核查、盘点。校，核对清点，《史记·平准书》："京师之钱巨万，贯朽不可校。"《集解》引如淳曰："校，数也。"《合校》206·7："令史弘校第廿三仓谷，十月簿余谷大石六十一石八斗三升大。"（李均明：2005）

2. 计数、查点。《荀子·强国》："威强乎汤武，广大乎舜禹，然而忧患不可胜校也。"杨倞注："校，计。"《史记·平准书》："京师之钱巨万，贯朽而不可校。"裴骃《集解》引如淳曰："校，数也。"《汉书·食货志上》："京师之钱累百巨万，贯朽而不可校。"颜师古注："校谓计数也。"（黄晓菲：2009，P89）

校 士

（壹·2155）
1. 应是现役士兵，都缴纳限米。（蒋福亚：2007A；2012B，P167）
2. 是普通士兵的称谓。（蒋福亚：2012B，P167）

核事吏

（长沙市文物工作队、长沙市文物考古研究所：1999，J22—2540）
《汉书·刑法志》记河平中诏："其审核之，务准古法，朕将尽心览焉。"师古注云："核，究其实也"；事，即是文书。所以，核事吏可理解为县廷中负责究核文书是否属实的属吏。而《陈旷文书》和《录事掾潘琬启五毒考问许迪文书》显示陈旷为核事掾，其实际职务则是中贼曹掾，说明"核事"一职为临时性的差使，不是固定的职务，类似后代朝廷中的使职差遣。（王彬：2014）

按：原文作"掾事吏"。

逋 钱

（壹·212）
逋，逃避，拖欠。《汉书·武帝纪》师古注："逋，亡也。久负官物亡匿不还者，皆谓之逋。"《三国志·吴书·吴主传》："兵久不辍，民困于役，岁或不登，其宽诸逋，勿复督课。"（李均明、王昕：2007）

按：原简文作"连钱"，李均明改释。

贾

（壹·1725；壹·1800；壹·1958；壹·3186）

池贾米，盐贾米，酱贾米，鋘贾米，种贾米，这里"贾"的含义之一是"价钱"和"价格"，夹在池、盐、酱、鋘、种粮之类名称之间，是标明这类赋税或物品原来需要多少钱或值多少钱，现在可以折成多少米，与前引的"准入米""准米"的意思一样。（蒋福亚：2011B）

贾具钱

（壹·2808）

1. 是折合成具钱的贾钱。（李明龙，2006，P34）

2. 简文中出现的"贾具钱"是在"具钱"的基础上与其他词素合成的。"贾具钱"是折合成具钱的贾钱。（黄敏、李明龙：2012）

贾　钱

（肆·4686）

出售物资所得之钱。（凌文超：2014B；2015B）

破莂保据

（长沙市文物工作队、长沙市文物考古研究所：1999，J22—2543）

1. 《发掘报告》释"莂"为券书，从。"保据"，当意为"存而以之为据"。原始户籍造成后，理当向上级官府呈报，同时下级官府亦应保留底本，以备验证。（徐世虹：2001）

2. 分券保留根据。（王素：2009A）

原　除

（贰·51）

1. 指免除应承担的某种义务，包括各种形式的租税劳役等，与会计事宜密切相关。原，恕免，《庄子·天道》："因任已明而原省次之。"成玄英疏："原者，恕免。"《后汉书·范冉传》："是时西羌反叛，黄巾作难，制诸府掾属不得妄有去就。冉首自劾退，诏书特原不理罪。"除，免除，《汉书·文翁传》："又修起学官于成都市中，招下县子弟以为学官弟子，为除更繇。"师古注："不令从役也。"……"原除"当指主动免除，《后汉书·顺帝纪》："其赦天下。从甲寅赦令已来复秩属籍，三年正月已来还赎。其阎显、江京等知识婚姻禁锢，一原除之。务崇宽和，敬顺时令，遵典去苛，以称朕意。"《三国志·魏书·文帝纪》："扬州界将吏士民，犯五岁刑已下，皆原除之。"《宋书·文帝纪》："大赦天下，诸逋债在十九年以前，一切原除。"（李均明：2005）

2. "原"具有"恕免"之意，《后汉书》卷八十一《独行传》："（范）冉首自劾退，诏书特原不理罪。"文献中"原除"多见于罪行免除场合，带有一定罪责意味，如魏文帝黄初五年八月："扬州界将吏士民，犯五岁刑已下，皆原除之。"南朝有时也用于逋欠免除，如宋文帝元嘉二十一年正月大赦天下，"诸逋债在十九年以前，一切原除"。（魏斌：2011）

赀准米

（壹·525）

"赀钱"即是头钱，"赀准米"是将赀钱折合为米进行缴纳。（陈荣杰：2012，P134）

监池司马

（壹·2065；壹·2068；壹·2361；壹·2405；壹·6249）

1. 是负责管理湖泊捕鱼及相关事务的。（罗新：2004A）

2. 因为沼泽湖泊等事务，势必由监池司马来操办，所以组织人力物力围湖造田，征收限米也由其负责，而不仅仅限于征收渔税。（蒋福亚：2012A）

3. 后者非军职，主要负责池的管理，将池中水产品转卖并以米的形式缴纳至仓，池周边百姓因池获利、所需缴纳的各类租税亦由监池司马经办。（何立民：2012，P110、161）

监　运

（壹·2107）

吴简出现的"监运兵曹"、"监运掾"等，则是具体实施运送任务的机构或职官。（何立民：2012，P52）

监运兵曹

（壹·2419）

负责运送物资事务，隶属军队系统。（侯旭东：2006B）

监运掾

（壹·2107；壹·2112）

监运掾应是负责运送物资事务的，可能属于掌管军粮的节度系统。（侯旭东：2006B）

钱师/钱佐

（壹·6604）

1. "钱师"和"钱佐"性质比较清楚，他们是从事货币铸造的手工业者。（韩树峰：2004）

2. "钱"是铸币，也是古代的农业生产工具，长沙是否铸钱，现在难以确定。"鎌师""鎌佐""钱佐"制造镰、钱，那是责无旁贷。（蒋福亚：2011D；2012B，P226）

钱贾钱

（壹·2747；叁·3356）

某些在临湘稀见的货币可以兑换或者计算成市场上常见的和主要的流通币，当然会收取一定的手续费，"钱贾钱"便应运而生了……这种兑换或计算基本上是官方主持，因而又成为封建政府的一项收入。（蒋福亚：2011B）

造作

（贰·7847）

即制作、制造、建造之义。（何立民：2012，P32）

牸

（肆·1447；肆·1451）

母牛，《说苑·政理十一》："臣请陈之，臣故畜牸牛，生子而大，卖之而买驹。"牸牛而生子，无疑为母牛。（李均明、宋少华：2007）

牸　牛

（肆·1447）
即母牛。（何立民：2012，P40）

牸　犊

（肆·1412）
即母牛，或泛指雌性动物。《宋本玉篇·牛部》："牸，疾利切。母牛也。"《钜宋广韵·去声·志第七》："牸，牝牛。"贾思勰《齐民要术·养牛马驴骡》引陶朱公曰："子欲速富，当畜五牸。""牸犊"即母犊。（何立民：2012，P40）

租　田

（莂4·226；莂4·230；莂4·296；莂5·733；莂5·791）

1. 单称"租田"者，关键在于其所收税米的定额不同于"二年常限"田的每亩收米一斛二斗，凡亩收米五斗八升六合和亩收四斗五升六合兼斛加五升收米者，都可以叫"租田"。（高敏：2000E）

2. "租田"是指州吏租佃二年常限田享有优惠的那部分，以及余力田、火种田、余力火种田中定收田而言的，其应缴纳的米叫做"租米"，亩租额有多种。（蒋福亚：2008A；2012B，P132）

3. 征收租税的田。（黄晓菲：2009，P261）

4. 《田家莂》"租田"当指享受二年常限缴米定额优惠的田（一般亩收米为五斗八升六合），亩收米四斗五升六合的火种米，亩收米四斗五升六合又斛加五升的余力火种田，亩收米四斗或四斗五升六合的余力田。（陈荣杰：2012，P79）

5. 吴简中"租田"均指熟田，即指享受缴米定额优惠的二年常限田，余力田、火种田、余力火种田等收米定额不同于一斛二斗之田。租田当为具

220 / 《长沙走马楼三国吴简》语词汇释

有一定优惠性质的田。(陈荣杰:2013)

租　米

（蒟4·32；蒟4·185；蒟4·463；蒟5·47；壹·2084；壹·2874；壹·3130；壹·5161）

1. 佃田者所缴纳的米，亦因所佃田地税率的不同而有"税米"与"租米"之分。按每亩收米一斛二斗的"二年常限"田所缴纳之米曰"税米"，则按其他税率缴纳的米，有可能叫"租米"……凡亩收米五斗八升六合和亩收四斗五升六合兼斛加五升收米者，都可以叫"租田"，其米可以叫"租米"。(高敏：2000E)

2. 租米，则是由"租田"亩数而来，有两种租率，一为"亩收米五斗八升六合，斛加五升"收取，二是作"租田亩收米五斗八升六合"，无"斛加五升"字样。(高敏：2000B)

3. "租米"当指州吏、复民等以"租田"的形式佃种常限田所缴纳的租米。(于振波：2004B)

4. 是按每五斗八升六合和四斗五升六合以及斛加五升的税率征收的国家正户的租田所应缴纳的税米。(李明龙：2006，P24)

5. 旧时向官府交纳的田赋。《后汉书·安帝纪》："调扬州五地租米。"《新唐书·裴耀卿传》："又令租米悉输东都。"(李明龙：2006，P10)

6. 在嘉禾四年吏民田家蒟中，田家耕种二年常限熟田时，向政府缴纳的租税有"税米""租米"之别，前者为郡吏、县吏、军吏、郡卒及百姓所缴纳，亩收税米一斛二斗，后者系州吏所缴纳，亩收租米五斗八升六合，较之郡吏、县吏，州吏显然享有很大的优惠。但到了嘉禾五年，州吏所缴基本改称"税米"。(韩树峰：2006B)

7. 限米的含义应与"田"的性质有关……租米与税米的区别在于田家所耕作的"田"的属性，出自"税田"的米为税米，出自"租田"的米为租米。(侯旭东：2006A)

8. "租田"是指州吏租佃二年常限田享有优惠的那部分，以及余力田、火种田、余力火种田中定收田而言的，其应缴纳的米叫做"租米"，亩租额有多种，嘉禾四年余力田、火种田的亩租额是0.456斛，余力火种田的亩租额除0.456斛外，还得"斛加五升"，为0.4788斛，州吏享有优惠的部分二年常限田中定收田的亩租额是 0.586 斛；嘉禾五年《吏民田家莂》中未见火种田和余力火种田，故其租米有余力田的 0.4 斛和州吏的 0.586 斛（某些简牍有数合差异）两种。简略言之，"税米"的亩租额高，"租米"的亩租额低，但无论高低，按定收田亩积收租是其共有的特征。（蒋福亚：2008A）

9. 向官府缴纳的田赋。《后汉书·安帝纪》："调扬州五郡租米。"（黄晓菲：2009，P260）

10. 租米为租田所缴纳之米……我们怀疑吴简"租米"当有广义和狭义之分，广义的租米为凡缴米定额低于亩收米一斛二斗之米，即是"租田"所缴纳之米。狭义的租米当指某一种具体的租米，如《竹简》中普通百姓所缴纳之租米可能就是具体指余力田租米……不过和"税米"相比较，"租米"的亩租额却不那么单一，其包含的内容相当复杂。余力火种田中定收田的亩租额除按"亩收米四斗五升六合"缴纳外，还得"斛加五升"，这个"斛加五升"同样是算在"租米"里头的，这样余力火种田的亩租额实际上便是 0.4788 斛。此外余力田中定收田缴纳的米，以及州吏部分二年常限田中定收田缴纳的米的亩租额或总额也叫"租米"，他们就无须"斛加五升"。（蒋福亚：2012B，P131）

11. 纳税主体即租佃国有土地中，二年常限田的各类劳动者（包括州吏、郡吏、军吏、郡士、佃卒、男子、复民、士等各种身份，另外还有统称为"吏民"者）；课税对象为劳动者租种余力火种田（或余力田、二年常限田）中定收土地的所得（或收益）部分（其中，计税依据为经过国家丈量的余力火种田〈或余力田、二年常限田〉中定收土地面积之数额，税源则是土地产出或收益），税率为定额（固定）税率，但有四斗、四斗五升六合、五斗八升五合三种，另外需要强调的是：嘉禾四年，租佃余力火种田中属于"男子"身份的人，还需要缴纳"斛加五升"的附加税额；纳税期限一般为当年年底的十一月、十二月；纳税接受者（经手人）绝大部分情况下是仓吏，极个别情况下是库吏。（何立民：2012，P140）

12. 租米为租田所缴纳之米……我们怀疑吴简"租米"当有广义和狭义之分，广义的租米为凡缴米定额低于亩收米一斛二斗之米，即是"租田"所缴纳之米。狭义的租米当指某一种具体的租米，如《竹简》中普通百姓所缴纳之租米可能就是具体指余力田租米。（陈荣杰：2012，P156）

租具钱

（壹·4341；壹·4342；壹·4420；壹·4435；壹·6935）

1. 租具钱是一个税收名目。顾名思义，它很可能是无力购置铁制农具的民户向政府借用农具时征收的税。征收办法和税率均不明白。（高敏：2006D）

2. 是折合成具钱的租钱。（李明龙：2006，P34）

3. "租具钱"中的"具"，估计是指一般生产工具。这是临湘县不算太少的另一种收入。（蒋福亚：2007A；2012B，P87）

4. 是在"具钱"的基础上与其他词素合成的。"租具钱"是折合成具钱的租钱。（黄敏、李明龙：2012）

租茋钱

（壹·5251）

按茋，为植物名称，名曰茋草，又名黄草，可以染色，亦可入药。由此可见，"茋钱"或"租茋钱"实为当地土特产税的一种。大约是凡以种植茋草为业者，就需要缴纳这种租税，故我把它列入部分居民课取的租税名目中。（高敏：2006D）

租　钱

（壹·5180；壹·5287；壹·5328）

1. 租钱，是"市租钱"的简称，也即封建政府向商贩们征收的商税。其特征是按月征收，征收的幅度多少，是按利润还是按商品的价值分成目前都不知道，有待于进一步的探索或后续简牍的刊布。（蒋福亚：2012B，P91）

2. 工商市卖的课税。（凌文超：2015B）

租税杂限田

（贰·7605）

当是"租田""税田""杂田"和"限田"的合称。（陈荣杰：2012，P86）

息

（壹·2540；壹·8165）

应指利息。（魏斌：2006）

息 米

（壹·46）

1. 收取利息而得到的米。"息"有"利息"之义。《周礼·地官·泉府》："凡民之贷者，与其有司辨而有之。以国服为之息。"《史记·孟尝君列传》："岁余不入，贷钱者多不能与其息。"《宋史·食货志·食货上六·役法下·振恤》："淳熙八年，浙东提举朱熹言：'乾道四年民艰食，熹请于府，得常平米六百石振贷，夏受粟于仓，冬则加息计米以偿。自后随年敛散，歉，蠲其息之半；大饥，即尽蠲之。凡十有四年，得息米造仓三间。'"（李明龙：2006，P7）

2. 息有"利息"之意……故我们推测"息米"当为借贷米而缴纳的利息之米。（陈荣杰：2012，P141）

剮

（长沙市文物工作队、长沙市文物考古研究所：1999，J22—2540）

剮，疑当读为"巢"。《集韵》彫，剮，《说文》：琢文也，通作雕、琱。

雕，上古音是端母幽部字。粜，是透母药部字。端、透皆舌头音；幽、药为旁对转。故雕、粜二字声韵俱近，可以通假。《说文》："粜，出谷也。"朱骏声《说文通训定声》说，"调"假借为"粜"，以《广雅·释诂三》"调，卖也"为例。牍文之"䚢"都应作出卖米谷解。（胡平生：1999）

留

（壹·5901；壹·5914）

1. 就是暂时不迁。（贺双非、罗威：2003）

2. 师、佐从事手工业生产，其产品在商品经济并不发达的乡里很难有较好的销路，而县城作为当地商品集散地的中心，显然更适合手工业者生存。因此，脱离农业生产的手工业者及其家属集中在县城是十分自然的事情。政府这次统计师佐及其家属，是为了征调他们到官府服役，但并非全部征发，其家属成员有的仍可以留在本县……不被征发者要在简末写一"留"字。（韩树峰：2004）

3. 为留住原籍不随师佐流动者。（李均明：2008B）

凌 人

（贰·9079）

凌人，《周礼·天官冢宰》："凌人，下士二人，府二人，史二人，胥八人，徒八十人。注：凌，冰室也。诗云：二之日，凿冰冲冲，三之日，纳于凌阴。"《通典》卷五五《吉礼·享司寒》："周制，凌人掌冰。正岁十有二月，令斩冰，三其凌。"主要职责为"祭祀供冰鉴，宾客供冰，大丧供夷盘冰"。（戴卫红：2010B）

准

（蒥4·30；蒥4·31）

公文用语。表示许可，依照的意思。（黄晓菲：2009，P258）

准入米

（蒳4·31；蒳5·5；壹·372；壹·617；壹·666）

1. 就是把应当交纳的钱和布，按照一定的比例，折算成米。在竹简中，有很多把田亩和布折算为米而成为"准米"和"准入米"的例子……"贾"和"准"在用法上是有区别的。直接用米作为代用货币而交换商品，用"贾"；应交某物而折算为米来代替，用"准"。（罗新：2004A）

2. 是指将布或钱折合成米缴纳给仓吏。（陈荣杰：2012，P133）

3. "准入米"三字的意思是允许将布和钱折算成米缴纳，也允许互相折纳。（蒋福亚：2012，P8）

准　米

（壹·5282；壹·6000；壹·6025；壹·6090）

1. "准"是折合的意思，《管子·山至数》："君有山，山有金以立币，以币准谷而授禄。""准米"就是"折合成为米"。（李明龙：2006，P15）

2. 准米是指将布或钱折合成米缴纳给仓吏。（陈荣杰：2012，P133）

疾　足

（叁·2709）

指的是双足有病或残疾。（蒋福亚：2012B，P220）

痈

（壹·20）

1. "痈"，《说文》释"肿也"；《释名》称"痈，雍也，气雍否结里而溃也"；《正字通》释"恶疮也"。此正好符合麻风病致人畸形残疾的溃烂症

状。(高凯：2005)

2. 文献之"痈"可指以下两种病症：(1) 由皮肤或皮下组织化脓性的炎症引起的肿疡。《释名·释疾病》："痈，壅也，气痈否结里而溃也。"《灵枢经·脉度》："六府不和，则留为痈。"《本草纲目·百病主治·痈疽》："痈疽，深为疽，浅为痈；大为痈，小为疖。"《汉书·佞幸传》亦有宠臣邓通为汉文帝允痈而与太子（汉景帝）结怨之记载。(2) 鼻疾。《仓颉篇》卷中："痈，鼻疾也。"《论衡·别通篇》："（人）鼻不知香臭曰痈。"简中之"痈病"当指肿疡，因为肿疡易识而鼻疾难诊。（黎石生：2009）

部　吏

（壹·4345）

吴简中的"部吏"当为临湘廷掾下监察各乡及劝农的吏，是否属"吏役制"中服役之吏，则仍需探讨。如果做简单比附的话，现在部分省份中，乡镇以下、村庄之上设置的"管区"（职吏为"区长"），似与吴简中的"部"与"部吏"性质、职责相近，可为参考。（何立民：2012，P115）

部　曲

（壹·6027）

是士兵的又一名称。（蒋福亚：2007A；2014）

部曲田曹

（柒·1244）

部曲一词，在汉代原为军事编制名，在魏晋指私兵、家兵，因而推测部曲田曹或为县一级管理军屯之机构，而田曹则主管民屯。（徐畅：2011）

部　伍

（壹·984）

在三国史料里，"部伍"又引申出新的意义，即以军事编制的手段管理人口并组建军队，如朱桓"部伍吴会二郡，鸠合遗散，期年之间，得万余人"。正是在这一义项下，"部伍"还发展出孙吴政权对南方土著族群进行军事化管理的引申义。（罗新：2009B）

旁科律令

（肆·4502）

当即太常府在颁下文书的旁边书写（附录）了相应的法令科条，以要求严格执行这些规定。（凌文超：2014C）

耗咸米

（壹·1984）

耗咸米，就是"折咸米"。（李明龙：2006，P15）

料　校

（壹·6227；壹·9587）

1. 料，度量，《说文》："料，量也。从斗，米在其中。"《秦简·效律》："县料而不备者，钦书其县料殿（也）之数。"《三国志·吴书·吕蒙传》："权统事，料诸小将兵少而用薄者，欲并会之。"《晋书·庾亮传附庾冰》："隐实户口，料出无名万余人，以充军实。"……"料校"，乃指通过度量计算进行核查，《晋书·武十三王传》："武帝尝幸宣武场，以三十六军兵簿，令柬料校之，柬一省便擿脱谬，帝异之，于诸子中尤见宠爱。"早期称"计校"或"校计",《秦简·效律》:"计校向谬殹(也),自二百廿钱以下,谇官啬夫。"又《敦煌悬泉汉简释粹》56例"校计相除,官负啬夫郎钱八百卅。"(李均明:2005)

2. 审查校核。"料"有"计数"之义。《国语·楚语上》:"及鄢之役……雍子与于军事,谓乐书曰:'楚师可料也,在中军王族而已。'"韦昭注:"料,数也。"料又有"清查"之意。《晋书·庾冰传》:"(冰)又隐实户口,料出无名万余人,以充军实。""校"是计数,查点。《荀子·强国》:"威强乎汤武,广大乎舜禹,然而忧患不可胜校也。"杨倞注:"校,计。"《汉书·食货志上》:"京师之钱累百巨万,贯朽而不可校。"颜师古注:"校谓计数也。""料""校"也应是同义连文。(李明龙:2006,P67)

3. 是此时财务稽查的专门术语。(蒋福亚:2008C)

料校不见

(壹·3387)

似乎就是核查过程中出现了差错,账目与实际的米无法吻合。(侯旭东:2006B)

料 核

(长沙市文物工作队、长沙市文物考古研究所:1999,J22—2543〈原文做"科核"〉;肆·1242;肆·1449)

1. "科核"或"料核"均未见诸文献,与其文意相近的"科实"和"料实"则分别见于《吴主·三嗣主传》和《资治通鉴·晋纪二》。《吴志·三嗣主传》:"(天纪)三年夏,郭马反。马本合浦太守修允部曲督。允转桂林太守,疾病,住广州,先遣马将五百兵至郡安抚诸夷。允死,兵当分给,马等累世旧军,不乐离别。(孙)皓时又科实广州户口,马与部曲将何典、王族、吴述、殷兴等因此恐动兵民,合聚人众,攻杀广州督虞授。"《资治通鉴·晋纪二》:晋武帝咸宁五年(即吴天纪三年),"吴桂林太守修允卒,其部曲应分给诸将。督将郭马、何典、王族等累世旧军,不乐离别,会吴主料实广州户口,马等因民心不安,聚众攻杀广州督虞授"。两部撰于不同时代的良史记载同一史事，一作"科实"而一作"料实"，可见，"科""料"相混，当系流传过程中的抄写、刊刻之误。（黎石生：2002）

2. 核，核计、计量，《史记·周本纪》："乃料民于太原"，《集解》引韦昭曰："料，数也。""料核"当指常规之核实调查。（李均明：2008B）

酒　租

（壹·4379；壹·4418；壹·5346；柒·803；捌·646甲）
酒的产销税。（王素：2015）

酒租具钱

（壹·6039；壹·6365）

1. 今据吴简所云，孙权统治时期的临湘侯国和长沙郡地区，确实对酒实行了"酒租钱"的征收。从诸残简的内容看，不曰"入"酒租钱若干，而曰"领"酒租钱若干，这一"领"字，既有管理之意，同不少竹简谓"某乡领吏民若干户"的语法相同，这正符合官府专卖酒类商品的情况。因此之故，"酒租钱"的征收必须是完好优质钱币，从而当提到"酒租钱"时，两次出现了"酒租具钱"的说法。（高敏：2006D）

2. 是折合成具钱的酒租钱。（李明龙：2006，P34）

3. 《汉书·食货志下》："请法古，令官作酒，以二千五百石为一均，率开一卢以卖，雠五十酿为准。一酿用粗米二斛，曲一斛，得成酒六斛六斗。各以其市月朔米曲三斛，并计其贾而参分之，以其一为酒一斛之平。除米曲本贾，计其利而什分之，以其七入官，其三及醩齐灰炭给工器薪樵之费。"这里提出了利润的三七分成，即官家得大头，酿酒者得三成及酒糟之类"给工器薪樵之费"。后者应是为"公事作酒者"的报酬……在王莽榷酒令中提到了"工器"之类。这应是酿酒的器具。这类器具本来是酿酒作坊自有的，所以才会从利润中抽取补偿的费用……"酒租具钱"估计就是这样产生的。（蒋福亚：2011D；2012B，P277）

4. 是在"具钱"的基础上与其他词素合成的。"酒租具钱"是折合成具钱的酒租钱。（黄敏、李明龙：2012）

酒租钱

（壹·31；壹·4379；壹·4418；壹·5122；壹·5330；壹·5346；壹·6037；壹·6376）

1. 今据吴简所云，孙权统治时期的临湘侯国和长沙郡地区，确实对酒实行了"酒租钱"的征收。从诸残简的内容看，不曰"入"酒租钱若干，而曰"领"酒租钱若干，这一"领"字，既有管理之意，同不少竹简谓"某乡领吏民若干户"的语法相同，这正符合官府专卖酒类商品的情况。因此之故，"酒租钱"的征收必须是完好优质钱币，从而当提到"酒租钱"时，两次出现了"酒租具钱"的说法。（高敏：2006D）

2. 是卖酒所交之税钱。（李明龙：2006，P52）

3. "酒租钱"就是酒税钱，而且征收税额较大。（随成伟：2009，P21）

4. 与曹魏实行酒类榷酤不同，孙吴早期似未采用酒类产品榷酤之制，而是采用酒税制，也就是吴简中"酒租钱"的税目。仔细分析有关例证，我们注意到，凡是涉及"酒租钱"的例证，暂未见到具体的乡名、人名。由此，我们初步判断，当时酒租钱的纳税主体可能不是消费酒类产品的普通个人，而似为酒类产品制造者、销售者等人（换言之，此税似为收益税，而非征于消费者的消费税）。其征收主体则与上述"市租钱"相似，皆当为市吏。其税率似为比例税率，征收地域可能在"市"上。其纳税环节是：酿酒即卖酒之人将酒租钱交予市吏、市吏加以汇总、制作簿书（包括上述税目、纳税主体、征收数额等多个统计要素），由库吏等人经手，将酒租钱纳入库中，而由县列曹之一的金曹负责收支、调拨等方面的事务，每隔固定时间要进行分类统计。（何媛：2011）

5. 酒租钱是封建政府用官府手工业作坊的产品换取的。（蒋福亚：2011B）

6. 酒租一词见于史书，如《南史·齐纪下·废帝东昏侯》："都下酒租，皆折输金，以供杂用。"《南齐书·东昏侯传》："潘氏服御，极选珍宝，主衣库旧物，不复周用，贵市民间金银财宝，价皆数倍。……京邑酒租，皆折使输金，以为金途。"《宋史·张九成传》："既至，仓库虚乏，僚属请督酒租宿负苗绢未输者，九成曰：'纵未能惠民，其敢困民耶？'"据史书"酒租"当为个人卖酒而缴纳的租税。据简壹·6376 和简叁·2031 收责"酒租

钱",吴简"酒租钱"也应是个人卖酒而缴纳的租税。(陈荣杰:2012,P175)

家　数

(肆·4470)
按《史记·田叔列传》:"因占著名数,家于武功。"《索隐》曰:"自占著家口名数,隶于武功,犹今附籍也。""家数"当即"家口名数",亦即"户数""户籍"。(凌文超:2014C)

按:原简释文作"□数"。

案

(长沙市文物工作队、长沙市文物考古研究所:1999,J22—2695)
案,是查考之意。王充《论衡·问孔》:"案圣贤之言,上下多违。"又,"自今案《论语》之文,孔子之言"。(胡平生:1999)

案(文书)

(肆·4523—1)
"案"为依据、按照之意。(凌文超:2014C)

诸　将

(壹·2047;壹·2275;壹·2276)
当是下级官吏,他们也有屯田并耕作的义务。(蒋福亚:2012B,P167)

冢种客

（贰·2501；贰·2525）

"冢种客"估计该是前引吕蒙传中"守冢三百家"的"守冢"。从简二2501和2525两简"给冢种客"四字可以看到，他们是从民间征收而来，并直接赐给了受赐者，属于赐客的范围，并不是复客。冢种客显然就是复客赐客制中的"守冢"。（蒋福亚：2012B，P75）

被……书

（壹·2018；壹·2055；壹·2095；壹·2171）

1. 被，受、承受、接受，《史记·屈原列传》："信而见疑，忠而被谤，能无怨乎。""被书"指接受上级下发的某种指令文书，该文书具有调遣效力，如《三国志·魏书·杨俊传》："遂被书左迁平原太守。"又《赵俨传》："时被书差千二百兵往助汉中守，署督送之。"《胡昭传》："建安二十三年，陆浑长张固被书调丁夫，当给汉中。""被书"之"书"当为具体的文件，所以才有"被……书"的格式。见于吴简外，又《三国志·魏书·王烈传》："奉今年二月被州郡所下三年十二月辛酉诏书，重赐安车、衣服，别驾、从事与郡功曹以礼发遣，又特被玺书，以臣为光禄勋，躬秉劳谦，引喻周、秦，损上益下。"（李均明：2005）

2. "被书"一词见于《吴志·吕蒙传》：孙权"使鲁肃将万人屯益阳拒（关）羽，而飞书召（吕）蒙，使舍零陵，急还助肃。初，蒙既定长沙，当之零陵……及被书当还，蒙秘之，夜召诸将，授以方略，遂降零陵太守郝普"。它与走马楼简牍中出现的"被督邮敕""被曹敕"等简文句式相同。这种句式在文献史籍中常见，在楼兰出土的魏晋文书中亦曾出现过。《吴志·孙坚传》注引《吴录》："（孙）坚（谓王叡）曰：'被使者檄诛君。'"《士燮传》："吕岱被诏诛（士）徽，自广州将兵昼夜驰人，过合浦，与（戴）良俱前。"又《周鲂传》：周鲂"被命密求山中旧族名帅为北敌所闻知者，令谲挑魏大司马扬州牧曹休。"……"被"字表示"受"的意思……"书"指官府文书。（黎石生：2002）

被病物故

(叁·3819)

1. 意即得病死亡。(谢桂华：2011)

2. 物故，义项为"病故、死亡"。又，"物故"与"被病"多联袂出现。"被病物故"作为动补式或补充式词组，"被病"即染病、患病，"物故"则表示染病的结果为死亡。(何立民：2012，P30)

被曹敕

(长沙市文物工作队、长沙市文物考古研究所：1999，J22—2695)

1. "被"字表示"受"的意义。《诗·汉广·序》："维江汉之域，先被文王之教化。"孔疏："言先者以其余三州未被文王之化，故以江汉之域为先被也。"定本"先被"作"先受"。"被"下带的是关系语。王力先生《汉语史稿》说，带关系语（施事者）的被字句在汉末已经有了萌芽，如蔡邕《被收时表》就有"五月二十日，臣被尚书召向"的句子。到了第四、五世纪就更多一些。周法高先生《中国古代语法：造句编》说，"被"字本为"蒙受"之意，起初不能把主动者放在"被"字后面，晋南北朝有之，唐以后始盛行；从南北朝时起，有"被……所……"的用法。如《颜氏家训·杂艺》"常被元帝所使"，与木楬"被曹节度所下"句法全同。因此，"被督邮敕"，就是接到督邮的敕令；"被曹敕"，就是接到（上级）曹署的命令。(胡平生：1999)

2. 从落款"诣功曹"来看，应是接受功曹的指示、要求。(凌文超：2014A)

课　问

(壹·59)

1. 征收追讨。"课"有"征收"之义。《汉书·食货志上》："过试以离宫卒田其宫塓地，课得谷皆多其旁田亩一斛以上。"……问有"追究"义。《左传·僖公四年》："昭王南征而不复，寡人是问。"曹操《选举令》："昔季阐在白马，有受金取婢之罪，弃而不问，后以为济北相，以其能故。"（李明龙：2006，P66）

  2. "课"有督促之义。《后汉书·方术传上·任文公》："王莽篡后，文公推数，知当大乱，乃课家人负物百斤，环舍趋走。"三国时期有同义复合词"督课"。孙权《宽逋诏》："兵久不辍，民困于役，岁或不登，其宽诸逋，勿复督课。""问"有追究义。曹操《选举令》："昔季阐在白马，有受金取婢之罪，弃而不问，后以为济北相，以其能故。""课问"义为督促责问。（陈顺成：2012A）

调

（壹·5359；壹·5379）

  1. 简文中的"调"几乎无一例外属于动词，是调发、征调、调运之意，而不是作固定名词的户调之调……在魏晋南北朝时期实行户调制的同时，除固定内容与数量的"户调"之外，还经常出现各种"横调"与"杂调"，这完全是利用暴力巧取豪夺，与正常的户调制是风马牛不相及的两码事。《新收获》一文所引简文，正属于这种"横调"与"杂调"，而非正常的户调。（高敏：2000A）

  2. 吴国既然承袭汉制，汉代户调与口钱、算赋长期并行，则吴国户调与口钱、算赋并行也并无矛盾。本来，户调为按户征收实物，口钱、算赋为按人征收现金，二者存在很大的不同，不能根据后来户调取代口钱、算赋，而简单地将二者视作同一种税。至于二者合并为一种税，由于存在很大的不同，更需要一个较长的过程。而吴国则始终处于这个过程之中。因此，称吴简所见的"调"为"户调"，是没有问题的。（王素：2001）

  3. 调的物品非常广泛，包括布、麻、牯牛、鹿皮、麂皮、水牛皮等，并不固定。将以户主名义缴纳的"调"称作"户调"并不稳妥。调的标准尚无法确定，但至少不是按户平均征收的。当时按户品征收的调仍然属于苛捐杂税。走马楼吴简中的调同样是对东汉的延续，而与曹魏的户调不同。（于振波：2004C，P91）

  4. 吴简中的调，除了调物之外，恐怕也兼有"调役"的意思。（张荣

强：2004A）

5. 以上各例都是官府提取府库中的钱（或把粮食折成钱），用于购买所需的布、麻等物，而称之为"调"。（于振波：2005A）

6. 吴简所见的"调布"，仍属正常财政调度范畴，与户品无关。"调皮"的情形有所不同。对于纳"调皮"的吏民来说，既不是常税，也不是"苛捐杂税"。但官府用于市皮之钱，至少有一部分来自对诸乡吏民的加征，因而属于横调、横赋的范畴。（杨际平：2006）

7. 非"户调"之"调"；几乎所有"调"字，都是做动词用的调发、征调之意。（高敏：2007A）

8. 东吴时期的调不是正常的赋税种类，而是临时增派、增收的横调、横赋。所以无论从调的演变、调的内容和实质上看，东吴时期的调应是横调和横敛赋，属于苛捐杂税的性质。（随成伟：2009，P24）

9. "调"只是孙吴众多杂税中的一种，并非对各种杂税的整合。（韩树峰：2011B，P106）

10. 走马楼吴简中所见的调，是以乡为单位被赋课的，进而以单个或者几个丘构成一个单位分担缴纳。岁伍、力田等身份的人在丘内部具有社会影响力。他们负责丘内每位民众调额分配，并参与征收工作。民众调额分配方面，则依照累进课税的原则。按照这种程序征收的物资的总额，如果由于某种理由未能达到乡的指标，不足的部分就通过市场筹措进行补充。走马楼吴简中所见的调，不能说是临时性的调配，而在相当程度上已经处于定制化阶段。通过这种制度被集积的物资，除了供给国家财政以外，一部分在县一级被用于应对必要所需，回流到民间，以调整物资的剩余或匮乏。（阿部幸信：2011）

11. "调"是官府有意图、有计划地实施的临时性物资调配，其对象包括有各种财物。（柿沼阳平：2013）

12. 通过吏"市布"维持的大区域范围内的"调"和面向变形赋课的小区域范围内的"调"，都被称为"调"，现象上也都表现为物流调整。（阿部幸信：2013）

按：王素对高敏观点的回应：（1）不能以吴简没有出现"户调"二字而否认"调麻""调布""调皮"之"调"属于"户调"，就像不能因为东汉、三国正史少见"户调"二字而否认前揭"租调""赋调"之"调"属于"户调"一样。（2）不能说我们引用的这些吴简中的"调"几乎无一例外属于动词,因为吴简中的"调麻""调布""调皮"都是动宾结构的词,从语法上说,动宾结构的词基本都应划属名词(即所谓"动名词")。(3) 不能认为孙吴明确实行了汉代的口钱、算赋制度就不能同时存在取代口钱、算赋制度的户调制,否则东汉、三国经常性的"调"与口钱、算赋长期并行就无法解释(即如西晋正式颁布的户调式,还一面规定户调"绢三匹,緜三斤"等,一面规定"远夷不课田者……极远者输算钱",户调与算钱并存,足见凡事都不能过于绝对)。(4) 对于孙吴是否实行户调,除了前面提到的有关记载外,还须重视两点:一是西晋是在"平吴之后"才"又制户调之式"的,从因果关系来看,西晋的户调之式不可能不包含孙吴的户调内容;二是曹魏户调式"绢二匹,绵二斤",西晋户调是"绢三匹,緜三斤"等,二者并不完全相同,西晋户调并非简单继承曹魏而来(否则史称"又制户调之式"就没有了意义),而这些不同就有可能包含孙吴的户调内容。(王素:2011A)

调 布

(壹·1215;壹·1295;贰·5714)

1. 吴简所见的"调布",仍属正常财政调度范畴,与户品无关。(杨际平:2006)

2. "所调布"的简称。"所调布"是三音节短语,由于长期使用,形式相对固定,成为常用的账户短语,意义也因此固定……由于所调布长期大量高频使用于名词的句法位置,已经有了明显的名词性特征,不再需要"所"来标记,同时双音节的韵律类推内在要求三音节向自然音部靠拢。于是"所"字脱落,而强调的重心作为一种遗迹保存下来。(李明龙:2006,P19—20)

3. 与这种作为常税的布相对,大量出现的调布,从性质看还是横调。其理由除了"调"可以用作动词外,还可与"调皮"相参照。吴简中有一部分入调皮记录,调皮的性质我们认为是不时之敛的横调。(沈刚:2010B;2013,P81)

按:调布的性质参看"调"条下的各家解说。

陶租钱

（壹·5215）

1. 是课之于制陶手工业者的租税。(高敏：2006D)
2. 是卖陶器所交之税。(李明龙：2006，P52)
3. 征之于特定对象——陶瓷器制作者或买卖者的货币税，是收益税的其中一种。(何媛：2011)

按：孙闻博认为，吴简所见"陶租钱"的租钱应与市吏有关。(孙闻博：2009)

烝口仓

（壹·1854；壹·1984；壹·2188；壹·2328；壹·2339；壹·2370；壹·2463；壹·4832）

走马楼简所见"烝口仓"，应是设置在"烝口"的储运设施。其位置应在烝水"入湘江"即"烝湘合流"之处，即今湖南衡阳北……设仓于"水口"，当时考虑到水路航运的方便。(王子今：2004C)

通

（蒳4·716）

合计，总计。(黄晓菲：2009)

通合

（壹·1152；叁·227）

1. 通合指多次或多项之合计。(李均明、王昕：2007)

2. 通合，吴简多见。其中，"通""合"义近，文献习见。如《史记·货殖列传》曰："是以富商大贾，周流天下；交易之物，莫不通得其所欲。"《齐民要术·五谷果蓏菜茹非中国物产者·橘》引裴渊《广州记》："罗浮山有橘，夏熟，实大如李；剥皮噉则酢，合食极甘。"据此，"通合"有统计、全部、整个、总数等义。（何立民：2012，P33、118）

按：简壹·1152原文作"定合"，李均明改释。

绡（捎）白

（壹·5914）

1.《说文·糸部》："绡，生丝也。"《广韵》卷二："绡，生丝缯也。"清任大椿《释缯》："缯，帛也，熟帛曰练，生帛曰缟，曰素，曰绡，曰縑，曰绢。"据此，绡与缟、縑、绢、素等均为生丝，属同一种丝织品。缟、素二字在文献中常见，如缟衣、缟冠、缟裘、素衣、素服、素族、素食等，至于缟、素二字连用更为经常，汉高祖刘邦亲为项羽所害的义帝发丧，"诸侯皆缟素"的故事人所熟知。以后，"缟素"作为孝服的含义一直使用至今。《说文·糸部》释"素"曰："白致缯。""绡"与"素"同为丝织品，其与"白"连称自在情理之中，其含义与"缟素"亦复相同。（韩树峰：2004）

2. 捎白，原释文作"绡白"……捎，《文选·羽猎赋》韦昭注："捎，拂也"，《周礼·冬官·轮人》郑玄注："捎，除也。""白"的通常的用法是指白色，引申为明亮。捎白师佐可能是用拂、除等方式使器械明亮的工师。（凌文超：2011C；2015D，P275）

十一画

推 求

（肆·4550-1）

寻求、搜索之意。《后汉书·独行列传·王烈》云："后有老父遗剑于路，行道之人见而守之，至暮，老父还，寻得剑，怪而问其姓名，以事告烈。烈使推求，乃先盗牛者也。"（凌文超：2014A）

授 居

（肆·4523-1）

按《太平经》钞壬部卷九"好德爱地，知相地授而居之，去凶得吉，得封于地"，当即官府赋予远方来人居住在乡界的权利。（凌文超：2014C）

黄 簿

（贰·4659）

1. "黄簿"，即黄籍。《太平御览》卷六〇六引《晋令》："郡国诸户口黄籍，籍皆用一尺二寸札，已在官役者载名。"《资治通鉴》卷一三五：齐高帝建元二年，上诏黄门郎会稽虞玩之等更加检定，曰："黄籍，民之大纪，国之治端。"胡注引杜佑曰："黄籍者，户口版籍也。"（胡平生：1999）

2. 黄簿就是丘的户籍简。（邓玮光：2010）

3. 黄簿，即"黄册"，与文献中"黄籍"同义，即户籍册书。《太平御览·文部二二·札》所引《晋令》曰："郡国诸户口黄籍,籍皆用一尺二寸札,已在官役者载名。"据此,户籍必须登载于一尺二寸长的"札"上。部分学者认同的"用黄纸书写户籍"之说,可能未必符合魏晋时期户籍文书的实际;根据吴简有关例证,我们认为,至少在孙吴时期,作为户籍文书的"黄簿"仍以简牍材料为主。又作"黄牒"。(何立民:2012,P49)

萆

(荝4·4;中贼曹掾陈旷考实许迪割米文书木牍,王彬:2014 录文)
1. 萆:通"荝"。(中国简牍集成编辑委员会:2005,P495)
2. 萆,应是与贷有关的簿籍文书。(王彬:2014)

乾锻师/乾锻佐

(壹·5956;壹·7554)
1. 乾锻师、佐既在吴简中屡次出现,说明其所从事的是比较常见的手工业。从名称上推断,"乾锻"应为锻造、锻打之意,而冶铁业自汉以来就是手工业的支柱性产业,因此,乾锻师、佐大概是冶铁业的手工业者。(韩树峰:2004)
2. "乾锻师""乾锻佐"应该就是从事钢铁生产、钢铁工具和兵器生产的工匠,他们在师佐简中占有的数量最多,说明社会上对其产品的需求量相当大。(蒋福亚:2011D;2012B,P226)
3. 乾锻,《广雅·释言》:"乾,刚也",中国早期炼钢法主要是将海绵铁反复折叠锻打,"乾锻"师佐当是这种"百炼钢"的工师。可能因为作部工师簿中已有"刚师""刚佐",为了方便登录名籍的区分,这类工师记作"乾锻"而不写成"刚锻"。(凌文超:2011C;2015D,P277)

梗

（壹·2512）

1. 是"㮛"的讹变。（李明龙：2006，P61）

2. 竹简中"叟"均写作"更"，因而"㮛"即为"梗"。《字汇·木部》："㮛，同艘。""艘"从汉代王粲《从军诗》"连逾万艘"开始计量船。《江陵凤凰山八号汉墓竹简》："船一艘。"（何丽敏：2006；刘芳池、何丽敏：2010）

梳 米

（壹·4974）

1. "梳米"应为"疏米"。"梳"是"疏"的后起字……"疏米"就是"疎米"。"疏"与"疎"通用……"疎米"就是"粳米"。《孔子家语》卷九："孔子之丧，公西掌殡葬焉，唅以疏米、三贝。"王肃注："疏，粳米也。"粳米是粳稻碾出的米。《南史·徐孝克传》："（徐孝克）家道壁立，所生母患，欲粳米为粥，不能常办。""粳"是一种米粒不沾的稻。李时珍《本草纲目·谷一·粳》："粳乃谷稻之总名也，有早、中、晚三收。诸《本草》独以晚稻为粳者，非矣。粘者焉糯，不粘者为粳。"（李明龙：2006，P59）

2. "梳米"即"疏米"，亦即粗糙之米。（陈荣杰：2012，P137）

敕

（肆·4550-1）

1. 从"敕"字含义的演变看，在三国吴时，"敕"仍是自上命下之词。（戴卫红：2011）

2. "敕"作为一种文书专称（敕书），汉代以来就特指君主文书，唯朝廷专之；而作为一般诫谕、饬正之"敕"也一直在使用……这里的"敕"

可能并非文书，而应理解为自上告下的敕令。（凌文超：2014A）

聋 病

（壹·8649）

1. 聋病。指听觉失灵或迟钝。《说文·耳部》："聋，耳无闻也。"《释名·释疾病》："聋，笼也，如在蒙笼之内，听不察也。"（黎石生：2009B）

2. 从现代碘缺乏病的分布区域和碘缺乏致病类型看，由于孙吴初期长沙郡临湘国境内正在碘缺乏区，所以，吴简中的"聋两耳"等恶性疾病还可能与碘缺乏病有关联。（高凯：2012）

雀（手足）

（壹·2651；壹·4328；壹·9861；壹·10544）

1. 此字应为截字之省，即"截"字……《说文·戈部》："截，断也。从戈雀声。"段注："《斤部》曰：'断者，截也。'二篆为转注。《商颂》：'九有有截。'笺云：'就王师而断之。'"《说文通训定声》："截字亦作截。《诗·长发》：'海外有截。'笺：'齐整也。'……《晋语》：'不如截而行。'注：'旁出曰截。'"《玉篇·戈部》："截，亦作截。"又，桂馥《说文解字义证》曰："断也者，本书'断，截也'。《诗·常武》：'截彼淮浦，王师之所。'笺云：'就王师而断之。'《后汉书·陆续传》：'母尝截肉，未尝不方。'《江表传》：'孙权曰：'令人气涌如山，不自截鼠子头以掷于海，无颜复临万国。'《通鉴》：'魏人凡破六州丁壮者，即加截斩。'"走马楼吴户籍简中的"截"字，皆应释为"断"，是截取四肢某些部分的专用语，包括截手、截某一侧足或两足等各种情形……现在看来，"刱（创）"与"截（截）"，还表示伤残的两种程度，"创"可能指影响到正常使用或行动的四肢的伤残，而"截"是四肢的残断，性质显然更为严重。（胡平生：2005A）

2. 病情再严重甚至需要截肢，吴简记载有些人"雀足"的情况，或与此有关。（侯旭东：2006C）

3. 即便"雀"手或足确指手、足短小或矮小，亦当属畸形之症。（黎石生：2009B）

4. 雀手表示断手，雀足表示断足，我们认同这种说法。在今长沙方言中，有"teye"一词，其意思是"断，弄断"，如"⌒噠腳"。在长沙附近的浏阳方言中，有"□子"一词，夏剑钦先生记作"拽子（手残者）"。实际上，长沙方言中表示弄断义的"teye"与浏阳方言表示残疾义"□子"应是同一个词。在中古时期，"雀"的声韵与前面所录的长沙方言音声韵相近。因此，我们认为，吴竹简中的表示身体特征的"雀"是三国时期长沙地区一带的方言音。（周祖亮：2010）

5. 雀手即表示断手，雀足即表示断足。（周祖亮：2011）

6. "雀两足"等疾病名称看，孙吴初期临湘侯国的许多疾病应与在此肆虐已久的血吸虫病有着密切关系……雀两足病，其关键在"雀"字上，《说文》释"雀"称其乃"依人小鸟也，从小从隹"；《说文》又释"隹"称其为"鸟之断尾，总名也，象形。"以《说文》之义看吴简中的"雀两足""雀右足"等，实际上是指两足或右足、左足的短小症状。这种疾病的特征与晚期血吸虫造成青壮年侏儒症的体征相类……从现代碘缺乏病的分布区域和碘缺乏致病类型看，由于孙吴初期长沙郡临湘国境内正在碘缺乏区，所以，吴简中的"聋两耳""盲目""雀手"等恶性疾病还可能与碘缺乏病有关联……从现当代脊髓灰质炎的流行状况看，孙吴初期长沙郡临湘侯国成年及未成年中的"雀手""雀两足""雀右足"等恶性疾病的特征，还可能与脊髓灰质炎（又称小儿麻痹症）相关……以《说文》之义看吴简中的"雀两足""雀右足""雀手"等，实际上是指手、足的短小症状。这与因感染脊髓灰质炎病毒、患儿因神经系统受损而造成永久性瘫痪后形成的肌肉萎缩、关节畸形后遗症症状十分相类。（高凯：2012）

常限（田）

（蒴4·33）

1. 所谓"常限田"，即为官府限定的田额。《汉书·食货志》："限民名田，以澹不足，塞并兼之路"，《汉书·哀帝记》："诸王列侯得名田国中，列侯在长安，及公主名田县道，关内侯、吏、民名田，皆无得过三十顷。"后《宋史·食货志》载："上书者言赋役未均，田制不立，因诏限田：公卿以下毋过三十顷，牙前将吏应复役者毋过十五顷。"可见，"限田"是封建官府建立田制秩序，阻塞土地兼并的措施。"限田"必须向官府交纳一定常

数的租税。(邱东联：1998)

2. 孙吴为了督促农民生产，有可能规定农民应耕土地的限额，目的不是防止多占田，而是强制性的生产定额。如果农户原有土地已符合或超过限额，官府就不再分配给他们常限田；如果农户原有土地没有达到限额，则用常限田补足。(于振波：2003)

悬　连

（肆·1255；肆·1286；肆·1288）

"连"字当为"逋"。在传世文献中，"悬""逋"二词意思相近。"悬"，可指拖欠。《魏书·天象志》："以今春亢旱，请蠲县租，赈穷乏，死罪已下一皆原宥。""逋"亦可指"拖欠"。《汉书·昭帝纪》："三年以前逋更赋未入者，皆勿收。"另外，"悬""逋"二词在文献中常常与"租调"组词，表示拖欠租调等。《周书·武帝纪上》："降宥罪人，并免逋租悬调等，以皇女生故也。"《周书·武帝纪下》："逋租悬调，兵役残功，并宜蠲免。""悬逋"即文献中的"逋悬"，指拖欠或拖欠租税。《后汉书·刘虞传》："后车骑将军张温讨贼边章等，发幽州乌桓三千突骑，而牢禀（廪）逋悬，皆畔还本国。"《三国志·吴书·华覈传》："到秋收月，督其限入，夺其播殖之时，而责其今年之税。如有逋悬，则籍没财物，故家户贫困，衣食不足。"《魏书·辛雄传》："一言逋悬租调，宜悉不征。"(杨芬：2012)

铢租具钱

（壹·6365）

"铢租具钱"，是在"具钱"的基础上与其他词素合成的"铢租具钱"应为"租铢具钱"之误倒，汉代有"贩卖租铢"之法，《汉书·食货志》"除其贩卖租铢之律"师古注："租铢谓计其所卖物价，平其锱铢而收租也。"《贡禹传》"除其租铢之律"师古注："租税之法，皆依田亩，不得杂计百物之铢两。"可知，"租铢"指交易税，"租铢具钱"即为折合成具钱的交易税。(李明龙：2006，P34；黄敏、李明龙：2012)

按：原简作"酒租具钱"。

偷 入

（长沙市文物工作队、长沙市文物考古研究所：1999，J22—2540）
"偷入"，暗自入库。（胡平生：1999）

船 曹

（叁·620）
主要负责地方船只修造及维护，船曹不见于两汉三国文献记载。长沙地区河流密布，三国孙吴政权内外战争不断，军粮的调动与大宗物资运输主要依靠水运，由船师等在各仓间转运及调出……船曹或许即管理与船相关的上述事务。（徐畅：2011）

领

（壹·7272）（壹·4351；壹·4374；壹·4379；壹·5325）（壹·10248；壹·10397；贰·1671；贰·1797）

1. 《说文》："领，项也。从页，令声。""领"在先秦已出现，用作"脖子"，后用作"衣领"，《释名·释衣服》："领，颈也，以壅项也。亦言总领衣体为端首也。"又发展引申出量词义，而且不仅限于计量衣服，也可通过"类化"手法，凡用做计量"袴""被""席"等物的量词。（何丽敏：2006）

2. 上述几类简中使用的"领"的意思或是"管辖、统率"，或是"记录"，后一意思是当时文书中的专门术语……《文选》卷二九"杂诗"录刘桢诗云"沈迷簿领书，回回资昏乱"，李善注称"簿领谓文簿而记录之，《史记》曰：问上林尉诸禽兽簿，司马彪《庄子注》曰：领，录也。"实际吴简中多数的"领"应作记录解，表示簿书上记录了多少户多少口，前面"领"田则表示簿书上记录了多少亩什么类别的地，可引申为"管辖"多少

地，却并不能说"所有"多少地。"领"字并不反映"田"的所有权属性。（侯旭东：2006A）

3. 领字若作为"受取"之意，用于仓库内部钱物管理移交的场合。即钱物从收入管理状态转入支出管理状态时，负责收、支管理的仓吏或库吏双方要办理"负"与"领"的交接手续。（陈明光：2009）

4. 接受。《古今声汇举要·梗韵》："领，受也。"（黄晓菲：2009，P112）

5. 其含义应是统领和治理。换句话说，和普通民户一样，诸吏在当时基层行政组织也即乡、里的管辖和统领之下的。（蒋福亚：2012B，P52）

按：第一组编号对应义项1；第二组编号对应义项3、义项4和义项2第二种含义；第三组编号对应义项5和义项2第一种含义。

领　簿

（壹·9574）

领字若作为"受取"之意，有用于仓库内部钱物管理移交的场合。即钱物从收入管理状态转入支出管理状态时，负责收、支管理的仓吏或库吏双方要办理"负"与"领"的交接手续……为此设立有"领簿"……这种领簿是一种特殊的账簿，是记录钱物由收入状态转入支出状态的账簿，其总汇数量就是下述"出入付授要簿"可支配总数。（陈明光：2009）

斛

（贰·36；贰·44；贰·92）

容量单位量词，一斛等于十斗。《仪礼·聘礼》："十斗曰斛。""斛"本指量器，故可引申为量词。（胡苏姝、赵国华：2008）

斛加五升

（荊4·463）

"斛加五升"，便是某种名称的土地的定收田，或某种身份的租佃者，在缴租时，每斛租（税）米要另外增缴米五升。（蒋福亚：2012B，P96）

孰 米

（壹·8421）

就是熟米，孰是熟的古字。"熟米"一词最早出现于《齐民要术》卷七："做桑落酒法：曲末一斗，熟米二斗，其米令精细，淘净水清为度。"……熟米是多次加工的精米。隋《夏侯阳算经·说诸分》："今有米二千五百六十七斛五斗，其米粗，欲再舂，每八升耗一升，问合得熟米几何？答曰：熟米二千二百四十六斛五斗六升二合五勺。"熟米是和糙米相对的。宋罗颐《新安志·歙县沿革》："租课糙米三百一十五石七斗八升，熟米八石一斗九升，黑豆十八石一斗七升。"明黄训《名臣经济录》卷二十六《礼部·仪制》中："一本：监官吏俸粮及监生家小月粮俱系糙米，师生会馔系熟米，每岁预先数具呈南京户部。"可见，熟米是在糙米的基础上深加工而成的精米。熟米又可以分为不同的类。如明王恕《王端毅奏议》卷五："且此白熟米得之非易，方其初收之时，乡民选取一色好稻，舂碾成米。筛簸择好者取之，其不好者退之，劳费民力颇多，实非常米可比。"又《世宗宪皇帝朱批御谕》卷四《朱批杨宗仁奏折》："皇上念切民瘼之至意，查浙江客商来楚籴贩俱系熟米，今亦照商贩之式，令委官采办熟米，使小民得米即可炊。现今买就上熟、次熟、通行三样熟米，共三万石。先令起运，余亦陆续买齐，催趱接济，除押运，起程日期另疏。"（李明龙：2006，P58）

渍 米

（壹·1778；壹·3035；壹·3111；壹·5173）

关于"渍"字，它本身的含义也是浸、泡。《说文·水部》："渍，沤也。从水，责声。"段玉裁注："谓浸渍也。"《玉篇·水部》："渍，浸也。"从字面意思来说，渍米也是指被水浸或淹过的米。由此可见，渍米应是监运掾在其职责上，主要由于一些米被水淹等情况产生的损耗而交的米。后来这类型的米发展成固定的名目，即"耗米"或"耗"，它是将各种鼠耗、虫蛀、被水浸渍等各种可能产生无法避免的损耗的一种统称。（熊曲：2011）

随 桓

（贰·6656）

此处"随"或通"堕"，"桓"或通"垣"，其义为从垣上坠下摔伤。因例证有限，仅作如上推测，存疑待考。（何立民：2012，P62）

隆 病

（叁·5901）

"隆"通"癃"，"癃病"即足跛、足不能行之病。《说文·疒部》："癃，罢病也。从疒，隆声。"王念孙《广雅疏证》释"躄，癃也"时，指出："《说文》：'躄，人不能行也。'癃，罢病也。足不能行，故谓之癃病。《史记·平原君虞卿列传》：'躄者曰：臣不幸有罢癃之病'，是也。癃、庳、躄，躄并同。"（何立民：2012，P43）

隐 核

（长沙市文物工作队、长沙市文物考古研究所：1999，无编号，彩版肆：1；叁·299）

1. "隐核"一词见于《后汉书》卷六十六《陈蕃传》和卷七十《孔融传》。《陈蕃传》："时零陵、桂阳山贼为害，公卿议遣讨之，又诏下州郡，一切皆得举孝廉、茂才。蕃上疏驳之曰：'昔高祖创业，万邦息肩，抚养百姓，同之赤子。今二郡之民，亦陛下赤子也。致令赤子为害，岂非所在贪虐，使其然乎？宜严敕三府，隐核牧守令长，其有政在失和，侵暴百姓者，即便举奏，更选清贤奉公之人，能班宣法令情在爱惠者，可不劳王师，而群贼弭息矣。'"《孔融传》："时隐覈官僚之贪浊者，将加贬黜，（孔）融多举中官亲族。""隐"有"审度"之意。《广雅·释诂一》："隐，度也。"《书·盘庚下》："邦伯师长，百执事之人，尚皆隐哉。"孔颖达疏："隐谓隐审也。""覈"乃"核"之异体，故"隐核"意即"审核"。（黎石生：2002）

2. 所谓"隐核"，大约还是说"审核"或"认真审核"。《晋书·张辅传》："叙实录则隐核名检，"是距离走马楼简牍年代较为相近的文献中出现"隐核"的文例。（王子今：2005B）

3. 为秘密调查。隐，隐蔽，《三国志·魏书·王修传》："奉举家得疾病，无相视者，修亲隐恤之，病愈乃去。""隐核"指秘密核查，此做法见《晋书·何曾传》："臣愚以为可密诏主者，使隐核参访郡守，其有老病不隐亲人物，及宰牧少恩，好修人事，烦挠百姓者，皆可征还，为更选代。"（李均明：2008B）

4. 所谓隐核，是指检查、考核，特别是对隐匿事务的核查。如《后汉书·孔融传》："辟司徒杨赐府，时隐核官僚之贪浊者，将加贬黜，融多举中官亲族。"（沈刚：2009B）

5. "隐核"似与簿书行政有密切联系……隐核当为有所凭证或依据而进行的核实，其目的则在于加强对某些重要政务的监察和掌控。隐核所要求的"破荕保据"和簿书比对在孙吴时期的乡里户籍簿编造等过程中当未推广，因为这不仅会增加乡里吏员的负担，也会带来巨大的行政浪费（县、乡户籍簿存档与簿书比对性质不同）。正是此缘故，县廷一般利用乡里造籍之便，仅令劝农掾隐核身份特殊的州吏、军吏等而已……隐核可能只存在于权宜的、临时的、重要的政务中。（凌文超：2012B；2015D，P444）

6."隐核"之"隐"，与占、度义同，即核查、审查义。如《尔雅·释诂》："隐，占也。"《广雅·释诂一》曰："隐，度也。"《书·盘庚下》："呜呼，邦伯师长，百执事之人，尚皆隐哉。"孔颖达疏曰："隐，谓隐审也。"《管子·禁藏第五十三》："是故君子上观绝理者，以自恐也。下观不及者，以自隐也。"尹知章注："隐，度也。"据此，"隐核"义项为核查、审核。（何立民：2012，P28）

按：孙闻博认为吴简中"隐核"确无秘密进行之义。但将其进一步理解为"根据已有文书进行核对，大约无须当事人申报。它应属与'科核'时的'户民自代'"相对的办法，不必惊动百姓，"'隐核'与'科核'或许代表了当时户口核查时的两种不同方式"，则或可商榷。（孙闻博：2009）

罗新认为"隐核"，乃司法、行政之习语，或可以理解为不显明其事而核查，又可理解为一般性的监察工作。

侯旭东认为："隐核的含义是计算、审查核实，具体来说是根据已有文书进行核对，大约无须当事人申报。"（罗新、侯旭东的说法皆为网文，转引自凌文超：2012B）

绹租钱

（壹·5223）

1."绹租钱"是课之于制绳手工业者的租税。（高敏：2006D）

2.绹本意是绳索，《广韵·释器》："绹，索也。"《诗经·豳风·七月》："昼而于茅，宵而索绹。"与"陶"无涉。但"绹""陶"均定母豪韵，可以假借。（李明龙：2006，P57）

十二画

期　会

（肆·4850－1）
约期聚会，为秦汉以来行政过程中常见的办公方式。（凌文超：2014A）

悥

（壹·5517；壹·9488）

1. 这里的"悥"字，应当视为从心、真声，乃是俗写，通"瘨"，字或作"颠"，亦作"癫"。"悥""瘨""颠"皆从真得声，故可通假。《说文·疒部》："瘨，病也。从疒，真声。一曰腹张。"段玉裁注："《大雅·云汉》传同。按，今之癫狂字也。《广雅》：'瘨，狂也。'《急就篇》作'颠疾'。"朱骏声《说文通训定声》亦谓"颠"，假借为"癫"……"癫"病与"狂"病可能是一名而异称，也可能是既有癫病，又有狂病……依当时的医学理论，之所以将此病称为"瘨"病、"癫狂"病，就是因为人体内下虚上实，阳气上充，至上额交会于头顶而引起疾病。（胡平生：2005A）

2. "苦悥病"中的"悥"字，《篇海》："称人切，音嗔，恚也。"《说文》释"恚"："恨也，从心，圭声。"又《字汇补》称"悥"乃"古文慎字"。以此，"苦悥病"或为因怒而生的心脏之病。（高凯：2005）

3. 当系怒极攻心，情绪过分激动而发，属现代医学中的心血管疾病。胡平生先生认为……亦即"癫病"。笔者以为，就字义而言，二说皆通。但从病症角度看，如果确系心血管类疾病，则患者当有全身瘫痪或半身不遂之类的肢体表征，否则验户诸吏是难以查诊的。至于癫病，则相对易辨。（黎

石生：2009）

4. 悳，本是德的异体字，但此处与德无关。竹简【壹】中的悳是惪之省笔字，两者应视作同一个字，无须赘论。悳昌母真韵；癫，端母真韵。悳与癫，两者音近韵同，可互为通假，悳狂即癫狂。《中华大字典》引《篇海》曰："悳，恚也。"可见悳病是一种心理疾病，这与古人对狂病的认识是一致的。《灵枢·癫狂病》云："癫疾始生，先不乐，头重痛，视举目赤，甚作极，已而烦心。"《难经·十二难》："重阳者狂，重阴者癫。"因此，悳病、悳狂病是表示精神失常的神经系统疾病。（周祖亮：2010）

蒛 米

（肆·4122；肆·4862；肆·4986；肆·5007）

1. 蒛即兰，为香草也……长沙必产香草。我们推测"蒛米"应是临湘侯国为购买蒛草所备之米，当然，也不排除类似于"柚租钱"之类的土特产税。（陈荣杰：2012：P95—96）

2. 蒛米之蒛，实为"穄"之假借字。蒛，见母元部；籼，心母元部；它们声近韵同。穄，见母谈部，段玉裁为《说文》"穄，稻不黏者"作注云："稻有不黏者，则穄是也。今俗通谓不黏者为籼米，《集韵》、《类篇》皆云《方言》江南呼粳为籼。亦作粘、作粞。按：《说文》、《玉篇》皆有穄无籼，盖籼即穄字，音变而字异耳。"可见，"蒛"为"穄"之假借，理同"盖籼即穄字，音变而字异耳"。穄，不黏的稻，即籼稻，也指青稻白米。《集韵·沾韵》："穄，青稻白米。"《广群芳谱·谷谱二》："稻，《风土记》：穄，稻之青毯，米皆青白也。"《佛说长阿含经》卷八："或食麻米，或食穄稻。"（谢翠萍：2014）

遗 脱

（叁·299；叁·3011；叁·6358）

1. 典籍常见，多指逃亡人口。（王素：1999）

2. 遗脱，遗漏。《后汉书·酷吏传》："密捕盗帅一人，胁使条诣县强暴之人，乃分遣掩讨，无有遗脱。"（胡平生：1999）

3. 就"遗脱"与"叛走"而言，前者旨在表明逃亡者已不在原籍，而后者则重在强调逃亡者已逃到国外。以此推之，只有确证逃亡者已叛逃国外，才能将其定性为"叛走"，否则就只能定性为"遗脱"。（黎石生：2003）

4. "遗脱"意即所编制的簿籍有遗漏、脱误，"无有遗脱"即没有遗漏、脱误之类的差错。（于振波：2005B）

5. 遗脱应作"逃脱"解，逃脱就是逃亡户口。（王素、汪力工：2009）

6. "遗脱"释为遗漏或逃脱，都不影响该文书所表达的意思。（李恒全：2012）

7. 遗脱当释为"遗漏"。（陈荣杰：2012，P123）

喑　口

（叁·3078）

喑口，"喑"同"瘖"，即哑，一种因生理缺陷、病患或人为毒害而不能言语的疾病。如《韩非子·六反》曰："人皆寐，则盲者不知；皆嘿，则喑者不知。"《后汉书·袁闳传》曰："遂称风疾，喑不能言。"据此，所谓"喑口"即此种疾患之病。（何立民：2012，P55）

犊

（肆·1417）

在吴简官牛簿中，小牛一般称作"犊"，仍以齿二岁为界。（凌文超：2013B）

税中白米

（壹·1863）

见税白米。

税　田

（荞5·591；荞5·963；壹·1671；叁·1933；叁·6992；叁·7632）

1. "税田"是指二年常限田中的定收田而言的，其应缴纳的米叫"税米"，亩租额单一，只有1.2斛一种。（蒋福亚：2008A；2012B，P132）

2. 征收赋税的田。（黄晓菲：2009）

3. 秦汉简牍及传世文献之"税田"当和吴简"税田"的意义所指不同。秦汉简牍及传世文献之"税田"当是吴简"税田"的上位词，其外延比吴简"税田"的外延大……吴简"税田"当指按亩收一斛二斗缴米之田，"税田"应属于二年常限田。（陈荣杰：2012，P85）

税白米

（贰·366；贰·369）

1. 税白米，就是用白米交纳的税米。（李明龙：2006，P16）

2. 税米中的白米。（陈荣杰：2012，P139）

税　米

（荞4·9；荞4·192；荞4·204；荞4·391；叁·2761；叁·3596）

1. 税米，是从所佃田的二年常限田内的定收田和常限田之外的"余力田"而来，定收田的税率是每亩收米一斛二斗，余力田的税率一般是每亩收四斗，亦有"亩收四斗五合六升"者，见于嘉禾四年《吏民田家荞》。（高敏：2000B）

2. 按每亩收米一斛二斗的"二年常限"田所缴纳之米曰"税米"。（高敏：2000E）

3. "二年常限田"缴纳的都是定租额，叫"租米"或"税米"。（蒋福亚：2002A）

4. 税米，当指佃种常限田者所缴纳的每亩一斛二斗的米。（于振波：

2004B）

  5.《嘉禾吏民田家莂》中，佃户所佃种的"二年常限"田所缴之米称为"税米"，收成正常的熟田，亩收米一斛二斗，收成不正常的"旱田"则免收税米。（中国简牍集成编辑委员会：2005，P497）

  6. 在嘉禾四年《吏民田家莂》中，田家耕种二年常限熟田时，向政府缴纳的租税有"税米""租米"之别，前者为郡吏、县吏、军吏、郡卒及百姓所缴纳，亩收税米一斛二斗。（韩树峰：2006B）

  7. 租米与税米的区别在于田家所耕作的"田"的属性，出自"税田"的米为税米，出自"租田"的米为租米。（侯旭东：2006A）

  8. 即租米。《晋书·食货志》："成帝始度百姓田，取十分之一，率亩税米三升。"……是按每亩一斛二斗的税率，征收的国家正户的二年常限田所应缴纳的税米。（李明龙：2006，P10、24）

  9."税田"是指二年常限田中的定收田而言的，其应缴纳的米叫"税米"，亩租额单一，只有1.2斛一种。"税米"的亩租额高，"租米"的亩租额低，但无论高低，按定收田亩积收租是其共有的特征。（蒋福亚：2008A；2012B，P132）

  10. 租米。（黄晓菲：2009）

  11."税米"当为"税田"所缴之米，亩收一斛二斗。（陈荣杰：2012，P138）

  12. 二年常限田中定收田需缴纳的米，便叫"税米"。除此之外，"税米"的另一个含义便是指二年常限田定收田的亩租额。亩租额单一，只有1.2斛一种。（蒋福亚：2012，P130）

  13."税米"有二义项：作为"税"名目之一，泛指此类实物租税；有不同纳税主体、课税对象、税率、纳税时限的一类实物租税，与"限米""租米"等皆有不同。具体而言，作为孙吴早期实物租税的一种，"税米"的纳税主体为租佃国有土地中二年常限田的劳动者（包括郡吏、县吏、佃吏、郡卒、州卒、邮卒、男子等），课税对象为"二年常限田"中定收土地（又名"税田"）或者耕种"复田"的所得部分（其中，计税依据为经过国家丈量的、二年常限田中定收土地面积额，税源则是土地产出或收益），税率为每亩一斛二斗的定额税率，纳税周期一般为当年年底的十一月、十二月（极少情况下，可以在次年缴纳）。（何立民：2012，P109）

税帛米

（壹·1387）
见税白米条。

税粢米

（壹·1840；壹·6196）
"粢"是谷物名，即稷。账户词语将"税米"和"粢"作为构词语素，按中置的形式将"粢"插入"税"和"米"之间，创造出"税粢米"一词。其意义是用粢米来交纳的税米。（李明龙：2006，P10）

傅前解

（长沙市文物工作队、长沙市文物考古研究所：1999，J22—2540）
是在前面附上审问许迪的结果文书。（王彬：2014）

按：这支简是许迪割米案中的一枚。

集　凡

（壹·8197；壹·8259；壹·8482；壹·9553；叁·3012）
1. 集，聚合，《广雅·释诂三》："集，聚也。"《玉篇·隹部》："集，合也。"《汉书·石奋传》："景帝曰：'石君及四子皆二千石，人臣尊宠乃举集其门。'"师古注："集，合也。"集凡，合计之总和，即若干"右"或"凡"之总计。（李均明：2005）
2. 集凡，与"通合"义近，亦为统计、合计之义。又似作"都凡""提封"，如尹湾汉简中有"提封五十一万二千九十二顷八十五亩二人。如

前"之载。据文义，此"提封"当即"都凡"之音转，与"集凡""通合"等义近。（何立民：2012，P33）

集　所

（壹·1157；壹·1870；壹·2112）
1. 粮食转运时临时集中之处。（李明龙：2006，P69）
2. 应是军队集结的地点或是军粮集中的地点。（戴卫红：2010A）

傍　人

（柒·408；柒·2018；捌·3088；捌·3292；捌·3404）
是典军曹史的依附者，类似随从。是三国实践期人身依附关系更加强化的独特反映。（王素：2015）

觚慰师/觚慰佐

觚慰师（壹·6720）/觚慰佐（壹·6724；壹·7434）
1. "觚"有"简牍"之意。《急就篇》："急就奇觚与众异。"颜师古注："觚者，学者之牍，或以记事，削木为之，盖其属也。"南方生产竹木，觚慰师、佐或是剖竹为简的手工业者。除此而外，觚作为器物讲，还有酒器、剑柄之意。《说文·角部》："觚，乡饮酒之爵也。"《荀子·主术》："操其觚，招其末，则庸人能以制胜。"高诱注："觚，剑柎。"但"慰"是何含义，却无法解释，此处只能存疑。（韩树峰：2004）
2. 觚慰，"觚"，按《史记·酷吏列传》注引应劭曰："觚，八棱有隅者，"又《淮南子·主术训》高诱注："觚，剑柎。""觚"指兵事器械把柄之类的可能性更大。"慰"，即"熨"，与台湾中研院傅斯年图书馆"杂器沈西雒先生藏"《善斋金文拓片余存》之"魏中尚方熨斗"中的"铜慰人慰斗"，以及存有争议的"曹操墓"出土的"魏武王常所用慰项石"中的"慰"意思相近。《太平御览》卷七一二引东汉应劭《通俗文》："文斗曰尉

(熨)"，觚慰师佐即用火斗之类的工具制造兵器把柄的工师。（凌文超：2011C；2015D，P274）

粢限米

（叁·1409）

粢米是稻米的一个品种，当它作限米缴纳时，叫"粢限米"。（蒋福亚：2012B，P133）

粢租米

（贰·860）

粢米是稻米的一个品种，当它作"租米"缴纳时便叫"粢租米"。（蒋福亚：2012B，P133）

粢准米

（壹·6264；贰·167）

是将谷物折合成米进行缴纳。（陈荣杰：2012，P134）

粢税米

（叁·1102）

粢米是稻米的一个品种，当它作税米缴纳时，叫"粢税米"。（蒋福亚：2012B，P133）

雇

（壹·1144；壹·6037；叁·6786；叁·7254）

1. "雇"的本义是出钱请人替自己做事，这里意为出钱换取所需的布、麻、水牛皮等物。如汉灵帝时，调发太原、河东等郡木材、文石等物至京师，宦官"因强折贱买，十分雇一"，李贤注曰："雇谓酬其值也。"（于振波：2005A）

2. "雇"，通"顾"。雇钱、顾钱，即偿还钱之意。《风俗通义》卷三《愆礼》即记："太原郝子廉，饥不得食，寒不得衣，一介不取诸人。曾过姊饭，留十五钱，默置席下去。每行饮水，常投一钱井中。"《风俗通义》作者应劭为此加按语曰："谨按……何有同生之家，而顾钱者哉？"《后汉书》卷七《桓帝纪》亦记：永寿元年（155）"司隶、冀州饥，人相食。救州郡赈给贫弱。若王侯吏民有积谷者，一切货十分之三，以助稟贷；其百姓吏民者，以见钱雇直，王侯须新租乃偿"。（杨际平：2006）

3. 就是雇佣的雇。（蒋福亚：2011A；2014）

雇……布贾

（肆·1405；肆·1506；肆·3196；肆·3242；肆·3438；肆·3473；肆·3474）

其简文的完整格式为"雇……所市布贾"（壹·6386），"雇"，按《后汉书·宦者传·张让传》"发太原、河东、狄道诸郡材木及文石，每州郡部送至京师，黄门常侍辄令谴呵不中者，因强折贱买，十分雇一"，李贤注："雇谓酬其价也。""雇"有购买、给价之意。"贾"，按《汉书·食货志》"其后，上郡以西旱，复修卖爵令，而裁其贾以招民"，颜师古："贾，读曰价。"所谓"雇……所市布贾"，即仓出米以作为"……所市布"的雇价，也就是出米支付吏民所市布的价格。（凌文超：2012C；2015D，P381）

雇……所市布贾

(肆·3903)
参看雇……布贾。(凌文超：2015D，P381)

雇擿

(中贼曹掾陈旷考实许迪割米文书木牍，王彬：2014录文)
《说文·手部》："擿，搔也，"《汉书·史丹传》云："天子自临轩槛上，隤铜丸以擿鼓，声中严鼓之节，"师古注："一曰，擿，掷也，音丁历反，"说明"雇擿"或是雇人力堆放、加工米粮的意思。(王彬：2014)

十三画

鼓

（贰·3880；贰·9079）

鼓，古代量器或衡器名。其容量大小或重量轻种说法不一。《礼记·曲礼上》："献米者操量鼓。"郑玄注："量鼓，量器名。"孔颖达疏："量是斗斛之数，鼓是量器名也。《隐义》曰：'东汉乐浪人呼容十二斛者为鼓，以量米，故云量鼓。'献米者执器以呈之。"孙希旦集解："鼓，量名，其容受之数未闻。疏谓'乐浪人呼容十二斛者为鼓'，然其容十二斛则不可执以将命，非也。"《左传·昭公十九年》："遂赋晋国一鼓铁，以铸刑鼎。"杨伯峻注："鼓为衡名，亦为量名。《礼记·曲礼上》，'献米者操量鼓'；《管子·地数篇》，'武王立重泉之戍，令曰，民有百鼓之粟者不行'，《注》云，'鼓，十二斛'，此鼓为计容量之单位与器皿。《孔子家语·政论篇》亦载此事，《注》云'三十斤为钧，钧四为石，石四为鼓。'则以鼓为重量单位，当时之四百八十斤。《小尔雅》说同。许慎《五经异义》以四十斤为斛，若如此，则十二斛亦四百八十斤，衡量与容量相合。倪倬《读〈左〉琐言》略明此而不敢肯定。"（胡苏姝、赵国华：2008）

按：此条作者误读，简文中鼓史连读，是一种身份，不当为容量单位。见"鼓史"条。

鼓 史

（贰·3880；贰·9079）

1. 鼓史的职责可能是战时击鼓使进，也有可能是击鼓以司时、报令。（戴卫红：2010B）

2. 既是役吏制下的末吏，又是鼓吏之一种，或从事宴饮中奏乐助兴，或担任战斗期间"击鼓进军"的信号发布，或在官府衙署门口、堂内击鼓以传号时令等，相比士卒的三斛、夷新兵的二斛，鼓史的口粮仅为一斛五斗，由此可见其地位极其低微。（何立民：2012，P18、166）

蒭 钱

（壹·1614；壹·1659；壹·1701；壹·2524；壹·5251；壹·5642；壹·5650；壹·5672；壹·5690；壹·6228；壹·7161；壹·9543；贰·7559；贰·7663；叁·3174；叁·3289；叁·3400）

1. "蒭"通"刍"，也就是历代政府都要向农民征收的"刍藁"，乃是喂养牲畜的饲草与秸秆……在走马楼吴简中，目前所见都是佃户征收"蒭钱"的例子，尚未见有官府向佃户直接征收刍藁的情形。这样看，似乎说明临湘地方已经将应缴之刍藁，换算为钱来征收。换算的标准大概比汉律规定的数额要高。当时东吴正在进行抗击魏国的战争，前线的马匹、牲畜需用大量饲草，不大可能都从后方调运。政府向临湘地方佃户征收蒭钱，再到距前线较近的地方购买饲草，应当是比较便捷与合理的办法。（胡平生：2005A）

2. 我们推断，"蒭钱"似即传世文献中常见的"刍钱"，也是征之于民，用于置办牲畜（特别是军用马匹）草料的货币税。（何媛：2011）

3. 蒭钱当即"刍稿钱"，是将"刍稿"折纳成钱进行缴纳。（陈荣杰：2012，P171）

按：原简文《竹简》（壹）皆作"芨"，《竹简》（贰）、《竹简》（叁）皆作"蒭"，胡平生将释文中的"芨"字皆改释为"蒭"字。可参见"芨

十三画 / 263

钱"条。

颐　病

（长沙市文物工作队、长沙市文物考古研究所：1999，无编号，彩版肆：1）

1. 颐病、夜（腋）病，疑指下颌、腋下等处所患重症。（徐世虹：2001）

2. "颐"字，应释作"欧"，"欧"通"呕"，意指吐血一类的肺痨之病。《说文·欠部》："欧，吐也，从欠，区声。"《集韵·厚韵》："欧，或作呕。"《魏志·武帝纪》："（袁）绍自军破后，发病欧血，夏五月死。"《吴志·三嗣主传》注引《华阳国志》："孙皓使送（杨）稷下都，稷至合浦，欧血死。"又《魏志·袁术传》注引《吴书》：袁术"顿伏床下，呕血斗余而死。"此"欧"与句中的"刑""踵""聋"当指四人所患体疾和病症。（黎石生：2002）

碓　病

（壹·7686）

1. 至于"碓病"为何，辞书无解。但以传世文献的记载看，从秦汉时期开始，"碓"多以"水碓"形式出现，并且一直沿用至今；又《史记》卷二十九《河渠书》有"于蜀，蜀守（李）冰凿离碓，辟沫水之害，穿二江成都之中"的记载，其下引晋灼释"碓"曰："古'堆'字"；故以此推吴简中的"碓病"，应与今人所谓的"罗锅"相类。（高凯：2005；2012）

2. 《史记·河渠书》："于蜀，蜀守（李）冰凿离碓，辟沫水之害，穿二江成都之中。"《集解》引晋灼曰："（碓），古'堆'字。"《晋书·律历志上·衡权》："赵石勒十八年七月，造建德殿，得圆石，状如水碓。"以此推测，碓病之表征当是肢体某部呈圆形堆状外凸。故高（凯）说似可从之。（黎石生：2009）

督军司马

（壹·2125）

督军司马，文献上不见。另见督军中郎将、督军校尉、督军御史。《三国志》卷六十一《吴书·潘濬传》："迁太常。五溪蛮夷，叛乱盘结，权假濬节，督诸军讨之。信赏必行，法不可干，斩首获生，盖以万数。自是群蛮衰弱，一方宁静。"此时正是潘濬督诸军讨五溪蛮夷时，因此"督军司马"有可能是潘濬的属官。（戴卫红：2010A）

督军粮都尉

（壹·2171）

1. 吴简中的"督军粮都尉"是节度系统的属官。在发运军粮的重大行动中，首先要由中央的节度系统发文到地方（郡县），并且有专人负责监督其执行。"督军粮都尉"便是其人。前举各简，都提到"被督军粮都尉书"，从程序上讲，军队调发军粮，不能由军队直接向地方仓库下文，而要由来自中央节度系统的督军粮都尉下书，地方仓库执行，具体的督运工作则由"监运掾"完成。军府先向中央的节度报告军粮需求与消耗情况，节度向军府下文指示由何处发军粮，同样的文书也会同时批发给储存军粮的地方郡县。（罗新：2001）

2. 按军粮的来源，在屯田制度下，多系军屯收入，故督军粮都尉或"军粮都尉"，应是主管军屯系统的机构和官吏。（高敏：2007B）

3. 文献史料中，"督军"作为"郡级的官"出现。据此"督军粮都尉"有可能是"郡级的官"。（谷口建速：2010）

4. 管理粮食的官员。（柿沼阳平：2012）

5. 就是负责调拨和分派军用粮食的官员。（蒋福亚：2012B，P174）

6. 督军粮都尉与曹魏"督军粮御史"（即"督军粮执发"）类似，为御史台系统属官，负责监察典农都尉、度支都尉、邸阁右郎中等主管的屯田粮谷收入、钱粮调拨与管理，掌控钱谷物资调拨公文书的往来，其属员有督军录事、督军典事、督军司马等。（何立民：2012，P18、108）

督军粮御史

（贰·384）

孙吴嘉禾元年十一月出现的"督军粮御史"，显然是御史台系统延伸的督军粮职责的官职。（戴卫红：2010A）

督　邮

（壹·3837；壹·4354；壹·4359；壹·4363；壹·4373；壹·4376；壹·4941；壹·9646）

督邮是督邮书掾的省称。督邮书掾，即督察邮书之郡掾……督邮书掾的早期职掌，本是督摄郡内各县邮置网络，监督官邮书的上下往来，由此演变成为郡府对属县的监察官。汉代中央以州刺史监察诸郡，郡以督邮监察诸县，县以亭部监察诸乡，刺史、督邮和亭皆以"部"为名。在这个监察体系里，督邮的地位越来越重要，甚至与功曹一起被视为"郡之极位"。吴简所见督邮，多在中部督邮上下行文书中……从上面所举的吴简看，督邮的工作实际上已经涵盖郡县行政的许多方面，督邮监察区向都尉行政区的转变，已经具备相当的条件。（罗新：2004B）

督　责

（壹·5601）

似非常见"督察责罚、督促责备"之义，而即"督债"，即督促归还欠债之义。（何立民：2012，P56）

督都尉屯田

（肆·4454）

大致相当于曹魏的"典农都尉"，为县级屯田官。而前加"督"者应为"都尉屯田"的督率，为其上一级的屯田官。（凌文超：2014C）

訾

（壹·3389；壹·3976；壹·9021）

1. 如果认为"右某家"及"凡口"云云属于户口统计，则此"訾"可能就是"赀"的通假。"赀"为户税，又称"户赀"。当时，户均分品，依品缴钱。（王素、宋少华、罗新：1999）

2. 吴户籍上有户赋的登录，一般作"訾若干"，大致有四种额度：五十、一百、二百、一千。不过户赋的单位如何并不清楚。（汪小烜：2004）

3. 《正字通·言部》："訾，量也，算也。"计量物品的价格和数量。（何丽敏：2006；刘芳池、何丽敏：2010）

4. 訾若干的"訾"同"赀"，亦即财产税。訾税是基于户等缴纳。（张荣强：2006）

5. "訾"即"赀"，本义表示财产，这里指根据家产征收的赋税，即户赀。（于振波：2008A）

6. 訾，按《汉书·司马相如列传》"以訾为郎"，颜师古注："訾读与赀同。赀，财也。""訾"与"赀"通。户计简记录的訾数当为户赀、家赀，户訾的多少反映了家产的高下，比如也会涉及户品的评定。（谭翠：2013B）

虞曹史

（贰·6816；叁·1599）

曾由县吏陈通担任，可知虞曹为县列曹，其职掌或为曹魏中央之虞曹近似，管理本县范围内的园林、川泽、苑囿，这可能是孙吴基于地方特色的创

设。(徐畅：2011)

跰踵

(王素：2009A 引文)

"跰"指老茧，"踵"指脚后跟。脚后跟生老茧，不利于行路。宋释惠洪《冷斋夜话》卷十作诗准食肉例条云有李光祖者，"自邵武跰足至通"；宋杨时《龟山集》卷三十三《莫中奉墓志铭》云志主之父名说，"自闽陬数千里外，赢粮跰足至京师"，均以"跰足"形容远行艰难。但这与残疾病症毕竟不能等同。而从出现位置看，"跰踵"与"刑踵"应该相当。"跰"是否为"刑"之假借，待考。(王素：2009A)

锦

(壹·5948；壹·6714)

《急就篇》颜师古注："锦，织彩为文也。"即以彩色的丝织出花纹的丝织物。今又称为"织成"，如《续汉书·舆服志》："公侯九卿以下皆织成，陈留襄邑献之。"任大椿《释缯》："古文锦必有地，于素地织彩则为'素锦'，于朱地织彩则为'朱锦'，若'织成'则全以彩丝织为文章。"因此，锦有素锦、彩锦之分。《释名》卷四："锦，金也。作之用功，重于其价如金，故其制字帛与金也。"可见，锦是比较贵重的丝织品。特别是彩锦，"事先用染好的彩色丝缕制织，代表汉代织物的最高水平"。(《新中国的考古发现与研究》)(韩树峰：2004)

辞

(肆·4550-1)

口供、证词。(凌文超：2014A)

筭（算）

（壹·2940；壹·3509；贰·4191；叁·3297）

1. 《尔雅·释诂》："算，数也。"唐陆德明《释文》："算，又作筭。""筭"与"算"同。"筭"在汉代常用作赋税制度方面的量词，一筭相当于一百二十钱，是罚款和奖金的计算单位，另有一些学者认为"筭"仅是一种评价单位，与奖罚并无必然的联系，但无论怎么讲，"筭"为量词无疑。（何丽敏：2006；刘芳池、何丽敏：2010）

2. 《尔雅·释诂》："算，数也。"唐陆德明《经典释文》："算，又作筭。""筭"在汉代常用作赋税制度方面的量词。一筭相当于120钱。（胡苏姝、赵国华：2008）

3. 指算赋，算赋是秦汉时期对成人所征收的人头税。（李恒全：2013）

牒

（莂4·2）

1. 书写文字的简片和版牍，这里泛指簿籍文书。《说文·片部》："牒，札也。"段玉裁注："厚者曰牍，薄者曰牒。"《广韵·怗韵》："书板曰牒。"（中国简牍集成编辑委员会：2005，P495）

2. 古代可供书写的简札。《说文·片部》："牒，札也。"段玉裁注："厚者为牍，薄者为牒。牒之言枼也，叶也。"《广韵·怗韵》："牒，书板曰牒。"《左传·昭公二十五年》："右师不敢对，受牒而退。"孔颖达疏："牒，札也。于时号令输王粟，具成人，宋之所出人、粟之数，书之于牒，受牒而退，言服从也。"《汉书·路温舒传》："取泽中蒲，截以为牒，编用书写。"颜师古注："小简为牒，编联次之。"《论衡·量知》："截竹为筒，破以为牒，加笔墨之迹，乃成，大者为经，小者为传记。"黄晖校释："牒，小简也。"（黄晓菲：2009，P44）

腹心病

（壹·7671；壹·7681；壹·7706）

1. "腹心病"或"苦腹心病"，不仅从疾病名称上便可判别其发病的主要部位，而且从古医书和简牍中也可找到某些与之相关的痕迹。如1976年发掘的湖北荆山包山二号楚墓竹简上有五处关于"腹心疾"的记录，与吴简中的"腹心病"仅一字之差。《张家山汉墓竹简·脉书》记载着西汉初期所出现的六十多种疾病名称，并依照着从头部至足部的次序来排列。其中在记述腹部的病症时，有"其腹胗胗如肤胀状，鸣如蛙音"的记述，即与晚期血吸虫病肝腹水的症状相类。另《脉书》中还有"身、面、足、胕尽盈，为肤胀；腹盈，身、面、足、胕尽肖（消），为水（肿）"的记述，也分别与晚期血吸虫病的湿浊型和淤热型症状相类。《黄帝内经·灵枢·水胀》有言，"肿胀者，寒气客于皮肤之间，鼓鼓然不坚，腹大，身尽肿"。水肿在《灵枢·水胀》中被称为水，"水始起也，目窠上微肿，如新卧起之状，其颈脉动，时咳，阴股间寒，足胫肿，腹乃大，其水已成矣"。以此论之，吴简中"腹心病""肿两足"等疾病都是相伴而生的，这一点已为汉代人所充分认识。（高凯：2005）

2. 此病之表征当为腹部尤其是腹部中央肿胀。至于导致腹肿的体内病变，验户诸吏是不可能查诊的……从医学角度考虑，可出现腹肿症状的疾病有多种，但考虑到当时长沙地区的实际情况，血吸虫病确有可能是腹心病的主要病因。（黎石生：2009）

腹心疾

（贰·2446）

从疾病名称看，应与在此肆虐已久的血吸虫病有着密切关系。（高凯：2012）

酱贾米

（壹·1749；壹·1801；壹·1951；壹·2026；壹·2259；壹·2306）

1. 应当是卖酱的收入折合成米。在当时市场极不发达的条件下，物物交换所占比重很大，米在一定程度上代替钱成为通货，民间买盐买酱都用米而不用钱。盐的经营无疑是由政府垄断的，而酱的经营可能民间也占有一定份额，所以政府经营的酱业收入，也要标明"官所卖"……酱贾米之贾，即后来的价格之价。以等值的酱所交换得来的米称为酱贾米。（罗新：2004A）

2. 也是由官府贩运"酱"所得……至于"酱"具体是何物，尚不清楚。（侯旭东：2004B）

3. 这里"贾"的含义之一是"价钱"和"价格"，夹在池、盐、酱、鋘、种粮之类名称之间，是标明这类赋税或物品原来需要多少钱或值多少钱，现在可以折成多少米，与前引的"准入米""准米"的意思一样。（蒋福亚：2011B）

稟（廪）

（壹·1737；壹·2304；叁·1404）

1. 稟实际通"廪"，指官府配给的口粮或俸米。（王素：2004）

2. 稟的实物为米，发放时间以月为计量单位，稟的发放也因职务、身份不同，发放数量各不相同，是官府给军人、士、作部工师、乡吏等发放的口粮。（戴卫红：2010B）

稟米

（壹·3085）

1. 是官家给予政府职员的粮食。《周书·王悦列传》："及至竟陵，诸军多有匮乏，悦出稟米六百石分给之。"《新唐书·列女传》："李畲母者，失其氏。有渊识。畬为监察御史，得禀米，量之三斛而赢，问于史，曰：'御史米，不概也。'又问车庸有几，曰：'御史不偿也。'母怒，敕归余米，偿其庸。"（李明龙：2006，P8）

2. 禀米与古书中常见的"稍食""月食""廪食"义近，即由官方按月供给的口粮米，其与普通"税米"等类租税的折算比例为100∶96，属财政支出范畴。作为财政支出中的一个重要门类的"禀米""禀斛米"，其来源主要有"税米""盐贾米"等种类……我们推断，"禀米""禀斛米"收纳仓中之后，当根据上级机构负责人的指示或审批（如"督军粮都尉"、"邸阁右郎中"等），将这些种类的米，或转运、或拨付、或下拨给某些机构及个人。除作为俸禄下发给各级官员之外，还根据实际需要，下发给各级吏员，甚至是服役的各类底层百姓。根据吴简有关例证，孙吴早期除直接发给郡干、县卒等底层吏员之外，还分别下发给士卒、夷新兵、鼓史、凌人等身份的底层百姓，士卒、夷新兵等人一月口粮分别为三斛、二斛、一斛五斗、一斛等。（何立民：2012，P152）

禀　斛

（壹·6521；壹·8384）
大概是官府在配给粮食是专用的量制，其容量有特别的规定。（于振波：2006B）

禀斛米

（壹·2277；壹·2291；贰·4036）
与古书中常见的"稍食""月食""廪食"义近，即由官方按月供给的口粮米，其与普通"税米"等类租税的折算比例为100∶96，属财政支出范畴。（何立民：2012，P152）

新 入

（壹·1724）
是刚刚征收上来的。（孟彦弘：2004A）

新 户

（壹·4198）
1. 这里的"新户"，显然是相对于"故户"而言的。（高敏：2006C）
2. 新户当即"新占民户"的简称。（李均明：2008C）
3. 当是由它地迁徙而来或逃亡后重新回归版籍者。（蒋福亚：2012B，P292）

新占民

（贰·3186；贰·3198；贰·3209）
占，申报，《张家山汉简·二年律令·户律》："民皆自占年，小未能自占，而毋父母、同产为占者，吏以□比定其年。自占，占子、同产年，不以实三岁以上，皆耐。产子者恒以户时占其……罚金四两。"《三国志·吴书·陆逊传》："又黄门竖宦，开立占募，兵民怨役，逋逃入占。""新占民"即新申报的民户。（李均明：2008C）

新占民户

（贰·3186；贰·3198）
简中的"占"，含义是登记。（蒋福亚：2011B；2014）

新　吏

（贰·1077；贰·6650；肆·293；肆·373）

新吏乃指新任之官吏，《汉书·黄霸传》："数易长吏，送故迎新之费及奸吏缘绝簿书盗财物，公私费耗甚多，皆当出于民，所易新吏又未必贤，或不如其故，徒相益为乱。"（李均明：2008B；2008C）

新　米

（贰·3781；叁·6388）

新米当指本年新收获的米。（陈荣杰：2012，P141）

新还民

（肆·4124）

1. 指从原居地迁出后又迁回的民户，迁回时亦当申报户口，实质与新占民同。新占户之来源主要有三：一为北人南下之流民，如《三国志·吴书·全琮传》："是时，中州士人避乱而南，依琮居者以百数，琮倾家给济，与共有无，遂显名远近。"二为降附者，见《全琮传》："至，明赏罚，招诱降附，数年中，得万余人。"三为迁出又迁回者，即"新附民"。新占民之訾产税皆高于老居民。（李均明：2008C）

2. 和步骘的封户一样，原先都应是临湘侯的"正户"。（蒋福亚：2012B，P206）

数　钱

（叁·7334）

即"钱数"。（何立民：2012，P49）

溏（唐）儿民

（叁·6724；叁·7205；叁·7216；叁·7221）

1. 溏，《玉篇·水部》："溏，池也。"儿，在汉晋古籍中指男性青年，如《史记·高祖本纪》："发沛中儿得百二十人，"即指此。从字面意思看，是开垦陂池资源的人……他们应该是开垦陂池荒地一类人的特定称呼。（沈刚：2009B）

2. 溏（唐）儿民很可能就是负责维修"波溏"之民，或与《南齐书·王敬则传》所称"会土边带湖海，民无士庶，皆保塘役"的"塘丁"有些相类。（方高峰：2009B，P56；2010）

3. 溏儿民当是耕种陂塘田地人的称号。溏儿民据以"垦食"的是陂田、塘田，而不是荒地。（凌文超：2012B）

綄　师

（壹·5989）

1. 綄，或有可能该工师负责用锦制作兵事器械，如旗帜等。（凌文超：2011C；2015D，P278）

2. "綄"应即牵引船只之绳索。《集韵·去声上·愿第二十五》："綄，引舟，縡或省。"所谓"綄师"或制作"綄绳"之工匠，或为拉"綄"行船的纤夫。吴简例证少见，不能确定其具体工作职责。（何立民：2012，P47）

十四画

模　师

（壹·7449）
大概是铸造铜模的手工业者。（韩树峰：2004）

榜

（长沙市文物工作队、长沙市文物考古研究所：1999，J22—2540）
《汉书·张耳传》："吏榜笞数千，刺热，身无完者。"颜注："榜谓捶击之也。"《急就篇》："盗贼系囚榜笞臀。"颜注："榜笞，箠击之也。"王应麟补注："《刑法志》，景帝定箠令。箠，策也。笞者，箠长五尺，其本大一寸，其竹也，本薄半寸，皆平其节。""榜"，或从手旁。《广雅·释诂》："搒，击也。""押"，羁押。仲长统《昌言》"拱押天人"李注："拱，执也。押，槛也。"（胡平生：1999）

聟

（壹·3053；贰·3035）
即"婿"，《称谓录》"女之夫"条案："（聟等）此皆壻之异文也。《礼记·昏义》：'壻执雁入。'释文：壻一本作聟。唐公房碑：'期聟谷口山上。'王羲之《女聟帖》：'取卿为女聟'，皆作聟字。"《称谓录》记录女婿之意的称谓尚有多种，而吴简中出现的"聟"，与妻子一家人一起居住，记

录于妻父户下，这点是值得注意的。（孙闻博：2010B）

僦　毕

（壹·3213；壹·3351；壹·3585；壹·3645；壹·4716；壹·4753）

1. 僦之本义为租赁、雇用，此外又有运送之义。《汉书·王莽传中》："宝货皆重则小用不给，皆轻则僦载烦费"，师古注曰："僦，送也。一曰，赁也。"再如《淮南子·氾论训》："今夫僦载者，救一车之任，极一牛之力，为轴之折也。"其中"僦载者"，当指用车从事运输之人，未必特指雇人运输。如果将"僦"理解为运送，则"僦毕"（就毕，胄毕）表示运送完毕。（于振波：2006B）

2. 征之吴简，凡单言"僦"者，所取之意也均与输运有关，尽管我们不清楚此处所云"僦毕"所需的费用，是由纳税者自行负担或由官府另行支付，但与这里所要讨论的"僦钱"并无直接关系。（宋超：2004）

3. 指粮食已经从租米或税米的交纳者及关邸阁官吏的手中转运到了三州仓吏处。（胡平生：2005A）

4. "僦毕"就是"就毕"，"就毕"意为"完毕"，"就""毕"均有"完毕"之意，如：《尔雅·释诂下》"就，终也。"《广雅·释诂三》："毕，竟也。"《尚书·大诰》："天亦惟用勤毖我民，若有疾，予曷敢不于前宁人攸受休毕。"孔疏："毕，终也。"二者同义复合，构成并列式复合词。而"僦"的本义是"租赁"，与词的意义无涉。"就"写成"僦"完全是书写者的习惯造成的，对书者来说，多一个单人旁与少一个单人旁没有什么不同。（李明龙：2006，P62）

5. 入租税限米简多数在简中注明"胄毕"或"僦毕"等字样，而入杂米简则基本上没有……"胄毕"与"僦毕"相通，乃指自三州仓赁船输米至州中仓的费用而言，入租税限米多先入付三州仓再运诣州中仓，需缴纳赁船转输费用，故简上一般注明"胄毕"或"僦毕"，但也有少数直接入付州中仓而简不书"胄毕""僦毕"者；入杂米多直接入付州中仓，无须缴纳赁船费用，故简不书"胄毕"或"僦毕"，但也有个别先入付三州仓再运诣州中仓，需缴纳赁船转输费用，而在简上书"胄毕"或"僦毕"。（孙东波、姜望来：2008）

僦　米

（壹·1744；贰·7801）

1. "僦米"的意思有两种可能性，既可能是支付运输粮食船只车马的费用，也可能是没钱交"地僦钱"，改用交米来代替。（孙东波：2011）

2. "僦米"是用于仓储系统内部转运米而由仓预先收取的费用，其收取比例为正式缴纳量的十分之一。当米被仓外人支取，如"给禀"时，因为仓不再参与此后的搬运过程，所以就无须再收取"僦米"。"僦米"被收取后，先以独立的名目储存在仓中，当仓间的转运发生时，仓吏就支取"僦米"付给运输者，其中既有运费，也可能包含了运输者的口粮。（邓玮光：2014A）

僦米毕

（贰·7801）

僦之本义为租赁、雇用，此外又有运送之义。《汉书·王莽传中》："宝货皆重则小用不给，皆轻则僦载烦费"，师古注曰："僦，送也。一曰，赁也。"再如《淮南子·氾论训》："今夫僦载者，救一车之任，极一牛之力，为轴之折也。"其中"僦载者"，当指用车从事运输之人，未必特指雇人运输。如果将"僦"理解为运送，则"僦米毕"表示将米运送完毕，皆可成词。（于振波：2006B）

僦　钱

（壹·4346；壹·4390；壹·4461；壹·4462；壹·4491；壹·4550；壹·4601；壹·4603；壹·4608）

1. 僦钱就是摊位钱。（蒋福亚：2003）

2. 僦还有"租赁"的意义……我以为吴简中的"僦钱"，应是"地僦钱"的简称；交纳"僦钱"者，可能都是居住于临湘"邑下"、即临湘侯国与临湘县治所的居民；以所谓"地僦钱"或"僦钱"租赁之"地"，应是用于某种商业经营活动之"地"，尽管从现有的吴简资料还难得出一个确切答案，但与用于耕作之"田"有本质区别则是无疑的；而每月可达二万三千五百的"地僦钱"，应是临湘侯步骘"衣食租税"的一个组成部分。（宋超：2004）

3. 这是向临湘城市居民征收的食粮的运输费……秦汉时，"僦"，本指雇佣、租赁，进而就有雇佣费、租赁费、运输费的意思。在古文献中"僦"字常见。《说文新附字·人部》："僦，赁也。"《史记·平准书》："天下赋输或不偿其僦费。"索隐："服虔谓：'雇载云僦，言所输物不足偿其雇载之费也。'"《汉书·郑当时传》"当时为大司农，任人宾客僦"颜师古注云："僦，谓受顾赁而载运也。"《商君书·垦令》："令送粮无取僦，无得反庸，车牛与重设必当名。"《九章算术·均输》："一车载二十五斛，与僦一里一钱。"又，被人雇佣者，称为"僦人"。在出土简牍中，"僦"字也多见……我们认为，走马楼吴简中的"僦钱""地僦钱"的"僦"，也正是雇佣费、租赁费、运输费的意思……可以看到，这类例简中的"胄"，都与"僦"同义，都是从关邸阁转运到三州仓的。"僦钱""地僦钱"应当就是这样一种运输粮食的费用。（胡平生：2005A）

4. "僦钱"或"地僦钱"，是使用者向土地主人缴纳的地面的租价，这样的理解是正确的（宋超说法）。（王子今：2006A）

5. "僦钱"就是向小摊贩按月征收的摊贩钱。摆个小摊，估计这应是城镇中州郡兵未服役前的一种谋生之道。（蒋福亚：2007A）

6. 僦钱，是政府制定的统一的税收税目———转运税……僦钱是如何征收：其一，按户征收。这里包括大男为户主的，如大男张顺、大男杨樊等；甚至还有大女为户主的，如大女王汝等；孙吴可能还有身份性户口簿，如郡士马伯等。其二，按月征收。吴简中的僦钱记录明确，全部标记为"僦钱月五百"，似无可疑。其三，征收数目为"月五百"。（朱德贵：2008）

7. "僦钱"是指城镇贫民在市场上租借土地房舍摆摊贩卖时缴纳的租金，"地僦钱"则是官府收缴这类租金，并将此缴库或支用时的专用名称，有时也可将其叫做"僦钱"。两者性质一样，合而为一，并无实质性的区别。确切地说，似乎"地僦钱"的名称更符合实际一点……所以我们怀疑"僦钱"不只是指租赁市场中土地房舍之类的租金或摊位税，有时它既可能是摊位税、市场中土地房舍的租金，以及市租和商品通关税的总称。这些含义组合在一起，构成了后世的"关市僦税"，或者说是"关市僦税"的由

来。因此，笼统地把它诠释成商税似乎更合适一点，其含义比摊位税要广泛，可以涵盖上述一切状况。（蒋福亚：2008C）

8."僦钱"是指在市场里租赁一角房舍摆摊贩卖所缴纳的租金，也是按月缴纳。这些租金充其量只能租赁极简陋的一角房舍。（蒋福亚：2011C；2012B，P92）

9.僦钱是指城镇商贾们在市场上租借土地房舍，而且主要是房舍经商或摆摊贩卖时缴纳的租金，"地僦钱"则是官府收缴这类租金，并将此缴库或支付时的专有名称，有时也可将其叫做僦钱。两者性质一样，合二为一，并无实质性的区别。（蒋福亚：2012B，P248）

10.结合"僦"之本义为雇也、赁也，我们基本认同整理者对"地僦钱"的解释。"地僦钱"就是临湘侯国与临湘县治所的居民租赁土地经营商业经营活动的租赁费。可能官府将用于商业经营活动的土地进行了规划，其面积基本相等，故所收取的"地僦钱"均为五百……吴简"僦钱"应确是按月征收，按季度统计的。（陈荣杰：2012，P162—163；2014A）

11.即向百姓征收的用于转运租赋（主要是米、麦、布、皮、钱等物资）的运输费。其征税标准是"户"，纳税主体包括家庭户主中身份为大男、大女、郡士等普通吏民，税率为500钱的定额税，纳税周期则是一月一纳，具体纳税时间仍不得而知。（何立民：2012，P105）

僮　客

（叁·1257；叁·1844；叁·1915）

僮客一词，汉晋时期文献中常见。如《汉书·司马相如传》"临邛多富人，卓王孙僮客八百人"，师古曰："僮，谓奴。"也就是说僮客就是奴隶。三国时期，二者似乎也区别不大，如《三国志·吴书·虞翻传》引《会稽典录》："陵卒，僮客土田，或见侵夺。"两晋时期也有僮客一词，并且其意义仍然是奴婢。《晋书·元帝纪》：诏曰："昔汉二祖及魏武皆免良人，武帝时，凉州覆败，诸为奴婢亦皆复籍，此累代成规也。其免中州良人遭难为扬州诸郡僮客者，以备征役。"在这道免奴为良的诏书中亦将僮客和奴婢等同。以上说明从两汉以至魏晋文献中，僮客、奴婢词义是一致的……吴简中僮客的含义还是国家控制下的依附人口。（沈刚：2011C；2013，P203）

僮客限米

(贰·3454；叁·1257；叁·1844；叁·1915；叁·6773)

"僮客"即为奴仆，就必然有其所依附的主人，也就是说"僮客"是依附人口。"僮客限米"当为由奴仆所缴纳之米。（陈荣杰：2012，P123）

廖 直

(长沙市文物工作队、长沙市文物考古研究所：1999，J22—2540)

或许其中有些可能本属于所谓《廪直簿》。联系居延所见《廪直簿》，可推知走马楼简牍许迪事文书所谓"廖直"，有可能为"廪直"之误释……这里所谓"廪直"，或指《廪直簿》这一文书，或指进行"廪直"记录或登记《廪直簿》的工作。（王子今：2001B）

按：原释文作"廖勇"。

適客限米

(叁·5978)

"適"的古音为书纽锡部，"谪"的古音为端纽锡部，二者韵部相同，声纽相近，可相通假。《汉书·薛宣传》："吏民言令治行烦苛，適罚坐使千人以上。"颜师古注："適，读曰谪。"《睡虎地秦墓竹简·秦律十八种·司空》简151："非適（谪）罪殹而欲为冗边五岁。"《马王堆汉墓帛书·老子乙本·道经》："善行者无达迹，善言者无瑕適（谪）。"故我们怀疑"適客"当为"谪客"，谪客即被贬谪流放到长沙之人。长沙自古即为被流放之地……孙吴去汉不远，亦应有被贬谪到长沙之人。若是，则"適客限米"应为被贬谪流放到长沙之人所缴纳的米。（陈荣杰：2012，P125）

漯　病

（壹·9175）

1. 整理者注曰："'漯'应为'瘰'之通假。"如此，"漯病"亦即"瘰病"。《广韵·果韵》："瘰，瘰疬，病筋结也。"《正字通·疒部》："瘰，疡绕颈项累累也。"《灵枢经·寒热》："黄帝问于岐伯曰：'寒热瘰疬在于颈掖者，皆何气使生？'岐伯曰：'此皆鼠瘘寒热之毒气也，留于脉而不去者也。'"《医宗金鉴·外科心法要诀·项部》："小瘰大疬三阳经，项前颈后侧旁生。"吴谦等注："此症小者为瘰，大者为疬……若连绵为黄珠者，即为瘰疬。"现代医学将其定性为颈项淋巴结核，俗称疬子颈。有《字汇补·水部》："漯，汗貌。"《素问·刺腰痛论》："会阴之脉，令人腰痛，痛上漯漯然汗出，汗干令人欲饮，饮已欲走。"如此则漯病当为多汗之症，两相比较，简中之"漯病"当为颈项淋巴结核更有可能。（黎石生：2009B）

2. 即体虚盗汗之病。如吴任臣《字汇补·巳集·水部》曰："漯，又汗貌。"《素问·刺腰痛篇》："会阴之脉，令人腰痛，痛上漯漯然汗出；汗干令人欲饮；饮已欲走。"吴文英《吴下方言考》一书中，卷十二《入韵七曷》引《素问》此语，并加案语曰："漯漯，欲出虚汗之貌。吴中谓极虚曰'虚漯漯'。亦可参考。"（何立民：2012，P46）

十五画

撮

（贰·3451）

《汉书·律历志上》："量多少者不失圭撮。"可知到了汉代"撮"已经固定成为一个容量单位了。（胡苏姝、赵国华：2008）

鋘

（贰·4249；贰·5678；贰·5785）

1. 鋘应是通行于南方地区的方言，指某种农具。（侯旭东：2004A）

2. 按"鋘"字与"铧"同，多是江南地区使用的铁制农具。（高敏：2006D）

3. 吴简中的"鋘"是何种农具？《后汉书》卷八十一《独行·戴就传》载，会稽郡仓曹掾戴就被考掠，"又烧鋘斧，使就挟于肘腋"。李贤注引何承天《毛诗纂文》谓"甾，今之鋘也"，引张辑《字诂》云："鋘音华，案《说文》、《字林》、《三苍》并无'鋘'字"；王先谦《集解》引《集韵》曰："鋘，或作铧"，引慧琳《一切经音义》卷十六"鋘，古文奇字，铧。"鋘、铧似可通用。鋘、铧通用还可举一例。《吴越春秋》卷五《夫差内传》载道：吴王夫差兴兵伐齐，经过姑胥之台时，曾"梦入章明宫，见……两鋘殖吾宫墙……"太宰嚭为之解释道："两鋘殖宫墙者，农夫就成，田夫耕也"；而《越绝书》卷十《吴王占梦》载此事云："见两铧倚吾宫堂"，太宰嚭解释为："两铧倚吾宫堂，夹田夫也"。那何承天所谓"甾，今之鋘也"，又如何理解？"甾"，一般指铁锹，但铧很可能也是由甾发展而来的，因此，"鎩"即铧，即犁铧，叶茂先生曾指出："'鎩'应为吴越地区金属犁铧之古称。"我们认为此说是正确的。（方高峰：2009A）

4. "鎩"是农业生产工具。《后汉书·戴就传》载戴就蒙冤入狱，酷吏们动用了各种刑具，"又烧鎩斧，使就挟于肘腋"。李贤注引何承天的《毛诗纂文》说："䎱，今之鎩也。"又引张揖《字诂》说："䎱，刃也"，"鎩音华。"那么鎩应该是小铁锹头之类。康绚主持浮山堰工程时，"引东西二冶铁器，大则釜鬲，小则鎩锄，数十万斤，沉于堰所"。"鎩锄"连用，恐怕"鎩"已转化成小型农具的简称。（蒋福亚：2011D；2012B，P268）

5. 吴简"鎩钱"之"鎩"不是特指某一种农具，而应是泛指一切铁质农具。（陈荣杰：2012，P174）

6. 是一种人力翻土的铁质农具，此农具的头部形状类似古代货币中的"大黄布"。（何媛：2011）

7. 吴简所见的"鎩"并非犁铧。按《太平御览》卷七六四引《淮南子·齐俗训》"故伊尹之兴土功也，修脚者使之蹠铧（即鎩，笔者按）"，高诱注"长脚者蹠得土多，锸入土深也"，沈莹《临海异物志》"其木刚，作鎩锄利如铁"，《梁书·康绚传》"因是引东西二冶铁器，大则釜鬵，小则鎩锄"，孙吴前后"鎩"只是小型的人力翻土工具。（凌文超：2013B）

8. 稻作农业的常用农具犁铧。（黎石生：2015）

鎩钱/鎩贾钱/官鎩钱

鎩钱（壹·1385；壹·1386；壹·1419；壹·1447；壹·1514；壹·1517；壹·1586；壹·2813；壹·2821；壹·2836；壹·2843；叁·3172）/鎩贾钱（壹·45；壹·92；壹·1381；壹·1548；壹·1561；叁·1974；壹·2827；贰·7043；叁·3166；叁·3170；叁·3171）/官鎩钱（壹·1393，壹·1401，壹·1446）

1. 鎩应是通行于南方地区的方言，指某种农具……鎩贾钱中的"贾"就是"价"字，因此，此种钱应是官营盐铁体制下百姓缴纳给官府的购买农具钱……鎩的单价为100钱。（侯旭东：2004A）

2. 按"鎩"字与"铧"同，多是江南地区使用的铁制农具；而"贾"字与"价"同义，多见于古代文献。再结合"官鎩钱"的名称去考察，可知所谓"鎩钱"，是农民向官府缴纳的用以购买农具的钱，因为冶铁业和铁制农具自秦汉以来就是由官府经营的，由于孙权统治时期的吴国也继承了这种制度，正如《宋书·百官志》"东冶令"条所云："江南诸郡县有铁者或置冶令，或置丞，多是吴所置。"因而这种用于购买农具的钱，便成了"官鋘钱"了。因此，这种"鋘钱"，虽然是农民用以购买官府的铁制农具的钱，因为出于官府强迫，农民不能不买，故实质上也是官府强加的一种变相的租税。（高敏：2006D）

3. 是买卖鋘所交易之钱。（李明龙：2006，P52）

4. 所谓鋘，也就是一种人力翻土的铁质农具，此农具的头部形状类似古代货币中的"大黄布"。通过分析吴简有关例证，所谓"鋘钱""官鋘钱"似指官营盐铁体制下，百姓缴纳给官府用于购买农具的货币税。"官鋘钱"中的"官"字更是直接体现了官营的特点，值得注意。（何媛：2011）

5. 鋘钱是封建政府用官府手工业作坊的产品换取的。（蒋福亚：2011B）

6. 吴简"鋘钱"之"鋘"不是特指某一种农具，而应是泛指一切铁质农具。耕田者不可能仅向官府缴纳购买铁锹钱，也不可能仅向政府缴纳购买犁铧钱，他们缴纳的应是购买铁质农具的钱。吴简"鋘钱"当指耕田者向官府缴纳的铁质农具的钱。（陈荣杰：2012，P174）

熟　田

（莂4·69；莂4·70；莂5·28；莂5·141）

1. "孰田"，"孰"通"熟"，指常年耕种的有收成的田。"旱败田"一般免交或少交租税，而"熟田"须交纳规定的租税。（邱东联：1998）

2. 多为水田，亦即水稻田。这种水稻田，宜于使用水牛耕种。（高敏：2000C）

3. 定收田又叫"熟田"，意思是有收成的田。（蒋福亚：2001A）

4. "余力火种田"和"二年常限田"中的"熟田"（或称"定收田"），不是生熟地之"熟"，而是指旱田与水田中有所收者，所以每年必须向官府交纳一定数量的租税。（李卿：2002）

5. 租佃土地按质量好坏分为两类：一类是熟田，一类是旱田。二者质量不同，收租标准亦异：旱田不收米，每亩收布六寸六分、钱三十七文；熟田每亩收米一斛一斗、布二尺、钱七十一文。（臧知非：2002）

6. "熟田"是指国家规定的作为纳租依据的统一标准良田。简文在记述农民交租时均云"旱"或"旱败不收"租米,而后云"定收"若干亩,这"定收"的亩数就是"熟田"亩数;"熟田"数量不是根据农民实际垦种情况,而是由主管官吏"定"出来的,其田租额就是根据官府的"熟田"标准亩产量确定的。(臧知非:2003)

7. 熟田是指经过精耕细作者,《齐民要术·耕田》贾注:"耕不深,地不熟。"又《黍稷》云:"凡黍稷……地必欲熟。"贾注:"再转乃佳,若春夏耕者,下种后再劳为良。"贾以为地熟与否,和是否深耕细作有关。又以为熟田要求耕的均匀,多耕几次最好。后来王祯《农书》的《垦耕》中说:"未耕曰生,已耕为熟。"说法更为简明。则所谓熟田是指经过耕治的田,而不是表明田地本身壤质之优良,从氾胜之的《区种》到《齐民要术》,都把肥田或贫瘠的田称为美田或薄田。(吴荣曾:2005)

8. 孰,通熟……"孰田"相对"旱田"而言,是没有受灾,有正常收成的农田。(中国简牍集成编辑委员会:2005,P495)

9. "熟田""旱田"是当时租种土地和征缴田租时的专门统计用语。"熟田"是指国家规定的作为纳租依据的统一标准良田。也就是说,当时吴国政府出租土地时,无论是种植桑麻等旱作物或者是刚刚开垦的低产田,还是种植水稻的水田或者是久已垦耕的高产田,无论其产量高低,均按"熟田""旱田"两等标准收租。(臧知非、沈华、高婷婷:2007,P271—272)

10. 所谓"熟田",就是其他简牍中的"定收"田,指的是有正常收成的田地。(蒋福亚:2007A)

11. 常年耕种的田地。(黄晓菲:2009,P173)

12. 《田家莂》中对"旱田""熟田"的界定其政治因素应大于自然因素,即统治者的人为因素大于自然因素,亦即统治者人为规定"旱田""熟田"的因素大于田地本身的土质、地力之客观因素。土质、地力等自然因素只是统治者规定"旱田""熟田"附带参考,故不能从字面上去解释"旱田""熟田",亦即不能单纯从土质、地力角度去解释"旱田""熟田"。旱田是指统治者根据所谓土质、地力而行政规定的低产田,"熟田"是统治者根据所谓土质、地力而行政规定的高产田。(陈荣杰:2012,P58;2013)

十七画

擿　米

（壹·1863；壹·1916；壹·2027；叁·67；叁·1385；叁·4570；叁·4682）

当为剔除、挑出之米。（陈荣杰：2012，P148）

闇

（壹·8939）

1. 闇，应是一种病症。《说文·门部》："闭门也，从门，音声。"又《说文·疒部》："瘖，不能言也。从疒，音声。"《方言》卷十一："蟪，谓之寒螀。寒螀，瘖螀也。"《广雅·释虫》："蛣蜣，蝉，闇螀也，蟪也。"可知"闇"与"瘖"音近可通。"瘖"即是聋哑之"哑"病。《史记·刺客列传》"吞炭为哑"，《索隐》："哑，字乌雅反，谓瘖病。"字又可作"喑"，俱为"哑"之意。（杨小亮：2007）

2. 作为病症，闇同瘖。《说文·疒部》："瘖，不能言也。"《释名·释疾病》："瘖，奄然无声也。"现代医学谓之失音症，俗语多谓之哑症。（黎石生：2009）

襍（杂）儌米

（叁·1227；叁·1395；叁·1687；叁·4598；叁·4651；叁·4694；

叁·4919；叁·5047）

"儥米"的意思有两种可能性，既可能是支付运输粮食船只车马的费用，也可能是没钱交"地儥钱"，改用交米来代替。由于这些征收吏民见多识广，背景复杂，比较难管理，工作量增加，因而出现"襍（杂）儥米"这个征收项目也就情有可原。（孙东波：2011）

襍（杂）擿米

（贰·3937；贰·4061；贰·7218；贰·7609；叁·4537；叁·4570；叁·4603；叁·4681；叁·4682）

"擿"的本义是挑出，挑剔；揭发。还可引申为搜索、剖开、探。《汉书》记载"其令三辅毋得以春夏擿巢探卵，弹射飞鸟"。此处是挑出、剔除的意思。梁元帝《玄览赋》"慕张生之擿伏"是揭露的意思。那么"襍（杂）擿米"很可能为区分所收稻谷成色而付的官吏评估定级费用，也就是所谓"杂供给"。（孙东波：2011）

十八画

镰师/镰佐

（壹·5944；壹·5981）

1.《广韵》卷二曰："镰，刀镰也。《释名》曰，镰，廉也，薄其所刈，似廉也。"意指镰刀。《论衡》卷十二《量知篇》："山野草茂，钩镰斩刈，乃成道路也。"即用镰刀斩割山中茂草，辟成道路。后世释"镰"多取此意。如元王桢《农书》卷一四："镰，刈禾曲刀也。"并引《风俗通》："然镰之制不一，有佩镰，有两刃镰，有袴镰，有钩镰，又镰祠之镰，皆古今通用艾器也。"但和鼎、酒器、枪一样，镰刀是一种十分普通的农业用具，铸造镰刀不需要高深的技艺，一般冶铁工匠皆可，不会因此特设"镰师"或"镰佐"。《方言》卷九在另一种意义上提到"镰"："凡箭镞胡合嬴者，四镰或曰拘肠；三镰者谓之羊头，其广长而薄镰谓之錍，或谓之钯。"郭璞注："镰，棱也。"《广雅·释器》：释"镞"为"镝"，即箭头。据此，三镰、四镰指三棱箭头、四棱箭头。大概镰数不同功用亦有异，因此有"拘肠""羊头"之类的不同称呼。多镰箭头应该是一种特殊的兵器，需要特殊的工匠才能生产制造出来。而且三国鼎立时期战争比较频繁，一些特殊兵器需要量增大，两种因素结合在一起促成了"镰师"、"镰佐"这种专门的工匠的出现。（韩树峰：2004）

2."镰"既可作镰刀解，也可作多棱箭镞解，前者是农业生产工具，后者是兵器。"镰师"和"镰佐"应该是其生产者。（蒋福亚：2011D；2012B，P266）

鎗　佐

（壹·6022）

1. 简中的"鎗"应是指一种特殊的手艺。明陶宗仪《辍耕录》卷三十记载了嘉兴髹工"鎗进""鎗银"的手艺。方法是，在朱色或黑色漆地上用针尖或刀锋镂刻出纤细花纹，花纹内填漆，然后将金箔或银箔粘上，成为金色或银色的花纹。虽然陶宗仪所说的"鎗进""鎗银"工艺是明代的事情，但据学者研究，此工艺早在汉代即已出现。湖北光化县3号、6号汉墓出土的两件漆卮，均在黑漆地上刻出了怪人和虎、马、兔等纹饰，其间刻有流云纹，全部刻纹内填入金彩，产生了类似铜器上金银错的花纹的效果，年代约当汉武帝时期（王仲殊：《汉代考古学概说》）。不过，无论是有关汉代的传世文献，还是出土文物，似乎对从事此种工艺的工匠尚无专门的称呼。（韩树峰：2004）

2. "鎗"可以作"枪"解，也可以作鼎或酒器解，简中的"鎗师"和"鎗佐"应是其生产者。（蒋福亚：2011D；2012B，P226）

3. 《篇海类编·珍宝类·金部第一》："鎗……七羊切，音枪，兵器。"三国诸葛亮《将苑·地势》："芦苇相参，竹树交映，此鎗矛之地也。"据此，"鎗"即古代的一种长柄且顶端为金属尖头的兵器，类似现在的标枪。因此"鎗佐"似是制作兵器的手工业者。另外，《字汇补·戌集·金部》指出："鎗……又青向切，锵，去声，髹工，有鎗金、鎗银法，见《辍耕录》。"由此，也可以推断"鎗佐"当时一种髹金银的手工业工匠。（何立民：2012，P47）

鎌师/鎌佐

（壹·5817；壹·7503）

1. 《方言》卷五："刈钩，自关而西，或谓之钩，或谓之鎌，或谓之锲。"《齐民要术·水稻》："稻苗长七八寸，陈草复起，以鎌侵水芟之，草悉脓死。"据此，"鎌"即镰刀。《玉篇》卷一八与《广韵》卷二均释"鎌"同"镰"。既然吴简中的"镰"指多棱箭头，意义与"鎌"完全相同的

"鎌"也可能主要在此意义上使用,指镰刀的可能性不大。"鎌""镰"字形、读音均十分相似,而意义又复相同,所以,在记录"镰师""镰佐"时,将其写成"鎌师""鎌佐"是十分可能的。(韩树峰:2004)

2."鎌"只能解作镰刀,是农业生产工具可以确定无疑。(蒋福亚:2011D;2012B,P226)

十九画

簿　领

（贰·160；叁·4586；肆·4977）
1. 簿领，犹今言"账面所体现"。（李均明、宋少华：2007）
2. 簿领似应为簿籍所领，簿籍所记录。（杨芬：2012）

羸

（贰·1705）
是指体弱多病。（蒋福亚：2012B，P220）

二十三画

鑢师/鑢佐

（壹·5819；壹·5932）

1. 鑢：《说文·金部》释鑢字云："鑢，错铜钱也。"《广雅·释诂三》："鑢，磨也。"文献中见到的"鑢"字，亦为"磨磋"之意。《三国志·魏书·董卓传》提到董卓所造小钱云："大五分，无文章，肉好无轮廓，不磨鑢，于是货轻而物贵，谷一斛至数十万。自是后钱货不行。""不磨鑢"，即不加打磨，用以形容董卓所铸小钱质量十分低劣，最终导致小钱难行。这是较孙吴稍前的事情。《宋书》卷七十五《颜竣传》记载，刘宋时期，前废帝铸二铢钱，民间仿铸，大小厚薄，皆不及官铸之钱，"轮郭，不磨鑢，如今之剪凿者，谓之耒子"。仿铸之钱是为了获取暴利，在用工上自然不如官钱讲究，甚至不加刮磨，所以看起来十分粗糙。吴简中的"鑢师"或"鑢佐"可能就是以刮磨铜钱为业的手工业者。类似的匠人在西汉末年既已出现。贵州省清镇出土的平帝元始三年（公元3年）漆杯，上刻生产漆杯的所有匠人的名字，其中提到"工"，据学者推测，可能就是雕工，其职责是对漆器精心刮磨，使其产生光泽。当然，漆器不同于钱币，但二者均需打磨，以显精致。因此，"鑢师"、"鑢佐"可能就是西汉的雕工。（韩树峰：2004）

2. 鑪，《淮南子·齐俗训》："鑪橐埵坊设，非巧冶不能以治金"，又《论衡·量知篇》："鑪橐铸烁，乃成器。未更鑪橐，名曰积石。""鑪"即冶炼用的炉。按《春秋经传集解》："鑪金初宦于子期氏"，杜预注："鑪本又作鑢。"而《经典释文》："鑢，本又作鑪。"由杜注可知，魏晋时期，"鑢""鑪"已通用，杜预认为"鑢"为"鑪"的本字，应有其理由。后来，由于"鑪"成为通行的写法，"鑢"反而不常用，以至于陆德明混淆了两字的关系。从吴简作部工师簿所见工师来看，冶铸工种多，而且人数占据大部分，过去的考释却未见与"鑪橐"相关的工师，我倾向于将吴简作部工师簿所见的鑪师佐理解为负责冶鑪和鼓风的工师。（凌文超：2011C；2015D，P275）

3."鑪"的含义是打磨，武器、工具和器具经过打磨后光泽美观，更加实用，"鑪师""鑪佐"是这方面的行家。（蒋福亚：2011D；2012B，P266）

引用文献

阿部幸信

2011：《长沙走马楼吴简所见的"调"——以出纳记录的检讨为中心》，《吴简研究》（第三辑），中华书局 2011 年版。

2013：《长沙吴简所见的"市布"》，《简帛研究》（二〇一二），广西师范大学出版社 2013 年版。

曹旅宁

2006：《长沙走马楼三国吴简"刑手"、"刑足"考释》，《广东社会科学》2006 年第 1 期。

曹砚农

2005：《从〈长沙走马楼三国吴简·嘉禾吏民田家莂〉看吴国在长沙郡的国家"营田"》，《长沙三国吴简暨百年来简帛发现与研究国际学术研讨会论文集》，中华书局 2005 年版。

长沙市文物工作队、长沙市文物考古研究所

1999：《长沙走马楼 J22 发掘简报》，《文物》1999 年第 5 期。

陈明光

2009：《走马楼吴简所见孙吴官府仓库账簿体系试探》，《中华文史论丛》2009 年第 1 期。

2010：《六朝"民田"的产权及交易方式》，《河北学刊》2010 年第 2 期。

陈荣杰

2012：《走马楼吴简佃田、赋税词语汇考》，博士学位论文，西南大学，2012 年。

2013：《走马楼吴简"租田"及相关问题》，《中国农史》2013 年第 2 期。

2014A：《试论走马楼吴简中的"僦钱"、"地僦钱"》，《中国社会经济史研究》2014 年第 1 期。

2014B：《略谈〈长沙走马楼三国吴简·竹简［肆］〉中的新史料及研究价值》，《学行堂文史集刊》，2014年第1期。

2015：《走马楼吴简"限米"拾遗》，《出土文献综合研究集刊》（第二辑），巴蜀书社2015年版。

陈爽

2004：《走马楼吴简所见奴婢户籍及相关问题》，《吴简研究》（第一辑），崇文书局2004年版。

2006：《走马楼吴简所见"吏帅客"试解》，《吴简研究》（第二辑），崇文书局2006年版。

陈顺成

2010：《〈长沙走马楼三国吴简〉亲属称谓词语研究》，《简帛语言文字研究》（第五辑），巴蜀书社2010年版。

2012A：《走马楼吴简在中古汉语词汇史上的语料价值》，《济源职业技术学院学报》2012年第4期。

2012B：《走马楼吴简中"邪"和"耶"的用法》，《现代语文》2012年第12期。

代冰华

2011：《吴简与孙吴私学研究》，硕士学位论文，郑州大学，2011年。

戴卫红

2010A：《长沙走马楼吴简中军粮调配问题初探》，《简帛研究》（二〇〇七），广西师范大学出版社2010年版。

2010B：《长沙走马楼吴简所见"直"、"稟"简及相关问题初探》，《简帛研究》（二〇〇八），广西师范大学出版社2010年版。

2011：《长沙走马楼所见三州仓出米简初探》，《吴简研究》（第三辑），中华书局2011年版。

2014：《长沙走马楼吴简所见孙吴时期的仓》，《史学月刊》2014年第11期。

2015：《中、韩出土"贷食"简研究》，《中华文史论丛》2015年第1期。

邓玮光

2010：《走马楼吴简所见"私学"考》，《东南文化》2010年第3期。

2014A：《试论吴简中"胄毕"及相关问题》，《简帛研究》（二〇一三），广西师范大学出版社2014年版。

2014B：《对三州仓"月旦簿"的复原尝试——兼论"纵向比较复原法"的可行性》，《文史》2014年第2辑。

2015：《走马楼吴简"出米简"的复原与研究》，《简帛研究二〇一五》（春夏卷），广西师范大学出版社2015年版。

方高峰

2009A：《从走马楼吴简看长沙地区牛耕的推广》，《中国社会经济史研究》2009年第3期。

2009B：《六朝政权与长江中游农业经济发展》，天津古籍出版社2009年版。

2010：《从长沙走马楼吴简看长沙地区的农田水利建设》，《中国社会经济史研究》2010年第2期。

高凯

2005：《从吴简蠡测孙吴初期临湘侯国的疾病人口问题》，《史学月刊》2005年第12期。

2012：《从吴简看孙吴时期的性比例失调和疾病人口问题》，《中国三国历史文化国际学术讨论会论文集》，湖北人民出版社2012年版。

高敏

2000A：《读长沙走马楼简牍札记之一》，《郑州大学学报》2000年第3期。

2000B：《论〈吏民田家莂〉的契约与凭证二重性及其意义——读长沙走马楼简牍札记之二》，《郑州大学学报》2000年第4期。

2000C：《从嘉禾年间〈吏民田家莂〉看长沙郡一带的民俗风情与社会经济状况》，《中州学刊》2000年第5期。

2000D：《关于〈嘉禾吏民田家莂〉中"州吏"问题的剖析——兼论嘉禾五年改革及其效果》，《史学月刊》2000年第6期。

2000E：《〈吏民田家莂〉中所见"馀力田"、"常限"田等名称的含义试析——读长沙走马楼简牍札记之三》，《郑州大学学报》2000年第5期。

2000F：《〈嘉禾吏民田家莂〉中的"士"和"复民"质疑》，《文物》2000年第10期。

2001A：《从〈嘉禾吏民田家莂〉中的"诸吏"状况看吏役制的形成与演变——读〈嘉禾吏民田家莂〉札记》，《郑州大学学报》2001年第1期。

2001B：《〈长沙走马楼三国吴简·嘉禾吏民田家莂〉释文注释补正——读走马楼简牍札记之八》，《郑州大学学报》2001年第4期。

2005A：《再论长沙走马楼简牍中的"复民"问题——读〈长沙走马楼吴简·竹简·壹〉札记之一》，《河南科技大学学报》2005年第3期。

2005B：《从〈长沙走马楼三国吴简·竹简·壹〉看孙权时期的赐爵制度实况》，《中州学刊》2005年第4期。

2006A：《从〈长沙走马楼三国吴简·竹简（壹）〉看孙权时期的口钱、算赋制度》，《史学月刊》2006年第2期。

2006B：《吴简中所见"丁中老小"之制》，《新乡师范高等专科学校学报》2006年第3期。

2006C：《吴简中所见孙权时期户等制度的探讨》，《史学月刊》2006年第5期。

2006D：《从〈长沙走马楼三国吴简〉看孙权时期的商品经济状况》，《简帛研究》（二〇〇四），广西师范大学出版社2006年版。

2007A：《长沙走马楼吴简中所见"调"的含义——兼与王素同志商榷》，《中华文史论丛》2007年第1期。

2007B：《长沙走马楼吴简中所见孙吴的屯田制度》，《中国史研究》2007年第2期。

谷口建速

2010：《长沙走马楼吴简所见孙吴政权的地方财政机构》，《简帛》（第五辑），上海古籍出版社2010年版。

郭浩

2008：《从汉"里"谈长沙走马楼吴简中的"里"和"丘"》，《史学月刊》2008年第6期。

韩树峰

2001：《吴简中的口算钱》，《历史研究》2001年第4期。

2004：《长沙走马楼三国吴简所见师佐籍考》，《吴简研究》（第一辑），崇文书局2004年版。

2006A：《走马楼吴简中的"真吏"与"给吏"》，《吴简研究》（第二辑），崇文书局2006年版。

2006B：《论吴简所见的州郡县吏》，《吴简研究》（第二辑），崇文书局2006年版。

2010：《中古时期的"姪"与"兄子"、"弟子"》，《历史研究》2010年第1期。

2011A：《走马楼吴简"大"、"小"、"老"性质解析》，《文史》2011

年第 1 辑。

2011B：《汉魏法律与社会——以简牍、文书为中心的考察》，社会科学文献出版社 2011 年版。

何佳

2004：《长沙走马楼吴简所见仓、库及仓吏、库吏的研究》，《简牍学研究》（第四辑），甘肃人民出版社 2004 年版。

何立民

2011：《浅论湖南长沙走马楼三国吴简中的"财用钱"》，《世界经济情况》2011 年第 12 期。

2012：《湖南长沙走马楼三国吴简复音词研究》，博士学位论文，复旦大学，2012 年。

何丽敏

2006：《〈长沙走马楼三国吴简·竹简［壹］〉中的数量词》，《简帛语言文字研究》（第二辑），巴蜀书社 2006 年版。

何媛

2011：《略论三国孙吴早期的货币租税——以湖南长沙走马楼吴简为中心的考察》，《世界经济情况》2011 年第 11 期。

贺双非、罗威

2003：《从走马楼吴简看汉、吴户籍制度的异同》，《湖南城市学院学报》2003 年第 5 期。

侯旭东

2001A：《三国吴简两文书初探》，《历史研究》2001 年第 4 期。

2001B：《长沙三国吴简所见"私学"考——兼论孙吴的占募与领客制》，《简帛研究》（二〇〇一），广西师范大学出版社 2001 年版。

2004A：《三国吴简中的"鋘钱"》，《吴简研究》（第一辑），崇文书局 2004 年版。

2004B：《三国吴简所见盐米初探》，《吴简研究》（第一辑），崇文书局 2004 年版。

2004C：《长沙走马楼三国吴简所见"乡"与"乡吏"》，《吴简研究》（第一辑），崇文书局 2004 年版。

2006A：《走马楼竹简的限米与田亩记录——从"田"的类型与纳"米"类型的关系说起》，《吴简研究》（第二辑），崇文书局 2006 年版。

2006B：《吴简所见"折咸米"补释——兼论仓米的转运与吏的职务行

为过失补偿》,《吴简研究》(第二辑),崇文书局 2006 年版。

2006C:《长沙走马楼吴简"肿足"别解》,《吴简研究》(第二辑),崇文书局 2006 年版。

2006D:《长沙走马楼三国吴简"里""丘"关系再研究》,《魏晋南北朝隋唐史资料》(第二十三辑),武汉大学文科学报编辑部 2006 年版。

2011:《长沙走马楼三国吴简所见给吏与吏子弟——从汉代的"给事"说起》,《中国史研究》2011 年第 3 期。

胡平生

1999:《长沙走马楼三国孙吴简牍三文书考证》,《文物》1999 年第 5 期。

2000:《读长沙走马楼简牍札记(二)》,《光明日报》2000 年 4 月 7 日《历史周刊》版

2002:《从走马楼简牍"荆(创)"字的释读谈到户籍的认定》,《中国历史文物》2002 年第 2 期。

2005A:《〈长沙走马楼三国吴简〉第二卷释文校证》,《出土文献研究》(第七辑),上海古籍出版社 2005 年版。

2005B:《嘉禾四年吏民田家莂研究》,《长沙三国吴简暨百年来简帛发现与研究国际学术研讨会论文集》,中华书局 2005 年版。

2008:《说"步兵还民"》,《简帛研究》(二〇〇五),广西师范大学出版社 2008 年版。

胡苏姝、赵国华

2008:《〈长沙走马楼三国吴简·竹简(贰)〉中的量词》,《简帛语言文字研究》(第三辑),巴蜀书社 2008 年版。

黄敏、李明龙

2012:《三国吴简行钱、具钱的解读及相关探讨》,《古汉语研究》2012 年第 3 期。

黄晓菲

2009:《〈长沙走马楼三国吴简·嘉禾吏民田家莂〉词语通释》,硕士学位论文,华东师范大学,2009 年。

贾利青

2014:《走马楼三国吴简亲属称谓语研究》,《学行堂文史集刊》2014 年第 1 期。

蒋非非

2011：《走马楼吴简师佐及家属籍注记"见"考》，《吴简研究》（第三辑），中华书局 2011 年版。

2013：《走马楼吴简师佐家属籍注记"屯将行"及"单身"与孙吴军法》，《简帛研究》（二〇一一），广西师范大学出版社 2013 年版。

蒋福亚

2001A：《也谈〈嘉禾吏民田家莂〉中"二年常限"田的涵义》，《首都师范大学学报》2001 年第 5 期。

2001B：《〈嘉禾吏民田家莂〉中的余力田》，《庆祝何兹全先生九十岁论文集》，北京师范大学出版社 2001 年版。

2002A：《〈嘉禾吏民田家莂〉中的诸吏》，《文史哲》2002 年第 1 期。

2002B：《有关〈嘉禾吏民田家〉性质的补充意见》，《南京晓庄学院学报》2002 年第 1 期。

2003：《略谈吴国国有土地租佃关系制度化的原因——〈长沙走马楼三国吴简·嘉禾吏民田家莂〉研讨》，《首都师范大学学报》2003 年第 5 期。

2006：《长沙走马楼三国吴简中的"客"》，《中国经济史研究》2006 年第 3 期。

2007A：《吴简中的"士"和军屯》，《许昌学院学报》2007 年第 3 期。

2007B：《〈嘉禾吏民田家莂〉中嘉禾五年的钱、布折米》，《首都师范大学学报》2007 年第 6 期。

2008A：《〈吏民田家莂〉的组合形式》，《中国经济史研究》2008 年第 1 期。

2008B：《吴简所见吴国前期民屯——兼论魏吴民屯的区别》，《中华文史论丛》2008 年第 1 期。

2008C：《吴简所见长沙的市场》，《庆祝宁可先生八十华诞论文集》，中国社会科学出版社 2008 年版。

2011A：《走马楼吴简所见雇佣劳动》，《首都师范大学学报》2011 年第 1 期。

2011B：《议走马楼吴简中的货币》，《中华文史论丛》2011 年第 1 期。

2011C：《走马楼吴简中的"复民"》，《许昌学院学报》2011 年第 6 期。

2011D：《走马楼吴简所见盐铁官营和酒类专卖》，《史学月刊》2011 年第 12 期。

2012A：《走马楼吴简中监池司马与屯田》，《中国三国历史文化国际学术讨论会论文集》，湖北人民出版社 2012 年版。

2012B：《走马楼吴简经济文书研究》，国家图书馆出版社 2012 年版。

2013：《再论走马楼吴简中的诸吏》，《史学月刊》2013 年第 1 期。

2014：《管豹集——魏晋南北朝史散论》，国家图书馆出版社 2014 年版。

雷长巍

2010：《试论三国吴简中的"火种田"》，《出土文献研究》（第九辑），中华书局 2010 年版。

黎虎

2005A：《说"军吏"——从长沙走马楼吴简谈起》，《文史哲》2005 年第 2 期。

2005B：《"吏户"献疑——从长沙走马楼吴简谈起》，《历史研究》2005 年 3 期。

2008：《说"给吏"——从长沙走马楼吴简谈起》，《社会科学战线》2008 年 11 期。

2009：《说"真吏"——从长沙走马楼吴简谈起》，《史学月刊》2009 年第 5 期。

黎石生

2001A：《试论三国时期的邸阁与关邸阁》，《郑州大学学报》2001 年第 6 期。

2001B：《邸阁源流初探》，《简帛研究》（二〇〇一），广西师范大学出版社 2001 年版。

2002：《长沙走马楼简牍所见户籍检核制度及其相关问题》，《东南文化》2002 年第 9 期。

2003：《长沙市走马楼出土"叛走"简探讨》，《考古》2003 年第 5 期。

2005：《长沙走马楼所见"步侯还民"简探讨》，《长沙三国吴简暨百年来简帛发现与研究国际学术研讨会论文集》，中华书局 2005 年版。

2008：《走马楼吴简所见"士伍"、"岁伍"、"月伍"考》，《史学月刊》2008 年第 6 期。

2009：《〈长沙走马楼吴简·竹简【壹】〉所见诸病及相关问题》，《湖南省博物馆馆刊》（第五辑），岳麓书社 2009 年版。

2010：《走马楼吴简所见"叛士"探讨》，《湖南省博物馆馆刊》（第六辑），岳麓书社 2010 年版。

2011：《走马楼吴简所见商贸活动三题》，《湖南省博物馆馆刊》（第七辑），岳麓书社 2011 年版。

2015：《走马楼吴简所见物直与折算比率》，《简帛研究二〇一五》（秋冬卷），广西师范大学出版社 2015 年版。

李丰娟

2006：《吴简〈嘉禾吏民田家莂〉中的数量词》，《简帛语言文字研究》（第二辑），巴蜀书社 2006 年版。

李丰娟、张显成

2011：《吴简量词研究》，《古汉语研究》2011 年第 1 期。

李恒全

2012：《走马楼三国孙吴简牍"私学"考论》，《南京师大学报》2012 年第 4 期。

2013：《从走马楼吴简看孙吴时期的口算与徭役》，《南京农业大学学报》2013 年第 2 期。

李进

2004：《走马楼吴简中的农作物》，《吴简研究》（第一辑），崇文书局 2004 年版。

李均明

2005：《走马楼吴简会计用语丛考》，《出土文献研究》（第七辑），上海古籍出版社 2005 年版。

2006：《走马楼吴简"地僦钱"考》，《简帛研究》（二〇〇四），广西师范大学出版社 2006 年版。

2008A：《走马楼吴简"草刺"考校》，《史学月刊》2008 年第 6 期。

2008B：《走马楼吴简人口管理初探》，《简帛研究》（二〇〇六），广西师范大学出版社 2008 年版。

2008C：《长沙走马楼吴简所反映的户类与户等》，《华学》（第九、十辑）（一），上海古籍出版社 2008 年版。

李均明、宋少华

2007：《〈长沙走马楼三国吴简〉竹简［四］内容解析八则》，《出土文献研究》（第八辑），上海古籍出版社 2007 年版。

李均明、王昕

2007：《〈长沙走马楼三国吴简·竹简［壹］〉释文校记》（一），《出土文献研究》（第八辑），上海古籍出版社 2007 年版。

李均明、周自如、杨慧

2001：《关于长沙走马楼嘉禾田家莂的形制特征》，《简帛研究》（二〇〇一），广西师范大学出版社2001年版。

李明龙

2006：《〈长沙走马楼三国吴简〉账户词语研究》，硕士学位论文，西南大学，2006年。

李卿

2002：《〈长沙走马楼三国吴简·嘉禾吏民田家莂〉性质与内容分析》，《中国经济史研究》2002年第1期。

李斯

2009：《汉末三国的乡里控制》，硕士学位论文，湘潭大学，2009年。

李文涛

2012：《走马楼吴简所见孙吴时期长沙地区的麦作》，《古今农业》2012年第1期。

李研

2014：《〈嘉禾吏民田家莂〉中佃田记"町"、记"处"差别考》，《许昌学院学报》2014年第6期。

李迎春

2010：《走马楼简牍所见"私学"身份探析》，《考古与文物》2010年第4期。

林甘泉

2004：孟彦弘《〈吏民田家莂〉所录田地与汉晋间的民屯形式》评审意见，转引自孟彦弘《〈吏民田家莂〉所录田地与汉晋间的民屯形式》，《中国社会科学院历史研究所学刊》（第二集），商务印书馆2004年版。

凌文超

2010：《秦汉魏晋"丁中制"之衍生》，《历史研究》2010年第2期。

2011A：《走马楼吴简所见"士伍"辨析》，《吴简研究》（第三辑），中华书局2011年版。

2011B：《走马楼吴简采集简"户籍簿"复原整理与研究——兼论吴简"户籍簿"的类型与功能》，《吴简研究》（第三辑），中华书局2011年版。

2011C：《走马楼吴简两套作部工师簿比对复原整理与研究》，《简帛研究》（二〇〇九），广西师范大学出版社2011年版。

2012A：《走马楼吴简采集库布帐簿体系整理与研究——兼论孙吴的户

调》，《文史》2012 年第 1 辑。

2012B：《走马楼吴简"隐核波田簿"复原整理与研究》，《中华文史论丛》2012 年第 1 期。

2012C：《走马楼吴简发掘库布账簿体系整理与研究》，《出土文献研究》（十一辑），中西书局 2012 年版。

2013A：《"真吏"别解》，《出土文献研究》（第十二辑），中西书局 2013 年版。

2013B：《汉、吴简官牛簿整理与研究》，《简帛研究》（二〇一一），广西师范大学出版社 2013 年版。

2014A：《走马楼吴简举私学簿整理与研究——兼论孙吴的占募》，《文史》2014 年第 2 辑。

2014B：《走马楼吴简中所见的生口买卖——兼谈魏晋封建论之奴客相混》，《史学集刊》2014 年第 4 期。

2014C：《走马楼吴简隐核新占民簿整理与研究——兼论孙吴户籍的基本体例》，《田余庆先生九十华诞颂寿论文集》，中华书局 2014 年版。

2015A：《走马楼吴简中所见的"宫"》，《出土文献》（第七辑），中西书局 2015 年版。

2015B：《走马楼吴简库钱账簿体系复原整理与研究》，《考古学报》，2015 年第 2 期。

2015C：《长沙走马楼孙吴"保质"简考释》，《文物》2015 年第 6 期。

2015D：《走马楼吴简采集簿书整理与研究》，广西师范大学出版社 2015 年版。

刘聪

《吴简中所见"关邸阁"试解》，《历史研究》2001 年第 4 期。

刘芳池、何丽敏

2010：《〈长沙走马楼三国吴简·竹简［壹］〉中的数量词》，《大众文艺》2010 年第 15 期。

刘家军

2005：《论〈走马楼吴简·竹简〉中"限米"的性质》，《中国社会经济史研究》2005 年第 2 期。

路方鸽

2014：《〈嘉禾吏民田家莂〉"定收田"考》，《中国农史》2014 年第 2 期。

罗威

2004：《走马楼吴简所见孙吴在长沙地区的赋税剥削》，《湖南城市学院学报》2004年第5期。

罗新

2000：《走马楼吴简整理工作的新进展》，《北大史学》（7），北京大学出版社2000年版。

2001：《吴简中的"督军粮都尉"简》，《历史研究》2001年第4期。

2004A：《监池司马简及相关问题》，《吴简研究》（第一辑），崇文书局2004年版。

2004B：《吴简所见之督邮制度》，《吴简研究》（第一辑），崇文书局2004年版。

2005：《吴简中的"作部工师"问题》，《长沙三国吴简暨百年来简帛发现与研究国际学术研讨会论文集》，中华书局2005年版。

2006：《也说吴平斛》，《吴简研究》（第二辑），崇文书局2006年版。

2009A：《"真吏"新解》，《中华文史论丛》2009年第1期。

2009B：《王化与山险——中古早期南方诸蛮历史命运之概观》，《历史研究》2009年第2期。

马新、齐涛

2006：《汉唐村落形态略论》，《中国史研究》2006年第2期。

孟彦弘

2004A：《释"财用钱"》，《吴简研究》（第一辑），崇文书局2004年版。

2004B：《〈吏民田家莂〉所录田地与汉晋间的民屯形式》，《中国社会科学院历史研究所学刊》，商务印书馆2004年版。

2006：《吴简所见"事"臆说——从"事"到"课"》，《吴简研究》（第二辑），崇文书局2006年版。

2008：《吴简所见的"子弟"与孙吴的吏户制——兼论魏晋的以户为役之制》，《魏晋南北朝隋唐史资料》（第二十四辑），武汉大学文科学报编辑部2008年版。

彭卫

2009：《传世文献与出土简牍中的"下妻"、"偏妻"和"中妻"》，《中国社会科学报》2009年9月10日第5版。

2015：《脚气病、性病、天花：汉代疑问疾病的考察》，《浙江学刊》

2015 年第 2 期。

秦晖

2004：《传统中华帝国的乡村基层控制》，《传统十论——本土社会的制度、文化及其变革》，复旦大学出版社 2004 年版。

邱东联

1998：《略论长沙走马楼吴简中的佃田租税简》，《船山学刊》1998 年第 1 期。

邱敏

2011：《走马楼吴简与孙吴时期的工商业》，《南京晓庄学院学报》2011 年第 2 期。

曲柄睿

2011：《肿足新解——长沙走马楼吴简所见的一种病症考述》，《吴简研究》（第三辑），中华书局 2011 年版。

沈刚

2008：《走马楼吴简所见"具钱"、"行钱"试解》，《中国历史文物》2008 年第 6 期。

2009A：《走马楼三国吴简所见"叛走"简賸义》，《江汉考古》2009 年第 1 期。

2009B：《走马楼三国吴简波枯兼簿探讨》，《中国农史》2009 年第 2 期。

2010A：《长沙走马楼竹简所见"地僦钱"拾遗》，《中国历史文物》2010 年第 4 期。

2010B：《长沙走马楼三国竹简纳布记录析论》，《史学月刊》2010 年第 10 期。

2011A：《试论走马楼吴简中的邮卒》，《吉林师范大学学报》2011 年第 4 期。

2011B：《走马楼吴简所见"岁伍""月伍"新解》，《鲁东大学学报》2011 年第 5 期。

2011C：《试论吴简中的客》，《吴简研究》（第三辑），中华书局 2011 年版。

2011D：《试论长沙走马楼吴简中的乡吏》，《湖南省博物馆馆刊》（第七辑），岳麓书社 2011 年版。

2011E：《长沙走马楼三国吴简钱出入记录格式复原及相关问题探讨》，

《简帛研究》（二〇〇九），广西师范大学出版社 2011 年版。

2012A：《走马楼三国竹简所见"取禾简"解析》，《中国农史》2012 年第 2 期。

2012B：《吴简中的诸吏》，《吉林师范大学学报》2012 年第 6 期。

2012C：《长沙走马楼三国吴简所见乡、丘、里关系臆解》，《中国魏晋南北朝史学会第十届年会暨国际学术研讨会论文集》，北岳文艺出版社 2012 年版。

2013：《长沙走马楼三国竹简研究》，社会科学文献出版社 2013 年版。

柿沼阳平

2012：《从走马楼吴简看孙吴的中央集权化和军制》，《中国魏晋南北朝史学会第十届年会暨国际学术研讨会论文集》，北岳文艺出版社 2012 年版。

2013：《孙吴货币经济的结构和特点》，《中国经济史研究》2013 年第 1 期。

宋超

2004：《吴简所见"何黑钱"、"偿钱"与"地偿钱"考》，《吴简研究》（第一辑），崇文书局 2004 年版。

2005：《长沙走马楼吴简中的"丘"与"里"》，《长沙三国吴简暨百年来简帛发现与研究国际学术研讨会论文集》，中华书局 2005 年版。

2006：《走马楼吴简中的"丘"与"里"再探讨》，《吴简研究》（第二辑），崇文书局 2006 年版。

苏俊林

2015：《吴简所见孙吴田租及相关问题》，《中国农史》2015 年第 1 期。

苏卫国，岳庆平

2005：《走马楼吴简乡丘关系初探》，《湖南大学学报》2005 年第 5 期。

随成伟

2009：《三国东吴赋税制度研究》，硕士学位论文，西北大学，2009 年。

孙东波

2011：《长沙走马楼吴简中"杂"字简摭谈》，《唐都学刊》2011 年第 5 期。

孙东波、姜望来

2008：《走马楼吴简所见"胄毕"及相关用语试释》，《船山学刊》2008 年第 2 期。

孙闻博

2009：《走马楼吴简所见"乡"的再研究》，《江汉考古》2009年第2期。

2010A：《走马楼吴简"枯兼波簿"初探》，《简帛研究》（二〇〇八），广西师范大学出版社2010年版。

2010B：《走马楼简"吏民簿"所见孙吴家庭结构研究》，《简帛研究》（二〇〇七），广西师范大学出版社2010年版。

2011：《走马楼吴简所见乡官里吏》，《吴简研究》（第三辑），中华书局2011年版。

孙正军

2011：《走马楼吴简中的左、右郎中》，《吴简研究》（第三辑），中华书局2011年版。

谭翠

2013A：《走马楼吴简字词札记》，《西南交通大学学报》2013年第3期。

2013B：《走马楼吴简中的"四品布"》，《湖南博物馆馆刊》（第十辑），岳麓书社2013年。

王彬

2014：《吴简许迪割米案相关文书所见孙吴临湘侯国的司法运作》，《文史》2014年第2辑。

王明前

2011：《三国两晋财政体系演变初探》，《阿坝师范高等专科学校学报》2011年第4期。

王佩良

2008：《走马楼吴简中的长沙风貌》，《文史博览》2008年第11期。

王素

1999：《长沙走马楼三国孙吴简牍三文书新探》，《文物》1999年第9期。

2001：《吴简所见"调"应是"户调"》，《历史研究》2001年第4期。

2004：《说夷民——读长沙走马楼三国吴简札记》，《故宫博物院院刊》2004年第5期。

2005：《〈嘉禾吏民田家莂〉所见"已酉丘复民"性质新探》，《长沙三国吴简暨百年来简帛发现与研究国际学术研讨会论文集》，中华书局2005年版。

2006：《关于长沙吴简几个专门词汇的考释——〈长沙走马楼三国吴简〉释文探讨之二》，《吴简研究》（第二辑），崇文书局2006年版。

2008：《关于长沙吴简"刑"字解读的意见——〈长沙走马楼三国吴简〉释文探讨之一》，《简帛研究》（二〇〇六），广西师范大学出版社2008年版。

2009A：《长沙吴简劝农掾条列军州吏等人名年纪三文书新探》，《魏晋南北朝隋唐史资料》（第二十五辑），武汉大学文科学报编辑部2009年版。

2009B：《关于长沙吴简"关"字解读及标点问题》，《魏晋南北朝史研究：回顾与探索——中国魏晋南北朝史学会第九届年会论文集》，湖北教育出版社2009年版。

2011A：《长沙吴简中的佃客与衣食客——兼谈西晋户调式中的"南朝化"问题》，《中华文史论丛》2011年第1期。

2011B：《长沙吴简中的"要簿"》，《吴简研究》（第三辑），中华书局2011年版。

2015：《长沙走马楼三国吴简时代特征新论》，《文物》2015年第12期。

王素、汪力工

2007：《长沙吴简"户品出钱"简新探》，《中国文物报》2007年4月20日，第7版。

2009：《长沙走马楼三国吴简的新材料与旧问题——以邸阁、许迪案、私学身份为中心》，《中华文史论丛》2009年第1期。

王素、宋少华、罗新

1999：《长沙走马楼简牍整理的新收获》，《文物》1999年第5期。

王振华

2015：《走马楼吴简所见临湘侯国属吏管窥》，《出土文献综合研究集刊》（第二辑），巴蜀书社2015年版。

王子今

2001A：《走马楼"折咸米"释义》，《国际简牍学会会刊》（3），2001年。

2001B：《走马楼许迪米事文牍释读商榷》，《郑州大学学报》2001年第4期。

2004A：《试释走马楼〈嘉禾吏民田家莂〉"余力田"与"余力火种田"》，《吴简研究》（第一辑），崇文书局2004年版。

2004B：《走马楼简的"人皮"记录》，《吴简研究》（第一辑），崇文书局2004年版。

2004C：《"烝口仓"考》，《吴简研究》（第一辑），崇文书局2004年版。

2004D：《三国孙吴乡村家族中的"寡嫂"和"孤兄子"——以走马楼竹简为中心的考察》，《简牍学研究》（第四辑），甘肃人民出版社2004年版。

2004E：《论走马楼简所见"小妻"——兼说两汉三国社会的多妻现象》，《学术月刊》2004年第10期。

2005A：《走马楼舟船属具简与中国帆船史的新认识》，《文物》2005年第1期。

2005B：《走马楼简牍所见"吏"在城乡联系中的特殊作用》，《浙江社会科学》2005年第5期。

2006A：《长沙走马楼竹简"地僦钱"的市场史考察》，《吴简研究》（第二辑），崇文书局2006年版。

2008A：《走马楼竹简"小口"考绎》，《史学月刊》2008年第6期。

2008B：《走马楼竹简"枯兼波簿"及其透漏的生态史信息》，《湖南大学学报》2008年第3期。

2009：《说走马楼简文"细小"》，《江汉考古》2009年第2期。

2010：《走马楼竹简"邪""耶"称谓使用的早期实证》，《文物》2010年第5期。

2011A：《走马楼简所见未成年"户下奴""户下婢"》，《吴简研究》（第三辑），中华书局2011年版。

2011B：《说走马楼名籍"单身"身份》，《简帛》（第六辑），上海古籍出版社2011年版。

王子今、张荣强

2006：《走马楼简牍"私学"考议》，《吴简研究》（第二辑），崇文书局2006年版。

汪力工

2004：《关于吴简注记中的"中"字》，《故宫博物院院刊》2004年第5期。

汪小烜

2001：《吴简所见"肿足"解》，《历史研究》2001年第4期。

2004：《走马楼吴简户籍初论》，《吴简研究》（第一辑），崇文书局 2004 年版。

魏斌
2006：《走马楼所出孙吴贷食简初探》，《魏晋南北朝隋唐史资料》（第二十三辑），武汉大学文科学报编辑部 2006 年版。
2008：《吴简释姓——早期长沙编户与族群问题》，《魏晋南北朝隋唐史资料》（第二十四辑），武汉大学文科学报编辑部 2008 年版。
2009：《走马楼孙吴"加臧米"简试论》，《魏晋南北朝隋唐史资料》（第二十五辑），武汉大学文科学报编辑部 2009 年版。
2011：《"原除"简与"捐除名籍"》，《吴简研究》（第三辑），中华书局 2011 年版。

魏龙环
2011：《吴简入布文书所见孙吴记账符号》，《文艺生活》2011 年 11 期。

文霞
2008：《试论秦汉简牍中奴婢的户籍问题》，《广东教育学院学报》2008 年第 2 期。

吴海燕
2003：《"丘"非"乡"而为"里"辨》，《史学月刊》2003 年第 6 期。

吴荣曾
2005：《孙吴佃田初探》，《长沙三国吴简暨百年来简帛发现与研究国际学术研讨会论文集》，中华书局 2005 年版。

谢翠萍
2014：《释"秇粮"与"蓌米"》，《励耘语言学刊》2014 年第 2 期。

谢桂华
2001：《中国出土魏晋以后汉文简纸文书概述》，《简帛研究》（二〇〇一），广西师范大学出版社 2001 年版。

邢义田
2012：《汉至三国公文书中的签署》，《文史》2012 年第 3 辑。

熊曲
2011：《吴简折咸米、渍米、没溺米及相关问题》，《吴简研究》（第三辑），中华书局 2011 年版。
2012：《走马楼吴简中的官牛簿》，《出土文献研究》（十一辑），中西书局 2012 年版。

2013：《论长沙走马楼吴简中"生口"及相关问题》，《出土文献研究》（第十二辑），中西书局 2013 年版。

徐畅

2011：《走马楼吴简所见孙吴临湘县廷列曹设置及曹吏》，《吴简研究》（第三辑），中华书局 2011 年版。

2015：《新刊长沙走马楼吴简与许迪割米案司法程序的复原》，《文物》2015 年第 12 期。

徐世虹

2001：《走马楼三国吴简户籍所见刑事制裁记录》，《简帛研究》（二〇〇一），广西师范大学出版社 2001 年版。

杨芬

2012：《长沙走马楼吴简考释三则——"悬逋"、"文入"、"种领簿"》，《出土文献研究》（十一辑），中西书局 2012 年版。

杨际平

2006：《析长沙走马楼三国吴简中的"调"——兼谈户调制的起源》，《历史研究》2006 年第 3 期。

2007：《秦汉户籍管理制度研究》，《中华文史论丛》2007 年第 1 期。

杨小亮

2005：《走马楼户籍简"刑（创）"字性质与成因简析》，《出土文献研究》（第七辑），上海古籍出版社 2005 年版。

2007：《走马楼吴简中的"欧"与"欧背"》，《出土文献研究》（第八辑），上海古籍出版社 2007 年版。

2011：《"八亿钱"臆说》，《出土文献研究》（第十辑），中华书局 2011 年版。

杨振红

2012：《吴简中的吏、吏民与汉魏时期官、吏的分野——中国古代官僚政治社会构造研究之二》，《史学月刊》2012 年第 1 期。

2015：《出土简牍与秦汉社会（续编）》，广西师范大学出版社 2015 年版。

伊藤敏雄

2005：《关于长沙走马楼简牍中邸阁、州中仓和三州仓》，《长沙三国吴简暨百年来简帛发现与研究国际学术研讨会论文集》，中华书局 2005 年版。

2006：《从嘉禾吏民田家莂看米的交纳状况与乡、丘》，《吴简研究》（第二辑），崇文书局 2006 年版。

于振波

2003：《走马楼吴简所见佃田制度考略》，《湖南大学学报》2003年第6期。

2004A：《浅析走马楼吴简中"刑"的含义》，《船山学刊》2004年第1期。

2004B：《走马楼吴简中的限米与屯田》，《中国社会科学院研究生院学报》2004年第1期。

2004C：《汉调与吴调》，《走马楼吴简初探》，文津出版社2004年版。

2004D：《走马楼吴简初探》，文津出版社2004年版。

2005A：《从走马楼吴简看两汉与孙吴的"调"》，《湖南大学学报》2005年第1期。

2005B：《走马楼吴简之"私学"身份考述》，《大学教育科学》2005年第5期。

2006A：《略论走马楼吴简中的户品》，《史学月刊》2006年第2期。

2006B：《走马楼吴简习语考释》，《考古》2006年第11期。

2006C：《走马楼吴简师佐籍蠡测》，《汉学研究》24卷第2期，2006年。

2007A：《略说走马楼吴简中的"老"》，《史学月刊》2007年第5期。

2007B：《走马楼吴简续探》，文津出版社2007年版。

2008A：《从走马楼吴简看其时长沙民户的贫富差别》，《史学月刊》2008第6期。

2008B：《再说吴简中的丘》，《简帛研究》（二〇〇六），广西师范大学出版社2008年版。

2009：于振波：《走马楼吴简赋税收支记录管窥》，《南都学坛》2009年第4期。

2012：《从"傅籍"到"丁中"——从吴简"口、事、算、事"比例关系的考察》，《简帛研究》（二〇一〇），广西师范大学出版社2012年版。

2015：《走马楼吴简所见临湘县流动人口》，《简帛研究》（二〇一五）（秋冬卷），广西师范大学出版社2015年版。

臧知非

2002：《从〈嘉禾田家莂〉看汉代田税的征收方式》，《史学月刊》2002年第5期。

2003：《三国吴简"旱田""熟田"与田租征纳方式》，《中国农史》

2003 年第 2 期。

2015：《说"税田"：秦汉田税征收方式的历史考察》，《历史研究》2015 年第 3 期。

臧知非、沈华、高婷婷

2007：《周秦汉魏吴地社会发展研究》，群言出版社 2007 年版。

湛玉书

2006：《三国吴简"关邸阁"之再认识》，《重庆工学院学报》2006 年第 7 期。

张灿辉

2011：《嘉禾吏民田家莂中的"旱田"及相关问题》，《吴简研究》（第三辑），中华书局 2011 年版。

张固也

2013：《走马楼吴简"枯兼波簿"新探》，《吉林师范大学学报》2013 年第 1 期。

张荣强

2003：《吴简〈嘉禾吏民田家莂〉"二年常限"解》，《历史研究》2003 年第 6 期。

2004A：《吴简中的"户品"问题》，《吴简研究》（第一辑），崇文书局 2004 年版。

2004B：《说孙吴户籍简中的"事"》，《吴简研究》（第一辑），崇文书局 2004 年版。

2004C：《说"罚估"——吴简所见免役资料试释》，《文物》2004 年第 12 期。

2006：《孙吴简中的户籍文书》，《历史研究》2006 年第 4 期。

2012：《再论孙吴简中的户籍文书——以结计简为中心的讨论》，《中国魏晋南北朝史学会第十届年会暨国际学术研讨会论文集》，北岳文艺出版社 2012 年版。

2014：《再论孙吴简中的户籍文书——以结计简为中心的讨论》，《北京师范大学学报》2014 年第 5 期。

张旭华

2002：《吴简"户调分为九品收物"的借鉴与创新》，《许昌师专学报》2002 年第 4 期。

赵宠亮

2011：《试论走马楼吴简所见"中妻"》，《吴简研究》（第三辑），中华书局 2011 年版。

赵国华：

2009：《从"中妻"管窥三国婚俗》，《历史文献研究》（第 28 辑），华东师范大学出版社 2009 年版。

中村威也

2006：《从兽皮纳入简看古代长沙之环境》，《吴简研究》（第二辑），崇文书局 2006 年版。

中国简牍集成编辑委员会

2005：《中国简牍集成》（第十五册），敦煌文艺出版社 2005 年版。

周能俊

2010：《孙吴的荆州政策与社会控制》，硕士学位论文，上海师范大学，2010 年。

周能俊、胡阿祥

2012：《孙吴荆州基层社会统治模式与各级胥吏关系析论——以走马楼吴简为中心》，《中国魏晋南北朝史学会第十届年会暨国际学术研讨会论文集》，北岳文艺出版社 2012 年版。

周祖亮

2010：《三国吴简〈竹简［壹］〉疾病信息考察》，《简帛语言文字研究》（第五辑），巴蜀书社 2010 年版。

2011：《长沙走马楼三国吴简所见疾病语词略考》，《广西社会科学》2011 年第 3 期。

朱德贵

2008：《长沙走马楼吴简商业税献疑》，《商业研究》2008 年第 12 期。

朱德贵、刘威威

2013：《长沙走马楼简牍会计凭证初探》，《会计之友》2013 年第 26 期。

珠玛

2006：《走马楼简"苋钱"考》，《四川文物》2006 年第 4 期。

庄小霞

2010：《走马楼吴简所见"奉鲑钱"试解——兼论走马楼吴简所反映的孙吴官俸制度》，《简帛研究》（二〇〇八），广西师范大学出版社 2010 年版。

走马楼简牍整理组

1999：《嘉禾四年吏民田家莂解题》,《长沙走马楼三国吴简·嘉禾吏民田家莂》,中华书局1999年版。

附录：拼音索引

A

阇 171，286
案 30，43，47，72，79，88，129，167，172，199，231，256，275，278，281，282
案（文书） 231

B

八亿钱 3，4，96
白草 61
白解 61，62
白米 61，156，252，254
白衣 60，61，90，131
白衣卫士 61
榜 25，275
傍人 257
保质 190
保质曹 190
被……书 155，232
被病物故 155，232，233
被曹敕 232，233
跰踵 267
比伍 29
萆 240
变○色 160
别 6，11，13，16，20，22，34，36 - 39，48，54，56 - 60，62，63，66，72，74，76，77，79 - 81，84 - 91，97，98，102，110，111，115，118，119，121 - 127，130，137，138，140，143，148，156，160，161，163，167，169，172，175，176，179，182，183，185，186，188，189，193，196，200，202，210，211，220，221，225，226，228，232，245，249，255，262，267，269，271，276，278，279
别莂 125，126，211
别部司马 126
别簿 127
别列出 125
别领 126
别使 125
莂 1，4，5，7，19，30，40，41，50 - 53，55，56，58，62，64，84，89，102，104，114 - 117，121，122，124 - 127，133 - 138，143，153，155，163，168，170，187，210，211，213，215，219 - 221，224，237，240，243，246，253 - 255，268，284，285
莂簿 50，127，211
兵师士 132，170
兵田 132
并间民 97

波唐（溏） 162
波田 162，179，195
帛米 156
逋钱 214
不任调 26，144
不注役 26
布准米 48
步侯 113，114
步侯还民 111，113，114，170
步侯还民限米 114
部吏 44，226
部曲 110，111，132，186，226，228
部曲田曹 226
部伍 55，85，187，226，227
簿领 245，291

C

财用钱 127，128
仓父 36，203
仓史 36，37
草 40，41，45，61，74，92，149，152，165，174－176，178，179，222，226，241，252，262，288，289
草刺 175
草言 174，175
差 6，13，38，43，48，52，54，58，65，73，82，84，86，93，115－119，122，130，138，149，153，168，169，190，191，196，202，214，221，228，232，253，269，282
常限（田） 243
丞掾 106
承余 35，139，148，168
承余新入簿 30，168

池贾米 103，215
持还 114，174
尺口 43
敕 61，128，167，232，233，241，242，249，271
出 2－6，8，9，11，12，14－20，25，27，29－35，37－39，41－43，47，50，55－62，68，70－73，75，76，78，79，83－88，91－93，95－103，107，109，112，116，118－122，124－129，131，132，134－136，138－140，143，144，152，153，155－159，161，162，164，166，167，170，175，176，178－180，182，187－189，193－200，202，204，206，207，210－212，215，217，220，221，224，227－230，232－236，240－242，245－249，255－257，259，263－265，267－271，273，275，278，281，283－289，292
出付 71，72，118
出入付授要簿 71，246
除未讫 199
蒭钱 179，262
处 5，10，12，19，20，29，40，41，43，54，57，59，62，65，72，78，83，84，87，90－92，99－101，104，106，107，111，112，115，120－124，129－131，137，142，144，147，149，159－162，166，167，178，187，193，195，203，208，209，234，235，237，248，252，257，263，264，269，276，287
传卒 89，157

船曹 245
辞 26, 105, 112, 139, 155, 163, 164, 204, 263, 267
从史位 35, 190
撮 282

D

大仓 10
大口 9, 13, 16
大男 10, 11, 16, 31, 64, 80, 149, 170, 278, 279
大男/大女 10
大女 9-11, 13, 14, 16, 22, 70, 78, 80, 83, 102, 104, 124, 197, 198, 278, 279
大妻 11, 15, 32, 33
大㯹 6, 13
大屯 9, 167
大继 11, 12, 128, 129
大柂 10, 13
大㯹 12
贷食 83, 189
待事史 190
单独 55, 71, 87, 96, 98, 125, 161
单身 160, 161
单蜀 161
旦 6, 13, 22, 36, 37, 50, 80, 81, 93, 110, 129-131, 153, 191, 261
惪 251, 252
邸阁 48, 98-100, 139, 140, 178, 264, 271
地僦钱 69, 78-81, 277-279, 287
弟寡妇 144
典军曹史 154, 257
典田掾 153, 154
典掾 154
典运吏 154
佃 1, 2, 22, 24, 27, 31, 52, 53, 56, 58, 70, 83, 97, 101, 102, 104, 107, 115, 121, 124, 132-139, 165, 169-171, 196-198, 202, 210, 211, 219-221, 247, 254, 255, 262, 284
佃吏 113, 135, 170, 255
佃师 135
佃帅 27, 134, 135, 170, 176
佃田 2, 41, 50, 53, 54, 62, 84, 102, 104, 116, 117, 121, 122, 124-126, 134, 135, 138, 153, 170, 187, 197, 198, 220, 254
佃卒田 21, 135, 136, 170
剐 223, 224
调 1, 6, 9, 18, 26, 29, 34, 50, 62, 64, 67, 72, 84, 85, 87, 90, 91, 96, 98, 100, 113, 120, 124, 125, 136, 137, 140, 144, 150, 182, 193, 198, 204, 211, 212, 220, 221, 224, 229, 230, 232, 234-236, 244, 245, 249, 253, 259, 262, 264
调布 6, 182, 235, 236
牒 55, 240, 268
钉（矴）石 128
定 1-3, 7, 9, 13, 14, 16, 17, 22, 25, 27, 31, 32, 34-38, 41, 42, 44, 46, 47, 49, 52, 57-59, 62-64, 68-70, 74, 76-78, 80-83, 86-88, 91-93, 95-97, 102-105, 107, 108, 111, 113, 114, 116-121, 124-127, 129-133, 136-138, 140, 149, 153, 156, 160, 161, 163-165, 167, 169,

170, 175, 180, 181, 185, 187,
188, 190, 192, 193, 196, 198 –
203, 206, 207, 209, 211 – 214,
216, 218 – 221, 224, 225, 227,
230, 232 – 239, 242 – 244, 248,
250, 251, 253 – 255, 261, 262,
266, 270 – 272, 274, 275, 278,
279, 281, 282, 284, 285,
287, 290

定收　1, 2, 52, 70, 102, 136 – 138,
163, 164, 197, 198, 219 – 221,
247, 254, 255, 284, 285

定余钱　164

冬肠布　63

冬赐布　63, 64

都莉　126, 210, 211

都吏　209

都师　209

都市　54, 208, 209, 216

都市掾　209

都乡　109, 167, 208

督都尉屯田　266

督军粮都尉　47, 48, 100, 150,
264, 271

督军粮御史　264, 265

督军司马　263, 264

督邮　123, 167, 209, 232, 233, 265

督责　69, 265

犊　219, 253

度　3, 6, 7, 9, 16 – 18, 31, 32, 35,
38, 43, 44, 47, 49, 58, 59, 69,
76, 80 – 82, 84, 88, 91, 95, 96,
100, 102, 103, 109, 115 – 119,
125, 126, 130, 131, 133, 138,
140, 147, 149, 150, 156, 158,
159, 168, 170, 179, 182, 185,

188, 191, 193, 195, 197, 198,
200, 201, 207, 210, 213, 217,
222, 226, 227, 233, 235, 236,
242, 247, 249 – 251, 255, 264,
266, 268 – 270, 279, 284, 285

度卒　191, 202, 203

碓病　263

E

二年常限　1, 2, 41, 70, 102, 104,
135 – 138, 168, 169, 197,
219 – 221, 254, 255, 284

F

发遣　73, 132, 190, 195, 196, 232

罚估　183, 184

凡　7, 12, 16, 17, 19, 20, 25, 32,
47, 52, 56, 68, 71, 72, 75, 76,
83, 91, 101, 102, 108, 111, 116,
117, 124 – 126, 128, 140 – 142,
158, 171, 175, 178, 180, 195,
210, 219 – 223, 230, 236, 242,
245, 256, 257, 266, 276,
285, 288

凡为　19

朹　108, 109

方远　39, 40

方远客人　39, 40

分别　9, 16, 36, 58, 69, 78, 99,
125, 126, 186, 228, 269, 271

风病　38, 39, 158, 159, 225

风矢病　38

奉　2, 54, 68, 69, 71, 112, 127,
147, 152, 165, 168, 212, 232,
249, 267

奉鲑钱　147

夫　12，24，25，29，31－33，44，54，56，98，110，112，115，121，122，124，129，137，138，144，149，152，163，165，171，179，181，200，209，228，232，274－277，282

付受　60，126，210

负者　96，97，166，208

复　3，19，20，38，46，48，54，57，59，60，63，73，74，80，81，87，88，94，96，110，112，114，135，142，158，159，167，176，186－189，192，195，200，212，214，216，221，230，234，238，240，242，243，255，259，276，279，287，289，290

复客　170，187－189，232

复民　83，104，114，124，170，187－189，220，221

复民租钱　189

傅前解　256

腹心病　149，268，269

腹心疾　269

G

刚师/刚佐　89

给（某）吏　202

给客　203

给禀　147，150，182，204，277

给民自垦食　201

给限佃客　203，204

给冢种客　204，232

给子弟　84，201，212

更　1，3，9，13，14，32，34，36，38，39，43，56，58－60，66，70，72，75，81，82，85，87－89，92，100，109，110，115，116，119，127，130，131，133，138，140，143，152，158，159，165，179－181，185，193，196，198，208，211，216，224，233，234，238，239，241，242，244，249，257，278，279，281，284，285，292，293

更人收钱　109

梗　241，246

公掾　36

宫　84，96，128，132，196，213，233，234，282

估具钱　132

估钱　133

觚慰师/觚慰佐　257

牯　184

牯牛　184，234

鼓　73，131，138，260－262，269，293

鼓史　261，262，271

故邸阁　177，178

故户　5，176，272

故吏　177

故生田　177

故帅　27，50，176，177

故帅客　50，176，177

故帅子弟　50，176，177

故税米　178

雇　25，38，79，80，88，97，107，149，150，181，213，258－260，276－279

雇……布贾　259，260

雇擿　260

夬鼻　43

关邸阁　64，79，98－101，140，178，181，276，278

关父　98

关言　101

官佃客　164，165
贯连师/贯连佐　172
诡课　166，167
诡责　165－167
过湎米　81，82，200，201

H

旱败（田）　117
旱败不收　115－117，137，285
旱不收　114，115，137
旱田　41，52，115－118，137，138，197，255，284，285
旱限米　117
茯粻　176
耗咸米　206
禾　2－4，6－9，18，52，55，58，62，95，102，104，115，116，122，137，143，148，168，175，178，187，196，220，221，254，255，265，288
禾准米　55
合　2，5，7，9，14，16，18－21，25，26，30，32，34，41，47，48，52，53，56，58，59，66，67，71，75，80－83，87，90，92－96，98，100，102，103，107，112，120，121，123，125－127，131，134，137，138，143，147，148，151，153，159，166，167，179，180，185，186，197，200，201，204，210，213，215，216，219－225，227－230，232，234，235，237，238，240，244，246，247，254，256，258，261－263，270，276，278，279，283，288
何黑钱　133

核事吏　214
斛　1，3，21，50，61，65，69，79，102，107，114，115，118，119，123，136，137，149，150，170，176，180，185，197，198，219－221，229，234，246，247，254，255，261，262，271，278，284，292
斛加五升　41，137，219－221，246，247
户品　5，9，27，42，43，176，182，188，234－236，266
户人　41，42，63，78，192
户下奴/户下婢　42
鋘　103，185，207，215，270，282－284
鋘钱/鋘贾钱/官鋘钱　283
还宫　111，196
还民　42，110，111，113，114
桓王庙　213
荒田　116，138，176
黄簿　58，164，239，240
会　2，3，6，10－15，30，33，34，37，39，42，44，50，51，53，54，56，59，60，65，66，71，75，77，82，86，89，91，94，97，99，104，108，116－119，122，124，126，127，130，131，134，138，140，144，152，158，159，161，168，173，175，179，180，186－188，198－201，210，216，218，227－229，235，239，240，247，249，251，255，264，266，268，274，279，281，282，285，288
会吏　66，69，94
火库米　40
火种　40，41，136，137，219

火种田　40，41，135，138，219－221
伙处　91，92

J

即米　145，146
疾足　225
集凡　18，256，257
集所　257
记书　64，69
加减米　72
家数　104，231
贾　11，12，14，15，31，33，46，48，
　　52，68，71，73，79－81，90，91，
　　93，94，103，105，119，122，137，
　　152，158，178，185，200，206，
　　207，214，215，219，225，229，
　　238，259，270，279，283，285
贾具钱　215
贾钱　215，283
价人　90，91
监池司马　217
监运　217
监运兵曹　217
监运掾　217，248，264
菱米　252
见　2，5，6，12－15，17，19，21－25，
　　30，32－35，37－40，43，44，47，
　　49，50，52，54，57，59，60，62，
　　66，69－71，73－76，78－80，83－
　　85，91，92，94，100－102，104－
　　106，108，110，112，115，116，
　　119，120，122，123，126，129－
　　132，135，137，139－142，145，
　　148，149，151，152，154，156，
　　158－163，165－170，172，174－
　　176，178－180，184，186，187，
　　189，192，194，196，198，201，
　　206－209，212，216，218，221，
　　222，227－230，232，234－240，
　　243，245，247－249，251－254，
　　256，259，261，262，264，265，
　　267，271，273，274，278－280，
　　282，283，287，289，292，293
见今送　34
酱贾米　215，269，270
绞促　204，205
今见送　35
今余　35，36
金曹　69，157，167，230
金民　157，170
金民限米　113，157
金田曹　156
锦　54，267，274
苣钱　178，179，222，262
赳伪壅非　174
酒租　229，230
酒租具钱　229，230，245
酒租钱　69，213，229－231
旧米　49，178
僦毕　181，182，276
僦米　182，276，277，286，287
僦米毕　182，277
僦钱　79－81，276－279
拘计　147
拘校　147，148
举（私学）　195
具钱　67，93，152，153，215，222，
　　229，244，283
捐除　81，208
捐除名簿　208
军吏　44，83，102，104，105，120，
　　149，190，193，196，203，212，

220, 221, 250, 255

君教 145

郡吏 50, 83, 102, 104, 120, 170, 197, 198, 203, 211, 212, 220, 221, 255

郡士 80, 196, 221, 278, 279

郡屯田掾 197

郡园父 198, 203

郡卒 20, 90, 120, 122, 170, 198, 199, 220, 255

K

考实 72, 77, 167, 240, 260

科核 186, 228, 250

可用○夫作 46

客 22, 25, 27, 40, 48-50, 68, 79, 80, 83, 97, 116, 122, 126, 129, 131, 132, 165, 170, 175, 177, 188, 189, 196, 204, 208, 224, 232, 247, 269, 278, 280, 285, 286

课问 233, 234

垦食 89, 93, 199, 274

口若干事若干、算若干事若干 15

口食 16-18, 26, 144, 189

口筭（算）麂皮 19

口筭（算）皮 18

口筭（算）钱 18

口算 16, 18, 19, 26, 127, 128, 144, 212

枯兼 179

苦 24, 28, 75, 76, 88, 111, 140, 149, 151, 159, 187, 251, 269

库吏 3, 37, 102, 126, 128, 143, 198, 210, 211, 221, 230, 246

狂病 39, 140, 141, 149, 251, 252

L

郎吏 152, 165

老 7, 14, 17, 61, 77, 78, 90, 98, 111, 113, 124, 136, 141, 159, 176, 188, 211, 249, 267, 273, 280

老钝 8, 78, 111

老父 77, 78, 239

老男/老女 78

老女 77, 78

乐 32, 62, 72, 81, 124, 128, 184, 186, 200, 228, 252, 261, 262

羸 8, 85, 111-113, 166, 187, 188, 291

里魁 18, 121, 212

力田 4, 235

吏民 1, 3, 8, 18, 38, 39, 50, 55, 59, 83, 84, 88, 96, 99, 104, 125, 137, 143, 155, 162, 186, 189, 211, 221, 229, 230, 235, 259, 279, 280, 287

吏民田 4, 7, 41, 51-53, 58, 62, 70, 84, 104, 115, 121, 122, 125, 126, 137, 138, 153, 168, 187, 210, 220, 221, 254, 255

吏士 12, 82, 150, 216

吏帅客 25, 49, 50, 83, 170, 176, 177

连年杂米 113

镰师/镰佐 288

鐮师/鐮佐 289

廖直 280

料核 44, 148, 186, 228, 229

料校 148, 227

料校不见 39, 166, 228

列　6，8，11，13，15，17，18，32，33，47，53，61，63，66，68，74－76，81，84，94，97，105，109，125，126，131，141，142，151，152，154，158，161－163，165－167，170，178，184，192，200，208，209，211，222，223，230－232，238，239，243，248，257，266，269，270，276，286

临居米　180

禀（廪）　270

禀斛　118，119

禀斛米　271

禀米　270，271

凌人　224

领　3，18，20，38，59，65，68，69，83，84，88，96，97，101，105，110，113，123，136，138，148－150，168，185，187，190，194，206，207，229，230，245，246，291

领簿　185，246

留　8，34，73，84，131，175，182，188，196，207，215，224，226，259，267，281

聋病　242

隆病　248

娄　193，194

录事掾　167，168，214

鑢师/鑢佐　292

罗列　84，154，170

漯病　280

M

马曹　23

麦准米　107

麦租　107

盲　76，135，159，160，181，243，253

没溺　145

没入米　144

眇　181

民税田　70

民田　70，136

模师　275

亩布　142

亩钱准米　142

N

男子　11，15，22，23，25，26，32，33，64，70，83，102，104，123，124，132，137，144，197－200，221，255

牛价米　34

牛角　34，35

驽闟　171

女户　8，22，23，112，113，188

O

欧背　151

欧病　151

P

叛吏　170，193

叛士　42，170，192

叛士限米　192

叛走　59，192，193，211，253

旁科律令　227

皮贾米　73

皮贾钱　73

皮师　72，73

品布　5，6，182，183

品市布　6，30，182
品臧米　183
平钱　48
破菏保据　44，249

Q

期会　64，106，131，158，168，
　　　169，251
其月　91，148
起书　206
前部　12，194
钱贾钱　218
钱师/钱佐　217
乾锻师/乾锻佐　240
鎗佐　289
穷核　25，145
丘　3，38，50，55－60，88，99，124，
　　127，131，149，187，235，239
丘魁　60
求哀　109
区　6，16，20，22，23，27，29，32，
　　36，44，55－59，64，68，72，76，
　　79－81，85，87，90，92，97，102，
　　107，111，114－116，118，122，
　　123，125，126，130，131，134，
　　137，140，143，144，151，156，
　　159，160，163，169，170，172，
　　175，179，183，188，189，200，
　　202，211，212，220，225，226，
　　229，230，235，240，242，243，
　　245，255，263，265，269，278，
　　279，282，283，285，287
取禾　25，148，149
劝农掾　24，43，44，102，190，250
雀（手足）　242

R

人工　2，46
任耕　90
任吏　90，131，142，203，212
如椽　105
入……受　2
若　11，12，15－17，24－26，31－33，
　　36，44，52，58－61，74，82，92－
　　94，111，121，133，134，137，
　　149－152，159，161，163，164，
　　201，203，212，229，230，246，
　　256，259，261，266，267，276，
　　280，281，285

S

三品布/四品布　5
三州仓　5，30，48，79，98－101，140，
　　　　180－182，203，276，278
上下　2，6，41，75，92，231，265
尚书郎　152，165
少有　3，29，180，235
审实　44，164
生口　54，55，85
师士　86，150
师佐　29，34，84，86，87，89，136，
　　　172，195，224，238，240，
　　　258，293
实核　165
士　2，4，7，8，20，23，36，59，61，
　　64－66，68，75，82，83，86，87，
　　90，97，99，100，103，104，112，
　　114，120，123，129，132，142，
　　150，152，157，158，165，167，
　　180，181，191－193，199，208，
　　214，221，224，226，232，262，

270, 271, 273, 274
士伍　7, 8, 192
世父　46
市会　66, 67
市具钱　66, 67, 69
市士　65, 66
市掾　69, 81, 91, 209
市租　66-69, 81, 278
市租米　67, 69
市租钱　67-69, 80, 222, 230
適客限米　280
收领　105
收责　81, 105, 230
授居　239
书史　45, 150
梳米　241
孰米　247
熟田　41, 52, 102, 115-117, 134, 137, 163, 164, 197, 198, 219, 220, 255, 284, 285
数钱　273
帅客　50
帅子弟　27, 49, 50, 177
税白米　253, 254, 256
税帛米　255
税米　1, 2, 41, 96, 102, 113, 115-117, 125, 126, 138, 170, 178, 197, 198, 219-221, 254-256, 258, 271, 276
税田　70, 102, 103, 197, 220, 223, 253-255
税中白米　253
税粲米　256
司盐曹　72
私学　22, 25, 42, 44, 110, 113, 129-132, 164, 170, 190, 195, 196

私学田　132
四六（佃吏）　54
送　20, 29, 34, 35, 49, 54, 73, 79, 80, 84, 87, 102, 123, 132, 151, 152, 167, 174, 181, 193, 213, 217, 232, 259, 263, 273, 276-278
筭（算）　267
随桓　248
岁伍　27, 37, 38, 88, 235
岁自垦食　89
所备　108, 156, 252

T

太常佃客　26, 27
太常客　27
炭民　183
溏（唐）儿民　273, 274
陶租钱　69, 236, 237
绸租钱　69, 250
田曹　51, 53, 157, 226
田户（经用）曹史　50
田户曹　51, 53, 157, 198, 210
田户经用曹　50, 51, 53
田家　1, 41, 52, 53, 56, 89, 102, 116, 121, 134, 135, 137, 138, 170, 198, 210, 219, 220, 255, 285
田亩布　51, 52
田亩布贾准米　52
田亩布贾准入米　52
田亩布米　51, 113
田亩钱　51-53, 113
田亩钱准米　53, 143
田亩钱准入米　52
条列　141

町　62，121，122，134
廷　30，43，44，65，69，88，89，164，167，196，214，226，241，249
亭复人　190，191
亭杂人　190
通　3，4，6，8－11，13，16，18，20，24，26，32，37－40，43，50，53－55，57，59－64，66，68，70，74，75，81－84，86，90，93－101，103，104，107，108，110，112，113，118，119，121，122，124，128，130－132，134，140－142，145，148－153，156，158，161－165，167，175，179，181－187，190－192，194，195，198，199，201，202，207，208，211－214，218，221，223－228，230，235，237－242，245－248，251，252，257，259，262，263，266，267，270，271，276，278－286，288，292
通合　237，238，256，257
僮客　25，170，279，280
僮客限米　279，280
偷入　245
推求　239
屯将行　29，125
屯田贷米　28
屯田民　28，115，138，170，192
屯田民限米　28
屯田帅　27
屯田司马　27
屯田限米　28，192

W

外侄子　62

尪（尫）羸　111
尪（尫）羸老顿贫穷女户　112
尪（尫）羸民限米　112
卫士　20，21，157，169－171
卫士田　20，21，170
文入　39
統师　274
沃田　144，195
吴平斛　118，119
五毒　25，26，214
物故　155，233

X

息　2，30，52，85，86，105，148，223，249
息米　223
习射　23，170，203
细小　71，171
下品之下　5，6，8，9，43，188，202
县吏　24，44，49，50，83，102，104，105，119，120，140，170，177，190，197，198，202，203，211，212，220，255，266
县市　69，119
县卒　20，83，90，120，122，202，203，271
县卒/郡卒/州卒　120
限佃客　170，171，192，203
限会　169
限米　7，20，21，23，42，50，83，96，104，110，112－114，118，123，129－132，146，157，169，170，182，189，192，193，198，202，214，217，220，255，258，276，280
限亩　170，171

限田　1，2，21，22，25，103，123，
　　　131，132，136－138，168－170，
　　　193，220，223，243，244，254
乡长　24
乡吏　24，44，45，83，126，133，150，
　　　170，198，202，211，235，270
绡（捎）白　238
洨　194，195
小父　14，15
小口　9，13，16，171
小母　14，15
小女　9，13，14
小妻　11，15，32，33
校　　2，23，30，50，51，53，65，71，
　　　93，99，100，142，148，152，156，
　　　166，167，173，180，194，204，
　　　210，213，214，228，264，268
校士　170，214
邪　54，86，141，184
新户　8，176，272
新还民　111，273
新吏　170，272，273
新米　273
新入　30，35，168，271
新占民　272，273
新占民户　272
刑　　26，61，72，74－77，128，130，
　　　148，150，156，184，188，195，
　　　214，216，261，263，267，
　　　275，283
行钱　3，93，94，152，153
修行　35，189，190
聟　275
悬连　244

Y

言府　141，175

盐兵　207
盐贾米　206，207，215，271
盐米　99，206，207
养者　191，192
要簿　180
夜（腋）病　160
衣食客　97，196
医师　110，183
依　　6，7，12，18，22，25，32，42，
　　　43，50，52，55，58，59，68，69，
　　　74，82，83，85，86，88，99，
　　　114，128－132，142，155，158，
　　　163，169－171，182，187，188，
　　　192，195，196，198，203，221，
　　　224，231，235，243－245，249，
　　　251，255，257，266，269，273，
　　　279，280，284，285
依……书　155
夷民　55，85，86
夷生口　84
遗脱　129，131，132，164，193，
　　　252，253
颐病　160，263
已入毕　20
已送人　20
邑下　79－81，124，277
诣（金曹）　167
诣屯　167
驿兵　123，172，212
喑口　253
隐核　44，186，190，195，212，213，
　　　248－250
应役民　143，144，212
盈湎米　81，82，200，201
痈　158，159，225，226
邮卒　120，122，123，157，169－

172，255
邮卒田 123，170
柚租钱 69，179，180，252
右……人/右……合 47
右别 47
右节度府 47，100
右郎中 47，48，100，190，264，271
余逋 139
余力火种田 41，135-138，219-221，284
余力米 138
余力田 2，41，102，104，135-139，197，219-221，254
余力租米 96，139
虞曹史 50，266
原除 166，215，216
月旦簿 37
月伍 37，38，88，194
运诣 108，182，276
运者 107，150

Z

杂禾 95
杂米 95，96，113，182，276
杂皮 73，95
杂钱 96
襍（杂）僦米 287
襍（杂）摘米 287
在本县 34，84，202，224
在宫 84
造作 218
占上户籍 48
占著 49，231
折咸米 107，108，206，227
耗咸米 227
真吏 8，102，104，105，187，

211，212
真身 212
烝口仓 206，237
正户民 11，46，130-132，164，196
知觉 154，155
织作 172
织作布 172
直 30，38，39，56，71，73，79，80，88，91，98，99，101，111，114，118，120，136，149，150，152，164，165，178，182，200，211，225，232，238，241，259，262-264，271，276，280，284
直事 150
侄 63，155，200
姪 199，200
治师 163
中 1-23，26-36，38-44，47-66，68-83，85-89，91-112，114-129，131，132，134-138，140-145，147-160，162-166，168-173，175-184，186-190，193-196，198-204，206-217，219-222，224-230，232-245，247，249-257，259-269，271-285，288，289，292
中部 30，33，265
中妻 11，15，32，33
中田 31
中外 31，32，39
中外估具钱 31
中外做具钱 32
中訾 33
肿（踵）两足 157
种贾米 184，185，215
种领斛数簿 185

附录：拼音索引 / 331

种粻 185
种粻米 185，186
冢种客 231，232
州吏 44，83，92，101－103，190，203，211，212，219－221，250
州吏田 102，103
州中仓 4，5，30，47，98－101，140，182，276
州卒 20，90，103，120，122，203，255
胄毕 181，182，276
诸将 47，186，228，231，232
铢租具钱 244
主 3，4，8－11，14，17，22－24，27，30，32－35，38，42－44，46，47，50－53，55，58，59，61，64－66，68－70，72，77，80，81，83，84，87，88，91－93，97，99－101，104，106，108，114，117，121，125，127－131，137，143，150－155，157，159，160，165，167，168，170，172，175，178－180，186－188，194－196，200，202，203，209，212，214，216－218，221，224，226，228，230，233，234，240，241，243，245，248，255，257，263，264，267，269，271，273，278－280，283，285，290
主簿 65
主记 64，100
主者 23，64，65，113，124，249
主者史 65
注役 161，162
状 20，40，60，62，67，81，90，97，104，117，120，122，129，131，

141，142，158，159，161，179，198，225，243，246，263，269，279，283，284
状俗 142
准 1，2，6，9，11－14，18，29，30，43，55，68，75，78，79，86，93，101，102，108，114－119，127，129，142，149，150，152，153，156，170，173，195，209，213，214，224，225，229，234，262，267，278，279，284，285
准米 3，4，48，52，103，185，207，215，225，270
准入米 48，52，103，185，207，215，224，225，270
赀准米 216
粢税米 258
粢限米 258
粢准米 258
粢租米 258
子弟 21，22，50，84，92，169－171，177，190，196－198，201，202，211，216
子弟佃客 22，203
子弟限米 22
子男 14，21
子女 21，199，200
訾 2，30，33，119，266，273
自垦食 92
牸 219
牸特 219
牸牛 218
渍米 247，248
租莛钱 178，222
租具钱 221，222
租米 1，40，70，96，102，113，125，

　　　　126，137，139，198，219-221，
　　　　254，255，258，276，285
租钱　66，67，69，180，189，222，237
租税杂限田　222
租田　70，102，103，137，153，219-

　　　　221，223，255
左尉　46，47
作部　87，136
作部工师　87，125，136，194，195，
　　　　209，240，270，292，293